ドイツの平和主義と平和運動

ヴァイマル共和国期から1980年代まで

Pazifismus und Friedensbewegung in Deutschland
Von der Weimarer Republik bis in die 1980er Jahre

竹本真希子
Makiko Takemoto

法律文化社

はじめに

平和主義や平和運動は、第一義的には「戦争に反対する」ものであると受け止められるが、これまで必ずしも世界的に共通の理解があるわけではなかった。「平和」の定義そのものが世界の各地域や時代ごとに変化するものであり、なおかつ戦争のあり方が変容するのにともなって平和主義や平和運動のあり方も変わってきている。また国家や社会と個人との関係性によっても変化する。そのため平和運動の変化からは、社会のあり方の変化を見ることができる。

本書はこうした平和主義と平和運動の変化を歴史的に追うものである。とくにドイツの例に焦点を当てる。1871年のドイツ帝国（第二帝政）の建国以降、ドイツは第一次世界大戦、第二次世界大戦と２度の大戦に敗北し、世界の戦争と平和に関する議論の中心にあった。そのなかで平和に関する言説や活動はどのように変化してきたのか。これが本書の最も重要なテーマである。

分析の対象となるのは、左派の知識人を中心とした平和主義者の言論活動や社会運動であり、とくに両大戦間期に当たるヴァイマル共和国期の左派のフォーラムでもあった週刊誌『ヴェルトビューネ』（世界舞台）と『ターゲ・ブーフ』（日記）を取り上げる。平和の問題が最も反映されやすい外交と国際関係の記事から、彼らの平和主義のあり方を分析する。権力（政治力）を持たず、ペンと言葉で社会に向き合った平和主義者は、平和のために何を語ったのだろうか。彼らの議論は日々のジャーナリズムのなかで行われたものであり、必ずしもなにかしら一貫した哲学的な思考のもとで書かれたものではない。そうではなく、刻々と変化する政治状況に対応しながら、その言論を通してドイツという国や平和主義、平和運動に向き合っていたのである。こうした平和主義者の姿と19世紀末から100年以上の平和運動の歴史のなかで繰り返されてきた平和に関する議論を知ることにより、現在の平和の問題にわれわれが日々どう向き合っていくかを考察することが可能になるだろう。

本書の構成は以下の通りである。序章では、本書の中心となる『ヴェルトビューネ』と『ターゲ・ブーフ』の特徴を明らかにし、ヴァイマル共和国期の平和主義的知識人を取り上げる意味を示す。第１章ではヴァイマル共和国期の平和主義の特徴を明らかにし、当時の外交がどのように展開したかを踏まえたうえで、主要平和団体の活動を追い、さらに平和運動と各政党との関係を明らかにする。続く第２章では両誌の外交記事の分析を行う。国際連盟やフランス、ソ連との関係、ヨーロッパ統合運動、あるいは東アジア問題など、当時の国際問題を彼らはどのように分析し、記事にしていたのか、そこに彼らの平和主義がどう反映していたのか検討する。そして第３章でヴァイマル共和国期の平和運動が抱えていた問題点を明らかにし、衰退の原因を探る。最終章となる第４章では、ヴァイマル共和国期の運動とは異なる形で行われた第二次世界大戦後の平和運動を概観する。1945年以降の平和運動の中心は反核運動である。これらを20世紀の歴史として振りかえることで、平和運動が遂げてきた変化を捉え、平和主義と平和運動がどうあるべきものなのか、検討の材料を得たい。

目　次

凡　例

1. 引用文中の［　］は引用者による補足、(…)は引用者による省略を意味する。
2. 引用内の斜体および太字による強調は原文による。
3. 邦語文献の引用にあたり、原文についているルビを削除したものがある。
4. 邦語文献の引用に際し、「ベルサイユ条約」は「ヴェルサイユ条約」に、「ワイマール共和国」および「ワイマル共和国」は「ヴァイマル共和国」に、「国際聯盟」は「国際連盟」に、「汎ヨーロッパ」および「パン・ヨーロッパ」は「パンヨーロッパ」にそれぞれ統一した。
5. 邦語文献の引用に際し、漢数字をアラビア数字に統一した。
6. ソヴィエト連邦はソ連と略した。ソヴィエト連邦成立以降も当時のドイツの記事では「ロシア」という言葉を使っている場合があり、引用内ではこれを尊重した。

■ 略語一覧

AD　*Das Andere Deutschland. Unabhängige Zeitung für entschiedene republikanische Politik*. Hrsg. von Fritz Küster, Hagen/Berlin 1921–1933

GA　Kurt Tucholsky, *Gesamtausgabe. Texte und Briefe*. Hrsg. von Antje Bonitz/Dirk Grathoff/Michael Hepp/Gerhard Kraiker, 22 Bde., Reinbek bei Hamburg 1996–2011

NATO　North Atlantic Treaty Organization（北大西洋条約機構）

NPT　Nuclear Non-Proliferation Treaty（核不拡散条約）

O. J.　Ohne Jahresangabe（出版年記載なし）

OSS　Ossietzkys Sämtliche Schriften = Carl von Ossietzky, *Sämtliche Schriften*. Band I–VIII. Hrsg. von Gerhard Kraiker/Gunther Nickel/Renke Siems/

	Elke Suhr, Hamburg 1994
O.V.	Ohne Verfasserangabe（筆者名記載なし）
TB	*Das Tage-Buch*. Geleitet von Stefan Großmann und Leopold Schwarzschild, Berlin 1920–1933, rpt. Königstein/Ts. 1981
WB	*Die Weltbühne. Wochenschrift für Politik, Kunst, Wirtschaft*. Hrsg. Siegfried Jacobsohn, später Carl von Ossietzky und Kurt Tucholsky, Berlin 1918–1933, rpt. Königstein/Ts. 1979

序　章　ドイツにおける平和主義と平和運動

本書の視角

平和主義とは何か。平和運動はどのように発展してきたのか。そしてこれらはどのような時代的特徴を持っているのであろうか。

ヨーロッパでは古代から戦争と平和の問題を扱う書物が数多く出されている。古代ギリシアの喜劇であるアリストファネスの『女の平和』は、ペロポネソス戦争にあけくれる男性たちに対するアテネの女性たちの反戦を題材としたものであったし、「歴史の父」と呼ばれるヘロドトスやトゥキュディデス、そして古代ローマのカエサルの『ガリア戦記』など、古代から読み継がれている書物の多くは戦争を扱うものであった。中世から近代にかけては、マキャベリやエラスムスの平和思想も生まれた。

しかしこうした平和思想の歴史に比べると平和運動の歴史は浅く、ようやく19世紀から始まることとなる。それは担い手となる市民の成長、平和主義の根本となる近代の人道主義や人権といった概念の発展、またヨーロッパを中心とした国際協調の動きによってようやく平和運動が本格的に始まるからである。

ドイツ史研究の分野において、これまで平和運動史は決して主要なテーマとは言えなかった。戦争やテロなどの暴力行為が依然としてなくならない以上、平和運動は決して成功した運動とは言えず、また二度の世界大戦、とりわけナチによるホロコーストなどの非人道的行為を生んだドイツにあっては、とくに平和運動は無力なものであり、敗北した運動であった。それどころか、そもそも第二次世界大戦以前にドイツに平和運動など存在したのか、などと言われることもある。しかし実際にはフランスやアメリカなどと同じように、ドイツでも1920年代には比較的活発な平和運動が展開されていた。

第二次世界大戦後、平和研究は国際関係論や国際政治学の発展、そして核戦争の脅威に対する危機感から、北欧などのヨーロッパの国々を中心に活発化したが、ドイツにおいてもまた他の国々においても平和運動の歴史にはあまり関心が払われてこなかった。1948年にリチャード・バークレーの『ドイツの平和運動1870–1933年』が出版されてはいたものの[1]、ドイツにおいて平和運動史研究が本格化したのはようやく1980年初頭のことである。北大西洋条約機構（NATO）の核政策への反対運動に端を発した世界的な反核平和運動の影響から、1984年に歴史家カール・ホルを中心に「歴史的平和研究ワーキンググループ」（現在は「歴史的平和・紛争研究ワーキンググループ」に改称）が設立され、小規模ながらも歴史学の分野に平和研究の成果が生まれ始めた。ホル自身による『ドイツの平和主義』[2]（1988年）はそのひとつである。ホルの研究を含め、冷戦終結時までの平和運動史研究にとって主要なテーマはヴァイマル共和国期の運動史であり、ドイツ初の全国的な平和団体であるドイツ平和協会など当時の平和団体や個々の平和主義者の活動を明らかにしながら、その「失敗」を追うものであった。その際、第二次世界大戦後の西ドイツの平和運動にも触れているホルの研究を除いて、平和運動史の多くは1933年を区切りとして扱っている。

一方、ヴァイマル共和国の崩壊と当時の知識人に対する関心は高く、後述するように本書が扱う『ヴェルトビューネ』誌や同様の週刊誌、そして知識人それぞれの作品や生涯については、1960年代から数多く研究書が出された。しかしこうしたヴァイマル共和国期の平和運動と知識人に対する関心は、最近ではあまり流行らないように思われる。最近の研究の関心は、冷戦期の東西イデオロギー対立下の平和運動であり、とくに平和運動が歴史的な高揚を見せた1980年代の反核運動である。この時期に力をつけた緑の党の活動をはじめとし、「新しい社会運動」としての平和運動を他の社会運動との関係から見るものが増加した。同時に視点はドイツだけにとどまらず、トランスナショナルな運動として平和運動の歴史をとらえようとする研究も増えている。さらには東ドイツの平和運動や、ベルリンの壁開放、そして非暴力の東西統一となった「平和革命」への道筋についても光が当たっている[3]。

本書では以上のような先行研究を踏まえ、1980年代までを視野に入れつつ、ドイツ（戦後は西ドイツ）の平和運動を追っていくこととなる。

平和主義的フォーラムとしての週刊誌『ヴェルトビューネ』と『ターゲ・ブーフ』

本書ではヴァイマル共和国期を中心にドイツの平和運動史を追うなかで、主要な資料として当時の週刊誌『ヴェルトビューネ』と『ターゲ・ブーフ』を扱う。まずはなぜそれを平和運動のなかで扱うことができるのか、両誌の概要と特徴を説明しておこう。

『ヴェルトビューネ』

『ヴェルトビューネ』は1919年から1933年にかけて出版されたヴァイマル共和国期の文化を代表する週刊誌のひとつである。同誌は1905年に創刊された演劇評論誌『シャウビューネ』の後継誌として発刊されたもので、創刊者は当時まだ若いジャーナリストで演劇評論家でもあるジークフリート・ヤーコプゾーンであった。ヤーコプゾーンは1881年生まれ。ベルリンの裕福なユダヤ人家庭に育った人物で、平和主義的な新聞『月曜の世界』の編集長であるヘルムート・フォン・ゲルラハによって見いだされて、同紙で仕事を開始した。彼は若くして突然有名になったがこのことが同業者の妬みを買い反ユダヤ主義的攻撃の対象ともなって、剽窃者の濡れ衣を着せられた（「ヤーコプゾーン事件」）。そしてこのスキャンダルにより『月曜の世界』紙を辞めざるをえなくなり、またベルリンの演劇界で再び職を見つけることさえできなくなってしまった。そしてその結果、ウィーン、イタリアそしてパリへと逃げるように旅立った。この旅の途中でヤーコプゾーンは、ベルリンで「自分の雑誌の主人[4]」になることを決意した。1905年５月10日に、自分が創刊を目指す雑誌について次のように書いている。

> 「一冊の雑誌。若々しく、毅然としていて、いきいきと、儲けに走らず、決して妥協することなく、ひとつの意志、つまり私の意志によって熱く燃えている。そこでは、他の雑誌が愚かさや怠惰にかまけて言おうとしないことが言える。文学作品や批判の中に芽生えつつある力を情熱的に育てる雑誌[5]」。

こうして1905年７月１日、『シャウビューネ』の創刊号が出版された。ヤーコプゾーンの親友である演劇評論家ユリウス・バブが同人として、また助言者として参加した。バブのほかに、創刊号にはオーストリアの詩人フーゴ・フォン・ホフマンスタールの名前もあった。1908年には後に小説『ユダヤ人ジュース』で有名になるリオン・フォイヒトヴァンガーによってミュンヘンで出版されていた雑誌『シュピーゲル』を吸収合併した。文学と音楽、演劇を扱って隔週に出版されていた『シュピーゲル』誌には、ローダ・ローダやヤーコプ・ヴァッサーマンあるいはトーマス・マンという当時のドイツ語圏の著名な作家たちが寄稿しており、ローダ・ローダは両誌の合併当時にはすでに『シャウビューネ』にも書いていた。そしてヴァッサーマンやトーマス・マンも後に数回ではあるが『シャウビューネ』の後継誌である『ヴェルトビューネ』に論稿を寄せることになるのである。

ドイツはヨーロッパの他の諸国に遅れて、1871年にプロイセンを中心に国民国家統一を成し遂げ、この遅れを取り戻すべく急激な近代化と富国強兵への道を進んでいた。イギリス、フランス、ロシアと競う形で植民地獲得政策にも乗り出し、ヨーロッパの政治は三国同盟と三国協商の対立のもとでしだいに緊張を増していった。このような政治的緊張は、『シャウビューネ』誌にも影響を与えた。1913年1月以来、同誌上で政治問題がしだいに増え、「すべての演劇愛好者のための雑誌」という副題が削除された。これは『シャウビューネ』が演劇雑誌から政治雑誌へ一歩踏み出したことを意味した。ヤーコプゾーンは後に『ヴェルトビューネ』誌上ではっきりと示されるような反軍国主義の姿勢をこのころから見せ始めていたが、とはいえ第一次世界大戦勃発時には、『シャウビューネ』はまだ戦争に熱狂するナショナリズムと反戦の間を揺らいでいた。だが第一次世界大戦が長引いたこと、そして戦争の恐ろしい経験は、本来どちらかといえば芸術家肌で非政治的なヤーコプゾーンが政治的なジャーナリストになる決定的な要因となった。大戦後期の1918年4月4日、『シャウビューネ』は『ヴェルトビューネ』と改題され、「政治、芸術、経済のための週刊誌」という副題とともに生まれ変わったのである。[6)]

『シャウビューネ』とヤーコプゾーンのこうした変化に対して影響力を持ったのは、クルト・トゥホルスキーであった。トゥホルスキーは1890年ベルリン生まれで、ヤーコプゾーンと同じくユダヤ系の出自である。彼は1911年から社会民主党の機関紙『前進』に定期的に寄稿し、また翌年には小説『ラインスベルク』で作家としてもデビューし、若くして成功していた。トゥホルスキーは、1913年に『シャウビューネ』に加わってから1933年の『ヴェルトビューネ』の発行禁止までの期間に、全部で1552もの記事を両誌に掲載しているが、[7)]これらは彼の有名なテオバルト・ティーガー、イグナツ・ヴローベル、ペーター・パンター、カスパー・ハウザーという４つのペンネームだけでなく、フーゴ・グロティウス、テオバルト・ケルナーやオールド・シャッターハンドという筆名[8)]でも書かれたものであった。このほかにも彼はいくつもの新聞や雑誌で記事を書き、小説『グリプスホルム城』を出版し、また『ベルリーナー・ターゲブラット』の付録である週刊誌『ウルク』の編集をしている。しかしこうした様々な仕事のなかでも、『ヴェルトビューネ』はトゥホルスキーにとって最も重要な場所であった。そして同時に『ヴェルトビューネ』にとっても、彼は最も重要な同人だったのである。

『ヴェルトビューネ』はドイツでは毎週火曜日に発行された。実際にはすでに月曜日のうちに配達され、たいていの新聞売り場などで手に入れることができた。ドイツ語圏の大きな大学の閲覧室でも、そしてほとんどすべてのヨーロッパの国々でも読むことができた。アルフ・エンゼリングは、それだけでなく南北アメリカの国々でも『ヴェルトビューネ』が入手できたと述べている[9)]。

『ヴェルトビューネ』の各号の構成は次のとおりである。まず巻頭記事が置かれたが、これはほとんどが政治記事であった。続いて数本の政治、経済関連記事が続く。さらに演劇評論や書評にも多くの頁が割かれた。例えば「西部戦線異状なし」や「戦艦ポチョムキン」のような映画も取り上げられた。このほかに「発言」欄という投書欄や、それに答える「回答」の欄があった。「回答」は無記名で書かれたが、実際にはヤーコプゾーンやトゥホルスキーの筆によるものであった[10)]。

ヤーコプゾーンが1926年12月３日に脳卒中によって予期せぬ死を迎えると、トゥホルスキーが10ヶ月間編集長を務めたが、彼はそもそもベルリンに滞在することを好まなかったため、トゥホルスキーを補佐していたカール・フォン・オシエツキーがその後編集長の職を引き継いだ。オシエツキーは1889年生まれのハンブルク出身のジャーナリストで、それまでに『ベルリーナー・フォルクスツァイトゥング』や『ヴェルトビューネ』のライバル誌の『ターゲ・ブーフ』で編集者をしていた人物である。1926年４月に『ターゲ・ブーフ』から『ヴェルトビューネ』に移ってからは、同誌の巻頭記事を数多く書いた。彼は平和主義的ジャーナリストとして1935年度のノーベル平和賞を受賞することになる。

1918年から1933年の間におよそ2000人[11]ものジャーナリストや作家が『ヴェルトビューネ』に記事を寄せている。そのうち多くの寄稿者が右翼や保守的な司法、そして国防軍に対する厳しい批判者として知られていた。トゥホルスキーやクルト・ヒラー、アルフォンス・ゴルトシュミットらは法学の専門家であり、ヴァイマル共和国の司法を厳しく批判した。フリードリヒ・W・フェルスターやエミール・J・グンベル、カール・メルテンスやベルトルト・ヤーコプといった平和主義者はドイツの軍国主義を批判し、国防軍による秘密再軍備の計画を暴くことに尽力した。『ヴェルトビューネ』は特定の平和団体の機関誌ではなかったが、このように寄稿者に多くの平和主義者を擁する平和主義的雑誌であった。『ヴェルトビューネ』が現在までその名を知られる理由のひとつがまさしくその厳しい政治批判で、ナチ党から共産党まであらゆる政党がその対象となり、そしてとりわけ反軍国主義的立場からの国防軍批判は厳しいものであった。『ヴェルトビューネ』はこれにより右派に敵視され、言論弾圧を受けた。ヤーコプゾーンとオシエツキーは、編集責任者として何度も国防軍に対する侮辱罪や国家反逆罪の廉で告訴されているが、これこそが『ヴェルトビューネ』に対する攻撃であった。またグスタフ・シュトレーゼマンのような政治家や、本来『ヴェルトビューネ』の寄稿者に近い立場にあった社会民主党も辛辣な皮肉を受けた。

『ヴェルトビューネ』はヴァイマル共和国期の左翼文化を代表する雑誌として知られているが、いずれかの政党に与するものではない。オシエツキーが編集長になったとき、ヤーコプゾーンが目指した『ヴェルトビューネ』の政治的独立と無党派性を彼から引き継ぎ、これを厳しく保とうとした。このことについてトゥホルスキーは1929年に次のように述べている。

「『ヴェルトビューネ』は、ドイツの左翼全体が広い意味で発言の機会を得る舞台である。われわれは同人たちに、明快さと人間としての清廉潔白さ、そしてよい文章を望む。このような原則が正しいか正しくないかは、別の問題である。そのように私はこの雑誌を、私の亡き師匠ジークフリート・ヤーコプゾーンから受け継いだのだし、そのようにこの雑誌をカール・フォン・オシエツキーに引き渡したのだ。そしてオシエツキーは一歩たりともこの道から外れていない。『ヴェルトビューネ』は堅苦しい教義をはっきりと放棄する。われわれのところでなされるのは、議論なのである[12]」。

『ヴェルトビューネ』は政治的な雑誌であっただけでなく、『シャウビューネ』から引き続いて文化的な雑誌でもあった。毎号のうちおよそ4分の1は文化欄であった。第二次世界大戦後に『ヴェルトビューネ』について研究したジャーナリストであるハリー・プロスは、後に本書でも取り上げることになるオシエツキーの言葉を踏まえながら、オシエツキー時代の『ヴェルトビューネ』をこう評している。「18世紀の啓蒙思想に基づいて編集されたのと同じような道徳的な週刊誌である。この雑誌は厳しい『酷評家』であった。というのも、ある国の運命をともにすることによってのみ、その国の『汚染された精神』と立ち向かえるのだということを、この雑誌の編集長が確信していたからである[13)]」。

『ヴェルトビューネ』が第二次世界大戦後、主に西ドイツの研究者によってヴァイマル共和国の崩壊を招いた「ヴァイマル共和国の墓堀人[14)]」として位置付けられたのは、厳しい共和国批判が共和国の基盤を弱めたという解釈からである。オシエツキーのもとでの『ヴェルトビューネ』の政治批判は一段と厳しく、ヴァイマル共和国期の左翼知識人の言論のうち最も急進的だとされた。そのため『ヴェルトビューネ』は創刊者のヤーコプゾーンよりも、オシエツキーやトゥホルスキーの名とともに語られることが多いのである。

しかし野村彰がトゥホルスキーの政治批判について「トゥホルスキーが攻撃を加えたのは『ヴァイマル・ドイツ』ではない。あくまでもそれは、『ヴァイマル・ドイツ』の一部でしかない[15)]」と述べたように、『ヴェルトビューネ』もヴァイマル共和国のすべてを攻撃、あるいは否定して壊そうとしたわけではなかった。後述するようにオシエツキーは明確に共和国擁護の立場をとっていたし、ヒラー、ゲルラハ、フェルスター、ハインリヒ・シュトレーベルら当時の著名な平和主義者も共和国、そして平和のために『ヴェルトビューネ』という舞台で議論したのである。

『ターゲ・ブーフ』　ヴァイマル共和国期の文化を代表する雑誌として『ヴェルトビューネ』とよく比較されるのが、『ターゲ・ブーフ』誌である。1920年代のベルリンを構成した要素は「第一にマルキシズムと平和主義。続いて精神分析、（…）続いて演劇、音楽、美術、その他。それから急進的な教育上の実験…[16)]」とも評されたが、まさにこうした文化を代表したのが『ヴェルトビューネ』や『ターゲ・ブーフ』であった。『ターゲ・ブーフ』は1920年、シュテファン・グロースマンによってベルリンで創刊された。グロースマンはウィーンの貧しいユダヤ人家庭の生まれで、劇を創作し、『フォス新聞』のような新聞で働くなどしていた。彼はまた、かつて『シャウビューネ』の寄稿者でもあった。自分自身の雑誌を創刊するという夢をすでに第一次世界大戦以前から持っていて、後に「戦争前、毎日夕暮れ時に妻とスウェーデンの海岸を散歩しながら、私はベルリンで出版したいと思っている自分の雑誌について思い描いたことを話していた[17]」と述べている。当時まさに「空の鞄しかない、しかし冒険への意欲でいっぱいであった男[18]」とグロースマンが評した出版人エルンスト・ローヴォルトとともに、彼は『ターゲ・ブーフ』を創刊したのであった。

グロースマンは『ターゲ・ブーフ』の創刊号で、同誌の目標を明らかにしている。これを彼は10年後に自伝でも誇らしげに引用し、「私が今日この仕事をもう一度しなければならないとしても、何も変えることはしないし、一語たりとも付け加えたり除いたりしないだろう[19]」と述べることになる。彼によれば『ターゲ・ブーフ』は「判断力のある読者にむけた[20]」雑誌で、特定の政党に寄与するものであってはならない。

> 「『ターゲ・ブーフ』はなんらかの判断を下すことよりも、報告することを重視したいし、判断そのものよりも判断をするための材料を提供したい。私は微妙な経済的、政治的状況について、独自の見方で報告することに自分の野心を向けてみたい。ある闘争について明確に叙述すること、これはすでにそのまとめの始まりなのである。
>
> 『ターゲ・ブーフ』は避難所になるべきである。専門家の避難所、芸術家の避難所、革新家の避難所、古臭い裁判制度の犠牲者の避難所、ただ新しいものが好きなだけのジャーナリズムによる無礼な振る舞いからの避難所である[21]」。

こうした目標のもと、グロースマンは本名のほか、トーマス・ヴェーリン、カルロット・グレーツといったペンネームを用いて記事を書いていた[22]。同じ号にグロースマンとヴェーリンが同時に登場することもあった。

創刊号にはゲアハルト・ハウプトマン、シュテファン・ツヴァイク、アルフレート・ポルガーといった作家が寄稿者として名を連ねている。さらにトーマス・マンやヴァルター・ベンヤミンに加え、フーゴ・プロイス、ヴァルター・

ラーテナウ、マティアス・エルツベルガー、パウル・レヴィといった当時の著名な政治家たちも『ターゲ・ブーフ』に頻繁に記事を書いた。これにより同誌は、すぐに『ヴェルトビューネ』と肩を並べるほど有名になった。また、『ターゲ・ブーフ』にはフランス、アメリカ、イギリス、ソ連の政治・文化の分析、あるいはヨーロッパ諸都市を現地から報告する記事や旅行記も掲載されている。イギリスのH・N・ブレイルスフォードやアメリカのウォルター・リップマンなど、海外の高名なジャーナリストの記事が『ニュー・リパブリック』をはじめとする英文の雑誌から翻訳されて掲載されたほか、イギリスの哲学者で後に反核平和運動をリードするバートランド・ラッセルや同時期のフランスの左翼知識人による平和主義的な文化を代表する雑誌である『クラルテ』を率いたアンリ・バルビュスの言葉をドイツ語で読むことができる。またアナトール・フランスの「フランス人へのメッセージ」も掲載され、「フランス人よ、覇権を求めるな。これは陸でも海でも不可能になったのだ。勝利と征服を夢見るな。偉大なイギリスの運命を求めるな。これは羨むに値するものではないのだ。慎ましくいよう。われわれの生存はそこにかかっているのだ」。「平和、本物の平和。大げさな条約や命の吹き込まれていない書類の上での平和ではない。そうではなくて心の平和、ヨーロッパを新しく形作る平和である[23)]」という呼びかけが紹介された。こうした傾向からして、『ターゲ・ブーフ』誌がドイツにとどまらず、より広く欧米さらには世界を視野に入れて議論しようという意図を持っていたことが明らかになるだろう。

創刊後まもなくローヴォルトは『ターゲ・ブーフ』から離れ、1922年からはフランクフルト・アム・マインのユダヤ人家庭出身のレオポルト・シュヴァルツシルトが編集に加わった。シュヴァルツシルトは、雑誌『ジンプリツィシムス』などに書いていた人物で、グロースマンとはすでに1914年から知り合いであった[24)]。シュヴァルツシルトは経済問題に明るく、同誌で主に「経済日記」というコーナーを担当した。奥付にも「経済分野責任者：レオポルト・シュヴァルツシルト、その他の分野：シュテファン・グロースマン」と記載されていた。

1924年からはオシエツキーが編集に加わり、同年５月31日号からグロースマンに代わって経済分野以外の記事の編集責任者となった。そして８月30日号からは、すべての記事に対する単独の編集責任者としてその名が奥付に記された。しかしグロースマンやシュヴァルツシルトとの編集方針の違いなどもあり、オシエツキーは1926年にヤーコプゾーンに引き抜かれ、『ヴェルトビューネ』に移ることになる。そしてグロースマンが1928年に、彼を「繰り返し寝床につかせ、数ヶ月にわたる南方での滞在に追いやった[25]」重い病気により『ターゲ・ブーフ』を去った後は、シュヴァルツシルトが同誌を率いることとなった。彼のもとで『ターゲ・ブーフ』誌は、それまで以上に政治や経済の動向に関する記事を増やした。シュヴァルツシルトのこのような傾向が彼とグロースマンとの分裂をもたらし、病気と並ぶグロースマンの脱退の理由となったとされる。マルクス・ベーマーによれば「彼を引退に追い込んだのは病気だけではなく、そしてまた『静けさ』への欲求だけでもなかった。『ターゲ・ブーフ』の編集方針に関するシュヴァルツシルトとの見解の相違もあったのである[26]」。いずれにせよ両者の政治的姿勢には相違があり、グロースマンが社会主義に共感を持ち、とりわけオーストリアの著名な社会主義者ヴィクトール・アドラーを理想としていたのに対して、シュヴァルツシルトはどちらかと言えばブルジョア層に属し、かつグロースマンよりは保守的であった。だが歴史家ゴーロ・マンにとってシュヴァルツシルトは「フリードリヒ・フォン・ゲンツ以来のドイツで重要なジャーナリスト[27]」であり、フリッツ・J・ラダッツにとっては「ナイフのようなひと、学問的な綿密さを備えた思想家であり、ただすばらしいというだけでなく、その文章の火花がとても慎重に扱われた鍛冶場から飛び散っているような、そういう書き手[28]」、かつ「民主主義の偉大な闘士のひとり[29]」であった。シュヴァルツシルトのもとで、『ターゲ・ブーフ』は「攻撃的なほど共和主義的で、猛烈に反マルクス主義的、そして後には激しく反ファシズム的[30]」となり、ここでも『ヴェルトビューネ』と同様多くの左派の知識人たちが議論したのである。

両誌が似たような雑誌であったことは、しばしば指摘されている。『ヴェルトビューネ』が21.9×14.3センチメートルの大きさであったのに対して、『ターゲ・ブーフ』は22×14センチメートルの大きさであった。両者の価格はほとんど同じで、1924年には両誌は20マルクで売られ、1932年には『ターゲ・ブーフ』が24マルク、『ヴェルトビューネ』が21.6マルクであった[31]。発行部数は最高で約１万5000部[32]と、必ずしも多くはなかったが、そのなかで両誌は学生や知識人という読者層を奪い合っただけでなく、寄稿者も分け合っていた。例えばアルフレート・ポルガー、エゴン・エルヴィン・キッシュ、エーリヒ・ケストナー、ヴァルター・メーリング、ヴァルター・ハーゼンクレーバー、ヘルベルト・イェーリング、ベルトルト・ヤーコプ、クラウス・マンそしてルートヴィヒ・マルクーゼなどが『ターゲ・ブーフ』と『ヴェルトビューネ』の双方に記事を書いていた。そしてまさしく近いがゆえに、両誌は争うこととなり、ヤーコプゾーンは『ターゲ・ブーフ』を『ヴェルトビューネ』の模倣であると受け取り、グロースマンを厳しく非難、攻撃した。全く異なっていたのは両誌の表紙の色だけで、『ヴェルトビューネ』が赤だったのに対して、『ターゲ・ブーフ』は緑色であった。

両誌がこのように非常によく似た特徴を持っていたにもかかわらず、現在では『ヴェルトビューネ』のほうが『ターゲ・ブーフ』に比べてはるかに有名である。『ターゲ・ブーフ』を研究したリーゼロッテ・マースは、これについて「レオポルト・シュヴァルツシルトのリベラルな『ターゲ・ブーフ』は、明らかにトゥホルスキーとオシエツキーの『ヴェルトビューネ』の影に隠れている。政治参加と闘争的な情熱にかけては、『ターゲ・ブーフ』というこの緑色の雑誌は、大きさも装丁もそっくりな赤色の『ヴェルトビューネ』とすっかり肩を並べることができる。しかし魅力と名声という点では、『ターゲ・ブーフ』は左派に位置するライバルに決して及ぶことはないのである[33]」と述べている。またイストヴァン・デーアクは、彼がなぜ『ターゲ・ブーフ』ではなく『ヴェルトビューネ』を研究対象として扱ったかについて、『ヴェルトビューネ』が失敗した共和国に対する攻撃を厳しくしていったのに対して、『ターゲ・ブーフ』はあまり急進的ではなく、共和国に対して優しすぎたということをその理由としてあげている。彼によれば『ヴェルトビューネ』が急進的な作家たちに受け入れられていたのに対して、『ターゲ・ブーフ』には革命的なメッセージは見られない。「『ヴェルトビューネ』という題名が持つある種の魔力を、そのライバル誌は決して得ることがなかったのである[34]」。

しかしこうした急進性こそが厳しく批判されることもあった。歴史家ハンス＝ウルリヒ・ヴェーラーによるオシエツキーと『ヴェルトビューネ』の評価はその例である。

「歴史家として、そして政治に関心をもつ市民として私は、率直に述べると、シュヴァルツシルトと彼の『ターゲ・ブーフ』のほうに共感を抱いている。フォン・オシエツキーは『ヴェルトビューネ』とともに、彼らしいやり方で、彼の左側からの批判によって、すっかりダメージをうけていた共和国をさらに弱体化させ、情け容赦なく、積極的に評判を落としめたのである[35]」。

ゴーロ・マンも同様にこう述べている。

「私にとっては『ヴェルトビューネ』よりも『ターゲ・ブーフ』のほうが好ましい。確かにオシエツキーは攻撃的な文筆家であり、彼の勇気とシュヴァルツシルトのメランコリーを並べて評することはできない。しかしオシエツキーはしばしば不公正で、不正確であった。『ヴェルトビューネ』のもう一人の主人であるトゥホルスキーのほっとさせるようなユーモアや、詩やパロディーの才能を、シュヴァルツシルトは持っていなかった。しかしそのために、彼はセンチメンタルで悪趣味な、似非男性的な、そして似非プロレタリアート的なものへと逃げ込むことが決してなかった。そのうえに彼はより前向きであった。彼はたくさんのことを、とくに政治に関して多くのことを理解していた。トゥホルスキーはこれに失敗したのであった。(…) レオポルト・シュヴァルツシルトの政治理解は、ドイツのジャーナリズムの歴史において、ほとんど前例のないものなのである[36]」。

『ヴェルトビューネ』と『ターゲ・ブーフ』研究の現状

上述のような、『ヴェルトビューネ』の急進性は「魅力的な」ものとされ、そのため『ターゲ・ブーフ』に比べて『ヴェルトビューネ』ははるかに多く研究されている。すでに1960年代に、アルフ・エンゼリング[37]とデーアク[38]の研究が出版された。『ヴェルトビューネ』の復刻版が出版されたのは1970年代末のことであった。また1980年代に入ると、西ドイツのオルデンブルク大学（カール・フォン・オシエツキー大学）の研究グループがオシエツキー全集[39]の編纂に取りかかり、1994年にこれを出版した。同大学はクルト・トゥホルスキー研究所も有し、ここでトゥホルスキーの全集[40]も編纂された。オシエツキー、トゥホルスキーという『ヴェルトビューネ』を支えたふたりの全集は、同誌の研究を進めていくために非常に重要なものとなっている。

現在までに政治学や歴史学の分野では、司法に対する『ヴェルトビューネ』の取り組み[41]が比較的多く扱われている。また文学やジャーナリズムの分野からの研究[42]もある。オシエツキー[43]の伝記や研究においては、『ヴェルトビューネ』は重要な部分となっているし、これはトゥホルスキー[44]についても同様である。さらに2000年に出版されたジークフリート・ヤーコプゾーンの伝記[45]は、未公開の私信やインタビューによって構成され、これまでほとんど書かれることのなかった『ヴェルトビューネ』創刊者の人生を明らかにした。

本書で扱う同時代の雑誌と比べても、『ヴェルトビューネ』に対する関心は高い。一方、これまで見るところ、『ヴェルトビューネ』とは反対に、『ターゲ・ブーフ』を主題とした研究は少なく、『ターゲ・ブーフ』復刻の際にラダッツによって書かれたエッセー[46]のほかには、レナーテ・ショーバーの博士論文[47]とベルント・ゼーゼマンの研究[48]がその全体像を明らかにするのみである。クラウディア・シェーニングの研究[49]は、『ターゲ・ブーフ』を『ヴェルトビューネ』や『フォス新聞』とともに扱い、ヴァイマル共和国期の司法の問題点を分析している。『ターゲ・ブーフ』に関しての研究がこれだけにとどまるなかで、マルクス・ベーマーによって書かれたレオポルト・シュヴァルツシルトの伝記[50]は、これまで短い叙述[51]のなかで部分的にしか知りえなかったシュヴァルツシルトのジャーナリストとしての活動と『ターゲ・ブーフ』の全体像をとらえるのに役立つものとなっている。シュテファン・グロースマンについては、いくつかの短い記事[52]と、彼自身の自伝[53]から知ることができる。

日本ではドイツの左翼知識人に対する関心は高く、1960年代ごろから1980年代にかけて、とくにドイツ文学の研究者によってトゥホルスキーら「ヴァイマル知識人」の伝記や彼らの著作の翻訳が出版された。この場合、多くが反ファシズム文学に対する関心からの研究であった。『ヴェルトビューネ』や『ターゲ・ブーフ』の知識人を平和運動との関係で取り上げたのは、武田昌之によるヒラーの研究[54]と、本書の土台となる筆者がこれまで扱ってきた論稿のみである。またドイツ平和協会を中心とした平和運動については、斎藤哲・八林秀一・鎗田英三による『20世紀ドイツの光と影』が扱っている[55]。

これまでの『ヴェルトビューネ』や『ターゲ・ブーフ』の研究に欠けていたのが、両誌の外交記事に関する分析であった。両誌のような週刊誌では、当時のアクチュアルな問題が多く議論されている。ここにはヴァイマル知識人の平和主義が反映されているだけではない。両誌は当時の平和運動の担い手であった左翼から中道に至る教養市民層、とくに学生や教授たちにとっての代弁者であり、この層の平和に関する議論も反映している。したがって平和主義と平和運動の歴史的発展の考察の試みのひとつとして1920年代と1930年代の状況を検討するために、『ヴェルトビューネ』と『ターゲ・ブーフ』を取り上げて上記のような研究の不足の箇所に取り組み、外交問題に関する記事を分析することは意義深いことと思われる。

知識人と平和主義

『ターゲ・ブーフ』と『ヴェルトビューネ』の両誌を全体として民主主義的、反軍国主義的な雑誌と見なすことが可能であることはすでに述べた。両誌はヴァイマル共和国期からすでにそのようなものとして受け止められ、民主主義勢力から勇敢な雑誌として称賛された一方、右翼の側からは嫌悪されていた。いわゆる「ユダヤ的な」特徴――オシエツキーを除いて『ヴェルトビューネ』と『ターゲ・ブーフ』の編集長を務めたヤーコプゾーン、トゥホルスキー、グロースマン、シュヴァルツシルトはみなユダヤ人であった――のほかにも、両誌の平和主義的傾向（これは当時「祖国への裏切り」を意味した）は彼らの憎悪の対象となったのであった。そしてすでに述べたように、当時の平和運動で指導的な役割を演じた人物が多く寄稿していたにもかかわらず、『ヴェルトビューネ』も『ターゲ・ブーフ』も平和組織の機関誌ではなかったが、にもかかわらず両誌は、当時からすでに平和主義を標榜し、そのために勇敢にたたかう週刊誌として認知されていたのであった。したがって例えばヴァイマル共和国期の国防軍の実力者であるハンス・フォン・ゼークト将軍は『ヴェルトビューネ』を「平和主義者の巣窟[56]」と呼んだのである。

『ヴェルトビューネ』や『ターゲ・ブーフ』の同人たちはまた平和主義者としてだけでなく、「知識人」と見なされる人々であった。「知識人」という言葉の使用の変遷を分析したディーツ・ベーリングによれば、この言葉はフランスのドレフュス事件以来一般に意識されるようになったものである。ベーリングはこの「知識人」という言葉が侮蔑語として使われてきたとしている。例えば国民社会主義者（ナチ党支持者）たちは、彼らの政敵を「血が通わない、ゆがんだ、ユダヤ的、否定ばかりする」と特徴付け、「知識人」と罵ったのである。一方マルクス主義者たちは、ブルジョアジーとプロレタリアートの中間層として「知識人」と呼んで批判していた。[57)]

本書で扱うような左翼の作家やジャーナリスト、芸術家の間には、とくに第一次世界大戦勃発後に、社会のなかで言葉を手段として、彼らの見解を表現する役割を担うものであるという自覚が見られた。彼らは自分たちを「精神活動家」(Geistige) あるいは「精神 (頭脳) 労働者」(Geistige Arbeiter) と呼び、より良い世界を求めて呼びかけた。典型的だったのは、「精神活動家」による政治の必要性を呼びかけたクルト・ヒラーの「ロゴクラティー」(Logokratie) の思想である。「精神活動家」であったヒラーにとっても当時「知識人」(Intellektuelleあるいは Intelligenz) は依然として侮蔑の言葉であったが、しかしこれも現在の日本語にすれば「知識人」と言えるだろう。

『ヴェルトビューネ』と『ターゲ・ブーフ』の誌上でも、「知識人」というテーマは多く議論されたが、そのなかでトゥホルスキーの筆による「われら否定の徒」は、まさしく「否定の徒」としての左翼知識人に対する批判に応えるものであった。『ヴェルトビューネ』の同人たちはもっと前向きな提案をしなければいけないと彼は認めているが、しかしながら同時にこうも述べている。

「われわれはまだ『そうだ (ヤー)』と言えない。われわれは人類と人間性についてすっかり忘れてしまった感覚を強くすることはできない。われわれは、ある労働者が彼らの仕事を妨げるような名誉のための操り人形にさせられようとしているときに、国民に対してただ彼らの義務を果たせなどと勧めることはできない。われわれは [今回は] 偶然にも運良くくぐり抜けたけれども、今日もなお最悪のことを恐れている国民に対して、『そうだ』とはいえない。われわれは集団性に取り憑かれ、団体が個人よりもはるかに優先されている国に対して『そうだ』とは言えない。集団性は個人を補助する手段にすぎないのだ。われわれは若い世代が成果だというようなものにたいして、『そうだ』とは言えない。ぼんやりとした冴えない世代、内では子供じみた権力欲に取り憑かれて、外にはどうでもよいという態度をとる世代、勇敢さなどというものよりも酒場のほうを好み、今日ではもはや受け入れられなくなってしまったすべての疾風怒濤をひどく軽蔑し、激情も高揚もなく、憎悪も愛情もない、そのような若い世代に対して『そうだ』とは言えない。われわれは走っていかなければならない。しかしわれわれの脚は紐でしばられている。われわれはまだ『そうだ』と言えないのだ[58)]」。

彼ら「否定の徒」であるヴァイマル共和国期の平和主義的知識人は、ドイツの何を否定し、ドイツに向かって何を語ろうとしたのだろうか。彼らにとって「平和」は何を意味するのだろうか。平和主義という思想は国家を超えて世界にまたがるものである。世界平和というユートピア的と思われる構想やヴィジョンを、彼らは現実の外交にどう対応させようとしたのだろうか。彼らは国家の利益に対して、人類の利益を優先させることができたのだろうか。狭義の国家という理解を超えようという思想は、彼らにとって一面的なナショナリズムからの解放というイメージを意味していたのだろうか。つまり「もうひとつのドイツに属する良いドイツ人」[59]として存在することができ、ただそれによってのみ平和を達成しえるのだというイメージを意味していただけなのだろうか。こうした問題に本書は挑むこととなる。それと同時に『ヴェルトビューネ』と『ターゲ・ブーフ』を読みなおして平和に関する議論を追うことで、彼らが本当にハリー・プロスの言うように、破滅を予言しているのに聞いてもらえない「カッサンドラの息子」[60]だったのかということを探っていくことにもなる。平和主義的な警告はいつも社会のなかで聞き入れられないものなのであろうか。そして左翼知識人が活躍したヴァイマル共和国の崩壊を経て、平和主義はどのように展開することになるのであろうか。

以下では、まずヴァイマル共和国期の平和主義と平和運動の事例を取り上げながらその特徴を明らかにする。とくに『ヴェルトビューネ』と『ターゲ・ブーフ』の外交記事のテキストを中心に分析し、1920年代の平和運動にとって何が課題であったのかを振り返る。さらに第二次世界大戦後の西ドイツの平和運動の発展を追い、ヴァイマル共和国期の運動との違いを明らかにする。そして最後に20世紀のドイツにとって平和運動と平和主義がどのような意味を持ったのかを考えていきたい。

1） Richard Barkeley, *Die deutsche Friedensbewegung 1870–1933*, Hamburg 1948.

2） Karl Holl, *Pazifismus in Deutschland*, Frankfurt a. M. 1988.

3） 1980年代の反核運動については第４章で詳しく述べる。平和運動のトランスナショナルな視点からの研究としては、Benjamin Ziemann (Edited), *Peace Movements in Western Europe, Japan and the USA during the Cold War*, Essen 2008、東ドイツについては、Thomas Klein, *»Frieden und Gerechtigkeit« Die Politisierung der Unabhängigen Friedensbewegung in Ost-Berlin während der 80er Jahre*, Köln/Weimar/Wien 2007.

4）Siegfried Jacobsohn, *Der Fall Jacobsohn*, zweite Auflage, Berlin 1913, S.44.

5）Ebenda, S.47.

6）『シャウビューネ』が政治的になっていく過程と『ヴェルトビューネ』への誌名変更については、ハイデマリー・ヘヒトの博士論文が詳しい。Heidemarie Hecht, *Von der "Schaubühne" zur "Weltbühne". Der Entstehungsprozeß einer politischen Zeitschrift（1913 bis 1919）*, Jena 1991.

7）Bernd Sösemann/Elmar E Holly, „Die Weltbühne–Wochenschrift für Politik, Kunst und Wirtschaft", in: Elmar E. Holly, *Die Weltbühne 1918-1933. Ein Register sämtlicher Autoren und Beiträge*, Berlin 1989, S.22.

8）Ebenda, S.17.

9）Alf Enseling, *Die Weltbühne. Organ der Intellektuellen Linken*, Münster 1962, S.32.

10）Stefanie Oswalt, *Siegfried Jacobsohn. Ein Leben für die Weltbühne. Eine Berliner Biographie*, Gerlingen 2000, S.198f.

11）Sösemann/Holly, „Die Weltbühne", S.10.

12）Kurt Tucholsky, „Die Rolle der Intellektuellen in der Partei", in: *Die Front*, Nr.9, 1929, zitiert aus: Kurt Tucholsky, *Gesamtausgabe*, Bd.11, Texte 1929,［109］, hrsg. von Ute Maack/Viktor Otto, Reinbek bei Hamburg 2005, S.312.

13）Harry Pross, *Literatur und Politik. Geschichte und Programme der politisch-literarischen Zeitschriften im deutschen Sprachgebiet seit 1870*, Olten/Freiburg 1963, S.108f.「その国の『汚染された』精神と立ち向かう」というのが、オシエツキーの記事「弁明」にある言葉。「弁明」については第３章で扱う。

14）Rudolf Augstein, „Eine Republik und ihre Zeitschrift. Rudolf Augstein zur Neuauflage der „Weltbühne"", in: *Der Spiegel*, 16.10.1978, S.239.

15）野村彰「クルト・トゥホルスキーとワイマール時代」クルト・トゥホルスキー／ジョン・ハートフィールド、野村彰（訳）、平井正（解説）『ドイツ　世界に冠たるドイツ――《黄金》の二〇年代・ワイマール時代の鏡像』ありな書房、1982年、289頁。

16）オットー・フリードリク（千葉雄一訳）『洪水の前　ベルリンの1920年代』新書館、229頁。

17）Stefan Großmann, *Ich war begeistert. Eine Lebensgeschichte*, Berlin 1930, erste bis fünfte Auflage 1931, S.289.

18）Ebenda, S.291.

19）Ebenda, S.291.

20）Stefan Großmann, „Zum Anfang", in: *TB*, 10.1.1920, S.1.

21）Ebenda.

22）Bernhard Fetz, „Tagebuch einer Beziehung: Wien oder Berlin? Der Feuilletonist Stefan Großmann", in: Bernhard Fetz/Hermann Schlösser（Hrsg.）, *Wien-Berlin. Mit einem Dossier zu Stefan Großmann. Profile. Magazin des österreichischen Literaturarchivs*, Bd.7, Wien 2001, S.186f.

23）Anatole France, „Botschaft an die Franzosen", in: *TB*, 15.4.1922, S.564f.

24）Bernd Sösemann, *Das Ende der Weimarer Republik in der Kritik demokratischer Publizisten – Theodor Wolff, Ernst Feder, Julius Elbau, Leopold Schwarzschild*, Berlin 1976, S.35.

25) O.V., „Das Ausscheiden Stefan Grossmanns" (Glossen), in: *TB*, 13.10.1928, S.1707.

26) Markus Behmer, *Von der Schwierigkeit, gegen Illusionen zu kämpfen. Der Publizist Leopold Schwarzschild–Leben und Werk vom Kaiserreich bis zur Flucht aus Europa*, Münster 1997, S.116.

27) Golo Mann, „Vorwort", in: Leopold Schwarzschild, *Die letzten Jahre vor Hitler. Aus dem ›Tagebuch‹ 1929–1933*, Hamburg 1966, S.21.

28) Fritz J. Raddatz, *Das Tage-Buch. Portrait einer Zeitschrift*, Königstein (Ts.) 1981, S.59.

29) Ebenda.

30) Ebenda, S.7.

31) Wolfgang Weyrauch (Hrsg.), *Ausnahmezustand. Eine Anthologie aus »Weltbühne« und »Tagebuch«*, München 1966, S.428.

32) 『ヴェルトビューネ』と『ターゲ・ブーフ』の部数については、Harry Pross, „Das Tage-Buch", in: Helmut Donat/Karl Holl, *Die Friedensbewegung. Organisierter Pazifismus in Deutschland, Österreich und in der Schweiz*, Düsseldorf 1983, S.383およびKarl-Heinz Janßen, „Die Weltbühne", in: Donat/Holl, *Die Friedensbewegung*, S.418.

33) Lieselotte Maas, „Verstrickt in die Totentänze einer Welt. Die politische Biographie des Weimarer Journalisten Leopold Schwarzschild, dargestellt im Selbstzeugnis seiner Exilzeitschrift »Das Neue Tage-Buch«", in: *Exilforschung. Ein internationales Jahrbuch*, Bd.2, hrsg. im Auftrag der Gesellschaft für Exilforschung/Society for Exile Studies von Thomas Koebner, Wulf Köpke und Joachim Radkau, München 1984, S.57.

34) Istvan Déak, *Weimar Germany's Left-Wing Intellectuals. A Political History of the Weltbühne and Its Circle*, Berkeley/Los Angels 1968, p.7.

35) Hans-Ulrich Wehler, „Leopold Schwarzschild contra Carl v. Ossietzky. Politische Vernunft für die Verteidigung der Republik gegen ultralinke "System"-Kritik und Volksfront-Illusionen", in: ders., *Preußen ist wieder chic…*, Frankfurt a. M. 1983, S.78. これに反論しているのがゲアハルト・クライカーである。Gerhard Kraiker, „Eine Fehldeutung. Zu Hans-Ulrich Wehlers Kritik an Carl von Ossietzky", in: Helmut Reinhardt (Hrsg.), *Nachdenken über Ossietzky. Aufsätze und Graphik*, Berlin (DDR) 1989, S.223–231.

36) Mann, „Vorwort", S.7.

37) Enseling, *Die Weltbühne*.

38) Déak, *Weimar Germany's Left-Wing Intellectuals*.

39) Carl von Ossietzky, *Sämtliche Schriften*. Hrsg. von Werner Boldt/Dirk Grathoff/Gerhard Kraiker/Elke Suhr, unter Mitwirkung von Rosalinda von Ossietzky-Palm, 8 Bde., Reinbek bei Hamburg 1994.

40) Kurt Tucholsky, *Gesamtausgabe. Texte und Briefe*. Hrsg. von Antje Bonitz/Dirk Grathoff/Michael Hepp/Gerhard Kraiker, 22 Bde., Reinbek bei Hamburg 1996-2011.

41) Dieter Lang, *Staat, Recht und Justiz im Kommentar der Zeitschrift Die Weltbühne*, Frankfurt a.M. 1996; Claudia Schöningh, *»Kontrolliert die Justiz«. Die Vertrauenskrise der Weimar Justiz im Spiegel der Gerichtsreportagen von Weltbühne, Tagebuch und Vossischer Zeitung*, München 2000.

42) Axel Eggebrecht/Dietrich Pinkerneil, *Das Drama der Republik. Zum Neudruck der Weltbühne*,

Königstein (Ts.) 1979; Joachim Radkau, „Die Weltbühne als falscher Prophet? Prognostische Versuche gegenüber dem Nationalsozialismus", in: Thomas Koebner (Hrsg.), *Weimars Ende. Prognosen und Diagnosen in der deutschen Literatur und politischen Publizistik*, Frankfurt a. M. 1982; Gunther Nickel, *Die Schaubühne–Die Weltbühne. Siegfried Jacobsohns Wochenschrift und ihr ästhetische Programm*, Opladen 1996; Peter Queckbörner, *„Zwischen Irrsinn und Verzweiflung". Zum erweiterten Kulturbegriff der Zeitschrift Die Schaubühne/Die Weltbühne im Ersten Weltkrieg*, Frankfurt a. M./Berlin/Bern/Bruxelles/New York/Wien 2000.

43) 例えば Raimund Koplin, *Carl von Ossietzky als politischer Publizist*, Berlin/Frankfurt a. M. 1964; Kurt R. Grossmann, *Ossietzky. Ein deutscher Patriot*, Frankfurt a. M. 1973, Erstdruck, München 1963; Elke Suhr, *Carl von Ossietzky. Eine Biographie*, Köln 1988; Gerhard Kraiker/Elke Suhr, *Carl von Ossietzky*, Reinbek bei Hamburg 1994, Werner Boldt, *Carl von Ossietzky. Vorkämpfer der Demokratie*, Hannover 2013 など。

44) 例えば Fritz J. Raddatz, *Tucholsky. Ein Pseudonym*, Reinbek bei Hamburg 1989; Helga Bemmann, *Kurt Tucholsky. Ein Lebensbild*, Berlin 1990; Michael Hepp, *Kurt Tucholsky. Biographische Annäherungen*, Reinbek bei Hamburg 1993 など。

45) Oswalt, *Siegfried Jacobsohn.*

46) Raddatz, *Das Tage-Buch.*

47) Renate Schober, *Das „Tage-Buch". Eine politische Zeitschrift der Weimarer Republik. Zur Krise der Kritik im Zeitalter der Massendemokratie*, München 1977.

48) Sösemann, *Das Ende der Republik in der Kritik demokratischer Publizisten*, S.35.

49) Schöningh, *»Kontrolliert die Justiz«.*

50) Behmer, *Von der Schwierigkeit, gegen Illusionen zu kämpfen.*

51) Mann, „Vorwort"; Maas, „Verstrickt in die Totentänze einer Welt".

52) シュテファン・グロースマンについては Bernhard Fetz/Hermann Schlösser (Hrsg.), *Wien Berlin. Mit einem Dossier zu Stefan Großmann. Profile. Magazin des österreichischen Literaturarchivs*, Bd.7, Wien 2001 など。

53) Großmann, *Ich war begeistert.*

54) 武田昌之「ヴァイマル期における平和主義」『歴史学研究』第550号、1986年1月、15-29・60頁。

55) 斎藤哲／八林秀一／鎗田英三（編）『20世紀ドイツの光と影』芦書房、2005年。

56) Madrasch-Groschopp, *Die Weltbühne*, S.160.

57) Dietz Bering, *Die Intellektuellen. Geschichte eines Schimpfwortes*, Stuttgart 1978.

58) Kurt Tucholsky, „Wir Negativen", in: *WB*, I, 13.3.1919, S.283f.

59) Déak, *Weimar Germany's Left-Wing Intellectuals*, p.3.

60) Harry Pross, *Söhne der Kassandra. Versuch über deutsche Intellektuelle*, Stuttgart/Berlin/Köln/Mainz 1971, S.7.

第1章　ヴァイマル知識人の思想としての平和主義

本章では『ヴェルトビューネ』と『ターゲ・ブーフ』の記事を分析する前提として、まずヴァイマル共和国期の平和主義の特徴を捉えることにする。加えて当時の外交を概観し、外交と平和といった問題に対して各平和団体や政党がどのように対応していたのか明らかにしながら、当時の社会における平和運動の内容を探っていきたい。

第1節　ドイツにおける平和運動の開始

カントの平和思想と啓蒙思想

近代における平和論、とくにドイツの平和思想を語る上で欠かすことができないのが、啓蒙主義の哲学者イマニュエル・カントの『永遠平和のために』[1)]である。『純粋理性批判』等の哲学的著作により世に知られた彼が1795年に発表したものであった。同書のなかでカントはシャルル・サン＝ピエールの思想を踏まえて永遠平和についての方法を考察し、各国の完全軍縮を呼びかけ、国際社会における超国家的な平和機構の樹立を唱えている。また常備軍は撤廃すべきとし、平和のために自由と平等が尊重される市民体制である共和制を樹立すべきと述べた。カントの国際連盟構想と啓蒙思想は、20世紀の平和主義者の思想的基盤となったほか、多くの知識人がカントの主張したような国際的な平和組織の樹立を目指すこととなる。この運動がウッドロー・ウィルソンの「十四ヵ条」につながり、そして第一次世界大戦後の国際連盟の設立につながるのである。さらにカントの思想と啓蒙思想は、トゥホルスキーらヴァイマル共和国の知識人に大きな影響を与えることになる。

さらに言えば、カントの思想やフランス革命時からの人権や平和、そして平等に対する意識は、ヨーロッパの平和論の源流となっていく。とくにここから

19世紀にかけて、市民社会が発展していくなかで個々人の自発的な政治への関わりが意識され、解放運動が発展することとなる。解放運動は、女性解放運動や植民地解放運動、奴隷解放運動として行われることとなるが、同時に平和運動も国家同士の暴力から国民を解放する運動として意識されていくようになっていく。

それと同時に19世紀はカール・フォン・クラウゼヴィッツの戦争論をはじめとして戦術・戦略論が発展したほか、国民国家の時代の始まりとなった。ドイツは1871年にプロイセンによって統一されてドイツ帝国（第二帝政）が誕生し、宰相オットー・フォン・ビスマルクのもとで大きく発展した。皇帝ヴィルヘルム２世の時代にはヨーロッパ大国間の植民地競争に打って出ていくこととなった。世界は帝国主義の時代を迎え、ドイツ帝国の国防軍も大きく発展をとげた。これに対抗する形で、19世紀の後半にはブルジョア自由主義の解放運動として平和運動が発展し、各国で平和組織が作られるようになっていた。ドイツでの平和組織の設立は19世紀末、他国よりやや遅れて始まった。このころヨーロッパ各国における平和組織間の相互交流も始まっていた。

19世紀の平和運動の２つの潮流

国際協調の運動は、1889年と1907年にハーグで開催された万国平和会議をはじめとする各国の軍縮の努力によって進んだ。こうした活動を推進し、ドイツ語圏における組織的な平和運動の始まりに対して尽力したのが、ベルタ・フォン・ズットナーであった。

ズットナーは1843年生まれで、旧姓をキンスキーという。伯爵令嬢として生まれながらも家計は苦しく、家庭教師や秘書として働きながら一家を支えた。パリにいたアルフレット・ノーベルのもとで働き、友人でもあったことはよく知られている。アルトゥール・フォン・ズットナーと駆け落ちした後、ロシアなど各地を回ってジャーナリスト、作家として活動するようになった。彼女の代表作となった反戦小説『武器を捨てよ！』は、ドイツ語圏を中心に、平和運動への関心を呼び起こすことになる。これはズットナー自身を連想させる伯爵家の令嬢マルタが、軍人であった最初の夫を戦争で失ったことで反戦の意識に目覚め、退役軍人である２番目の夫とともに平和運動に携わっていく物語である。ズットナーの平和主義の一端は、例えば次のような主人公マルタの言葉から読み解くことができる。少し長いが引用してみよう。

> 「問題は『歴史』です。青年たちは歴史を教えられることによって、戦争を賛美するようになるのです。そこでは、軍勢を率いる神として主は絶え間なく戦いを命じ、戦争こそが民族の盛衰を決していると、子どもの心に刻み込まれます。戦争が起こるのは、時として海上の嵐や地震が起こるのと同じく、避けることのできない自然の法則であり、その結果、恐怖や苦難が引き起こされても、それは国家にとっては偉大な結末によって償われ、個人にとっては輝かしい栄光、または最も高貴な任務を全うした高揚感で埋め合わされるというのです。戦場での名誉ある死ほどに荘厳な死があるでしょうか。英雄的な死以上に朽ち果てない気高い名声があるでしょうか。こうしたことが『学校用』の教科書や読本に、例外なくはっきり書かれています。(…) こうしたことは愛国主義教育の一部となっています。生徒たちが祖国の防衛を志すようにするため、国民にとってもっとも重要な義務への情熱を子どもの心に呼び起こさなければなりません。戦争の恐怖が戦争に対する嫌悪を引き起こすのは自然なことですが、それに打ち克つよう、子どもの精神を鍛えねばなりません。そのため、身の毛もよだつ大量虐殺については、それがまったくありふれた、やむをえないことであるかのように簡単に述べ、一方では民族が古くから持つ戦争という慣習の理想的側面が強調されます。このようにして、戦好きの若者を作り上げることに成功するのです。
>
> 　少女たちは戦場に赴くことこそありませんが、男の子と同じ軍事教練の教科書を使って教育されます。それゆえ若い女性たちの心にも男の子たちと同じ考えが生まれますが、それは、自分は戦争に関わることができないのだという嫉みと、軍人階級に対する賛嘆へと変わっていきます[2)]」。

ズットナーは反ユダヤ主義に抗議する運動に積極的に関わり、アメリカへも出かけて平和のための講演を行っていた。そのズットナーがヨーロッパ各国で芽生えつつあった平和運動をオーストリアにもたらし、1891年にオーストリア平和協会を設立した。この刺激を受け、翌年にドイツでも同様の全国団体が作られることとなる。ズットナーはこうした功績をたたえられ、1905年に女性として初めてノーベル平和賞を受賞した。

ズットナーは第一次世界大戦の勃発を知ることなく、1914年6月にこの世を去った。死去100年以上たってその意義が再評価され、2011年に先ほど引用した『武器を捨てよ！』の邦語訳が出版された。また、オーストリアでは現在のユーロ貨幣にその肖像が用いられている。

ズットナーとともにドイツの平和運動の開始に尽力したのが、アルフレート・ヘルマン・フリートである。[3] ウィーンの出身で、ベルリンで出版業を営んでいたフリートは、ズットナーの『武器を捨てよ！』を読んで彼女の活動に感銘を受け、自ら「弟子入り」を志願した。1892年に彼女とともにドイツでの平和協会設立に尽力し、ズットナーの小説と同じタイトルの雑誌『武器を捨てよ！』を発刊した。またフリートが編集した『フリーデンス・ヴァルテ』はドイツ平和協会の機関誌となり、第二次世界大戦後も復刊され、平和や国際法についてのフォーラムとなる。

フリートの主な功績は、平和主義をズットナー流の人道的かつ感情的なものから、客観性、合理性をともなった科学的なものに変えようと努力したことにある。またフリートとともにハンス・ヴェーベルクのような国際法学者がドイツ平和協会の活動を担うこととなり、このことは、この時期のブルジョアの平和運動に、国際法に基づいたアカデミックな運動という特徴を与えた。

ドイツの平和運動史研究では、ドイツ平和協会の設立をもって組織的平和運動が始まったとすることが多い。この協会の具体的な活動については、次節で詳説する。いずれにせよこの時期が国際協調を目指す人々の活動による平和運動の始まりであった。そもそも「平和のために活動する人々」を意味し、このための語として今日最も普通に使われる「平和主義者」(Pazifist) という言葉、そしてこうした人々の思想を意味する「平和主義」(Pazifismus) という言葉は、新しく設立された平和組織の参加者とその思想を表現するために、このころ造られたものであった。この言葉はラテン語の「pacificare」に通じるもので、フランスの作家エミール・アルノーによって提案され、各国に広められた。この言葉によって意図されたのは、国家間の紛争を平和的、非暴力的に解決しようという、あらゆる個人的および集団的努力であり、この努力の助けによって法に基づいた諸国民および諸国家共同体が建設されるべきだとされた。[4] 平和組織創成期の平和主義が、ズットナーの小説『武器を捨てよ！』に見られるような人道主義から平和を求める過程で、平和主義者という言葉はそれまでドイツで使われていた「平和の友」(Friedliebende) という言葉に取って代わるようになった。

新しく組織されたドイツの平和運動は、ドイツ平和協会の設立と第2回ハーグ万国平和会議への参加により、ある程度成功したかのように思われた。しかし周知のように、第一次世界大戦に向かうヨーロッパの政治的緊張の高まりを前にして、平和運動は世界大戦の勃発を防ぐことはできず、多くの平和主義者は世界大戦が始まると亡命を余儀なくされた。また戦争崇拝という「時代精神」にとらわれたものもあった。

一方、ズットナーやフリートの活動とドイツ平和協会の設立に並行して行われていたのが、社会主義者の反戦運動である。マルクスとエンゲルスの故郷であるドイツでは、社会主義運動はビスマルク時代の社会主義者鎮圧法により弾圧された時期もあったが、1890年にはドイツ社会民主党が第一党になるほど勢力を伸ばした。社会主義はそれ自体必ずしも平和主義ではなく、むしろ革命の達成のためには武力行為や戦争も辞さないものであった。社会主義者が戦争に反対したのは、それが帝国主義による搾取であるという考えからである。植民地反対運動も行われ、労働者の国際組織である第二インターナショナルは1891年にブリュッセルで開催された第2回大会で「戦争に対する戦争」のスローガンを掲げ、反戦平和を課題とした。このスローガンは第二インターナショナルだけでなく、その後の平和運動でも用いられることとなる。例えば1925年にベルリンに「反戦博物館」を設立したエルンスト・フリードリヒは『戦争に反対する戦争』と題した写真集を発売している[5)]。これは第一次世界大戦の戦場の写真にドイツ語、オランダ語、フランス語、英語の4ヵ国語の解説を付けて出版したもので、戦時中に銃後で語られた戦争と実際の戦場での様子がいかに違うのか、戦争がいかに悲惨なものなのかを伝えるものであった。

しかしこのように平和運動が始まったものの、戦争を防ぐには不十分であった。1914年6月のサラエヴォ事件が直接的なきっかけとなって、オーストリア＝ハンガリー帝国がセルビアに宣戦したことにより、第一次世界大戦が勃発した。ドイツは同年8月に参戦することになった。皇帝ヴィルヘルム2世は国民の結束を訴え、ドイツは愛国主義的な「八月の高揚」のもと、戦争へ向かうこととなった。帝国主義に反対し反戦平和を唱えていたはずのドイツ社会民主党も、この時この戦争を防衛戦争と捉え戦時公債の発行を支持した。ただひとりカール・リープクネヒトだけがこれに反対したのであった。彼は後に社会民主党を離れ、ローザ・ルクセンブルクとともに共産党を設立することになる。

左派の運動のイメージが強い平和運動であるが、もともとはこのように2つの流れから登場したものである。第一次世界大戦以前は、両者の運動が共闘することはなかった。これが変化するのが第一次世界大戦後である。

第一次世界大戦と平和主義者

戦争をテーマにした銅版画や彫刻などを数多く残し、平和運動にも積極的に参加した芸術家ケーテ・コルヴィッツは、開戦から約２ヶ月後の1914年９月30日付けの日記に次のように書いている。

「戦争が、幻想にとらわれているものに、幸福をもたらすものでないことを知っていれば、感激などわくはずがない。ただそこにあるものは恐ろしい状態だけである。人々はほとんどそれに慣れっこになっているが。このようなときに、若いものたちが戦争にゆくのは、馬鹿げたことに思われる。そのことすべてが、くだらない、狂気沙汰である。時おり馬鹿らしい考えが浮かぶ。若ものたちはこんな狂気沙汰に加わらず、冷水でもぶっかけてやったらいい。やれ！やれ！死の前にはみな平等だ。若い人たちだってみな殺されるのだし、そんなことでもやったら、人々は戦争に対して懐疑的になるかもしれない。進んで犠牲を提供するというただ一つの状態だけが、すべてを支えているのだ。しかしどうしてこの状態を維持することが出来ようか[6]」。

同年の10月23日、彼女は次男のペーターをフランス戦線で失うことになる。コルヴィッツがこの体験に基づいて制作したピエタ（子を失う母親の像）のレプリカは、現在ドイツ政府の戦争追悼施設であるベルリンの「ノイエ・ヴァッヘ」（新衛兵所）に置かれ、戦争の悲劇を伝えるものとなっている。

第一次世界大戦の間、平和運動は弾圧され、ドイツでは活動ができなくなっていた。ドイツ平和協会も活動停止となった。フリートやドイツ平和協会の会長を務めていたルートヴィヒ・クヴィッデはスイスに亡命した。こうした厳しい状況下で国際連盟構想の運動は比較的活発に行われ、ヴェーベルクらの活動は第一次世界大戦後の国際連盟運動につながっていくことになる。

後にドイツの平和運動を担う若い世代のなかには、第一次世界大戦に従軍したものもいた。オシエツキーは西部戦線の塹壕掘として参加した。トゥホルスキーは1915年４月末から敗戦までの３年間、工兵隊の一兵士を振り出しに、東部戦線、バルト海沿岸諸国からルーマニア占領地区などを渡り歩いて過ごした。彼の兵士としての体験はそれほど過酷なものではなかった。決して敵に銃を向けたり、生死をかけた攻防戦のなかでの極限状態を体験したりする必要もなかったと言われる。そしてどちらかといえば陣地戦のなかで作業兵としての無為で「退屈」な毎日を送ったとされる[7)]。彼らのように従軍の体験が戦争や国民を戦争に送り出す国のあり方への疑問につながり、平和運動への積極的な参加につながるものは多かった。後にトゥホルスキーは第一次世界大戦を振り返り、こう述べている。

「あの恥ずべき1914年８月の日々に国がどういう態度をとっていたかは、今日なお生き続けている誇らかな満足感を見れば、およその見当がつくというものだ。ナショナリスト達はまさにこの満足感をもってあの全国民の厄災について語る。かれらは新聞界の嘘と強制された兵役義務の混淆を〈1914年の精神〉と呼ぶ。その精神はたしかにそういう代物だった。ぼくらはこんにち正直でありたいと思う。すなわち、労働者層のなかにまでふかくひとつの陶酔が大衆的に支配していたのだ。もちろんこの陶酔は学校とプロイセンの軍部があらかじめ準備しておいたものであった[8)]」。

第一次世界大戦はドイツ史の大きな転換点となっただけでなく、現代史の始点と見なされることもあるが、平和運動の歴史にとっても、大きな意味を持つことになった。総力戦と大量殺戮の時代の始まりを告げた世界大戦が平和主義にもたらした１つ目の転換は、運動の方法論上のものである。平和主義者たちは世界大戦の経験により、それまでのズットナーやフリート流のアカデミックなエリートによる平和運動の行きづまりを意識せざるをえなくなり、平和運動の方法の転換が緊急に求められたのであった。そしてヴァイマル共和国期には、それまで反戦平和を唱えながらも、ブルジョア平和運動とともに活動することのなかった社会主義者たちが、よりいっそう平和政策を主張するようになり、積極的に平和団体の運動に参加するようになった。これにより、自由主義者と社会主義者の平和論がドイツで初めて同じ舞台で議論されることになったのである。この際、大衆運動への転換が平和運動の新しい方法として求められた。

第一次世界大戦がもたらした平和主義の第２の転換は、「平和主義」や「平和主義者」という言葉の意味の変化である。すでに述べたように「平和主義」という言葉はアルノーによって提案された造語であったが、それが平和運動の参加者の自称として第一次世界大戦後により積極的に使われるようになり、社会主義者の間でも使用された。そのため平和主義はカントの思想と啓蒙主義、ズットナー以来の人道主義的平和主義、そして社会主義的な反軍国主義・反帝国主義が混ざり合った形で唱えられることとなった。これに加えて、例えば国家主義者たちが、宿敵フランスとの協調を目指した外相グスタフ・シュトレーゼマンを「平和主義者」と呼んだように、そして『ヴェルトビューネ』や『ターゲ・ブーフ』に集う人々がそう呼ばれたように、「平和主義者」という言葉が世論のなかで「国家反逆者」あるいは「祖国なき輩」に対する蔑称として使われ[9]、平和主義はインターナショナリズムと同じような意味を持つこともあった。なお「平和主義者」には、宗教的な理由から戦争を否定したクエーカーなども含まれることが多いが、本章で扱う平和主義者は、主に非宗教的な観点から「世俗的に」平和について議論した左翼あるいは自由主義左派の知識人がほとんどであった。

第2節　ヴァイマル共和国期のドイツの外交

当時の外交や平和をめぐる議論を具体的に分析する前に、ヴァイマル共和国期の主要な外交問題[10]を簡単に振り返っておこう。

ヴェルサイユ条約とその影響

1914年7月に始まった第一次世界大戦は、ドイツ、オーストリア＝ハンガリー、トルコ、ブルガリアからなる同盟国と、イギリス、フランス、ベルギー、ロシア、日本など27ヶ国の連合国の間で戦われ、総力戦と化した。ドイツの戦況は大戦開始すぐのタンネンベルクでのセンセーショナルな勝利によって、はじめは楽観的に見えた。しかしドイツが1917年に無制限潜水艦作戦を開始した後にアメリカが参戦すると、戦況は大きく変化し、ドイツの敗戦の色はしだいに濃くなっていった。1918年3月3日、ブレスト・リトフスクでドイツと革命直後のソヴィエト・ロシアの間に講和条約が締結され、ソ連が撤退したが、これもドイツの厳しい状況を変えはしなかった。エーリヒ・ルーデンドルフ参謀次長によって指揮されたドイツ参謀本部は、1918年9月末には敗北が避けられないものであることを認めざるをえなかった。

こうした厳しい状況を前に、新しく組閣された中央党、社会民主党、進歩党の連合政権であるマックス・フォン・バーデン内閣は、それまでルーデンドルフが目指していた「勝利による平和」に代えて、「妥協による平和」を求めた。この内閣は、アメリカ合衆国大統領ウッドロー・ウィルソンに対して、彼の十四ヶ条に基づいて起草した休戦協定を提案することで、休戦を求めたのであった。

この頃、ドイツ国内ではとうに厭戦気分が高まっており、1918年10月28日に出された「十月勅令」も、人々をなだめることはできなかった。1918年11月に起こったキールの水兵の蜂起に端を発した革命の波はまもなくドイツ中を席巻し、ドイツ帝国の終焉をもたらした。

社会民主党の政治家フィリップ・シャイデマンによる即興の共和国宣言や皇帝ヴィルヘルム2世の退位宣言を経て、ドイツ最初の共和国が誕生した。社会民主党のフリードリヒ・エーベルトが初代大統領となった。彼は着任と同時に、非常に難しい課題を抱えることとなった。つまり負けとわかっている戦争に決着をつけねばならなかったのである。すでに1918年11月11日にコンピエーニュの森で独仏の休戦条約が締結されていた。1919年1月からは、27ヶ国70人の代表が参加し、パリ郊外で講和会議が開催された。この会議には敗戦国の参加は許されなかった。パリ講和会議の中心議題は当然のことながら、ドイツをどう扱うかという問題であり、そして同時にソヴィエト連邦の扱いも話し合われた。講和会議の裏には各国の国民的な利益への関心が見え隠れしていた。それは例えばフランスの「安全への欲求」[11]、イギリスとアメリカの経済的利益、そしてヨーロッパ全土のボルシェヴィキ化への不安などといった事柄である。この結果1919年5月に連合国からドイツに提示された条約、すなわちヴェルサイユ条約の草案では、植民地やアルザス・ロレーヌ、ポーランド回廊といった領土の没収とラインラント占領（これは5年後、10年後、15年後と段階的に撤退するとされた）、陸軍兵力の10万人までの縮小および海軍兵力1万5000人への制限、空軍そして一般兵役義務の禁止が要求された。

連合国によるこのような要求は、大部分のドイツ人にはとうてい受け入れられないような厳しいものであった。とくに受け入れがたかったのは、ヴェルサイユ条約の第231条で、この条項はドイツとその同盟国に「ドイツとその同盟国の攻撃によって強いられた戦争の結果」被った「すべての喪失と損害」[12]の責任があることを明言していた。すなわちドイツの賠償義務を明記し、ヴィルヘルム２世を戦争犯罪人としたのである。ヴェルサイユ条約はドイツ国内で大きな反対運動を引き起こした。とくに有名なのはフィリップ・シャイデマンの抗議である。彼はベルリンの大学で行われた国会での演説で、このような平和条約という道具に署名する準備があるような手は干からびてしまうべきだと述べたのであった[13]。ヴェルサイユ条約への幻滅は、ウィルソンの十四ヶ条とその民族自決の原則が非常に理想的に受け止められ、連合国のドイツに対する穏やかな対応が予想されていたために、いっそう大きかったのである。

連合国は1919年６月に最後通告を発した。この困難な状況を前にして、シャイデマン内閣は辞職し、シャイデマンと同様社会民主党に所属していたグスタフ・バウアーが同党と中央党からなる内閣を組織した。この政府のもとでの国会で大半の社会民主党議員と中央党議員、そして一部民主党議員の賛成によりヴェルサイユ条約の調印が承認された。ドイツ代表団は６月28日、ヴェルサイユ条約に調印した。

ヴェルサイユ条約に対するドイツ国内の抗議は強まる一方であった。調印に関わった閣僚は嫌悪され、攻撃を受けた。第一次世界大戦の敗戦をドイツ軍の敗北ではなくマルクス主義者やユダヤ人の裏切りのためであるとする「匕首伝説」が広まったのは、このような状況下であった。それどころか後述するように左派や自由主義の政治家に向けられた暗殺の試みも多く見られた。

ヴェルサイユ条約は1920年１月10日に発効した。ヴェルサイユ条約とそれに基づくヴェルサイユ体制は、ドイツの外交と内政の双方にとって負担となった。条約調印後のドイツにとっては、ヴェルサイユ体制内でその負担を解決することと、国際政治における権力を再び取り戻すことが課題となった。例えば1920年７月にスパで行われた会議で、ドイツ代表団は軍事力を10万から20万に拡張するよう要請している。しかしドイツ政府は一方で、1923年まではヴェルサイユ条約の修正にのみ尽力するわけにはいかなかった。というのも、ドイツの政治はその存続を保持することに集中しなければならなかったからである。内政の不安定と連合国の制裁的な対応を前にして悪化した情勢がこれ以上悪くならないように努めなければならなかった[14]。

一方でクラウス・ヒルデブラントが述べているように、ヴェルサイユ条約の調印は恐れられていたドイツという国家の分割を避けるためには、必要不可欠なものであったと言えるかもしれない。バイエルン、ラインラント、シュレージエンの分離運動は非常に活発であったし、また連合国側にとっても、ドイツを分割しないことには大きな意味があった。ドイツはボルシェヴィキ革命を成し遂げたソ連に対する防壁として機能しなければならなかったのである[15]。ボルシェヴィキの政府がソ連で安定したことは、階級闘争がヨーロッパの政治のなかで新しいファクターになったことを示すものであった。そしてそれは各国の自由主義的な民主主義者や国家主義者にとって、大きな挑戦であった。同時にソ連の国家主義的関心の高まりもヨーロッパの政治にとって危険なものであると見なされた。こうした状況を前に、連合国はドイツをいつまでも敵として扱うことはできなかったのである[16]。

ヴェルサイユ体制における国際連盟の役割

第一次世界大戦後のヨーロッパの政治において、ヴェルサイユ条約と並んで大きな位置を占めたのは国際連盟であった。国際連盟は1920年１月20日、ヴェルサイユ条約の施行と同時に創設された。

国際連盟の設立は当初、平和主義者にとって彼らの平和への希望がかなえられたように感じられるものであった。この目標に向かって、彼らは第一次世界大戦以前から努力してきたのである。しかし諸国家連合の夢は完全には達成されなかった。ドイツとロシアは当初国際連盟に参加することが認められず、またアメリカ合衆国は、大統領ウィルソンが国際連盟設立に積極的に関わっていたにもかかわらず、その孤立主義を優先し、国際連盟に参加しなかった。

このような形の国際連盟のなかで重要な役割を担ったのは、イギリスとフランスであった。国際連盟はたしかにいくつかの小さな事件にはその効力を発揮することができた。ジュネーブ会議のような国際連盟主導の軍縮のための活動や、賠償金問題解決のためのイニシアチブは、連盟の意義として見逃すことはできない。しかしながら国際連盟は、むしろイギリスとフランスによる、ヴェルサイユ体制の現状維持を強固なものにするための安全保障同盟としての機能をより強く持つことになったのである。

ドイツが国際連盟に加盟したのは1926年のことであった。国際連盟への加入は、平和主義者には世界平和のための努力の一環として、国家主義的な政治家たちには世界政治の表舞台に再び返り咲くという意図のもとで目指された。

ルール闘争――フランスとの対立

ヨーロッパの平和にとって、独仏関係の改善は必要不可欠であった。しかし両国の歴史を振り返ると、これが非常に難しい問題であることは自明であった。関係修復のための大きな壁となったのは、ルール地方の問題である。ライン川左岸地域は、ケルン、コブレンツ、マインツの橋頭堡と同様、休戦協定での取り決めに従って連合国軍によって占領されていた。撤退は段階的に5年、10年、15年となされることになっていた。またライン右岸は50キロメートル四方が非武装地帯として定められていた。こうしたなかで1919年4月、カップ一揆に引き続いてルール地方の赤軍が武装蜂起した際、ドイツ国防軍が中立地帯を侵犯したとして、フランスとベルギーの軍隊はフランクフルト、ダルムシュタット、ハーナウを占領したのであった。

独仏の対立の頂点は1923年のルール闘争であった。その年の1月、ドイツの賠償金未払いを理由として、フランスとベルギーの連合軍はルール地帯を占領した。これに対してヴィルヘルム・クーノ内閣は「消極的抵抗」を呼びかけた。これがルール闘争の始まりであった。

ルール闘争がもたらしたのは、激しいインフレであった。この流れを変えたのはグスタフ・シュトレーゼマンの登場である。1923年9月、ドイツはシュトレーゼマン内閣のもとで消極的抵抗を停止した。ルール占領でフランスは世界のなかで孤立する脅威にさらされたのであった。これに対してイギリスとアメリカは、賠償金問題を解決するための新しい計画、ドーズ案を提示した。

後にむしろ外相として有名になるシュトレーゼマンは、首相として新しい通貨レンテンマルクを導入し、ドイツのフランスに対する態度を変化させ、いわゆる相対的安定期をもたらした。しかしルール問題は、なかなか解決をみなかった。フランス軍がラインラントから撤退したのは、1930年6月のことであった。

賠償問題――ドーズ案とヤング案

賠償金問題はヴァイマル共和国の政治にとって重荷になっただけでなく、ヨーロッパの政治にとっても大きな負担であった。度重なる会議にもかかわらずドイツの賠償金の金額と支払手段は、長い間定まらなかった。1920年12月ブリュッセルで、ドイツも参加して賠償金問題の専門家による会議が開催された。また1921年１月には連合国がパリで会合し、ドイツが今後42年間で2260億金マルクと、それに加えて輸出による収入のうち12パーセントを支払うことが決定された。同年４月27日にはドイツの賠償金は1320億金マルクと決められた。５月５日にドイツに提示されたロンドン最後通牒は、履行政策の始まりを意味した。ドイツはもはやヴェルサイユ条約修正の要求を全面的に押し出すわけにはいかず、ヴェルサイユ条約と連合国の要求をある程度「履行」することによって、段階的にその修正をはかるという、より現実的と思われる政策に転じたのであった。この履行政策で大きな役割を演じたのは、ヴァルター・ラーテナウであった。

フランスによるルール占領などを経て、1923年11月、賠償委員会は２人の国際的な専門家、アメリカ人チャールズ・G・ドーズとイギリス人レギナルド・マッケンナを招集することを決定した。彼らにより起草され、1924年１月に締結されたのがドーズ案である。ドーズ案はドイツ経済の安定とフランスのルール地方からの撤退を促した。ドイツには1924年に10億金マルク、1928年に250億金マルク、その後毎年同様の額というふうに、賠償金の段階的な支払い方法が提案された。しかしドーズ案は、賠償金の最終的な額を決められなかった。これには1929年のヤング案を待たねばならなかった。

1929年２月から６月にかけて、ドーズ協定の修正のための賠償金問題委員会がパリで開かれた。それを指揮したのはアメリカの経済専門家オーウェン・D・ヤングである。ヤングのイニシアチブのもとで賠償金の総額はようやく345億金マルクと決められた。ヤング案は1929年８月に調印され、それにより分割払いの金額と支払い期間が定められた。これらは59年間ですべて支払われなければならないとされた。ドイツの右翼、とくにドイツ国家人民党は、ヤング案反対の抗議運動を行った。1929年７月９日、アルフレート・フーゲンベルク、フランツ・ゼルテ、ハインリヒ・クラースそしてアドルフ・ヒトラーを

「国民的反対」の指導者として、ヤング案反対の国民請願のための委員会が結成されたのであった。この委員会は後に「ハルツブルク戦線」として、ヒトラー政権成立に大きな役割を果たしたのである。

1931年6月20日には、フーヴァー・モラトリアムが採択された。これは連合国間の戦時負債と賠償金支払いを1年間凍結するものであった。これによりドイツの賠償金の支払いは事実上停止した。そして1932年6月16日から7月9日にかけて開催されたローザンヌ会議により、ドイツの賠償支払い義務の破棄が最終的に決定したのである。

シュトレーゼマン外交――ロカルノ条約、国際連盟加入と修正政策

ヴァイマル共和国期のドイツの外交は、しばしば外相グスタフ・シュトレーゼマンによって象徴される。

外交問題にとどまらずヴァイマル共和国の内政にも重要な位置を占めていたシュトレーゼマンの政治は、ヨーロッパ協調と修正主義的政策という言葉で説明される。ルールの「消極的抵抗」の停止に始まる協調政策は、ジュネーブ協定のような軍縮の努力（これは失敗に終わったが）、ロカルノ条約の締結などを通して段階的に進められた。

ロカルノ会議は1925年10月5日から16日まで開催され、条約は12月1日にロンドンで調印された。「ロカルノ条約」はイギリス、フランス、ドイツ、イタリア、ベルギー、ポーランド、チェコスロヴァキアの間の個別の条約から成立している。このなかでドイツ、ベルギー、フランス間の国境の不可侵が承認されている。ドイツはヴェルサイユ条約によって定められた西部国境を承認し、それによりアルザス・ロレーヌを放棄したのであった。そのほかにドイツの国境がイギリスとイタリアによって承認され、ラインラントの非武装地帯が公認された。ドイツとベルギーの間に、そしてドイツとフランスの間に不戦条約が締結された。この会議の終わりには、フランスとポーランド、チェコスロヴァキアの間に安全保障条約が締結された。ロカルノ条約により、同時にドイツの国際連盟加盟が決定した。ロカルノ条約締結に尽力したオースティン・チェンバレン、アリスティード・ブリアンそしてシュトレーゼマンは、ノーベル平和賞を受賞した。

シュトレーゼマンのこうした活動、とくに宿敵フランスの政治家であるブリアンとの協力関係は、彼に対する高い評価をもたらしている。これらの評価のほとんどが、ドイツ人民党という国家主義的な政党の出身であるシュトレーゼマンが「本来確信的なナショナリストだったが、しかし彼は第一次世界大戦の経験から学んだ数少ないドイツ人であった[17]」とするものである。また、最近のヨーロッパ統合の進展にともなって「ヨーロッパ統合の父」を探す動きが多く見られるなかで、ヴァイマル共和国期の外交研究の専門家であるペーター・クリューガーのようにシュトレーゼマンをその1人に組み入れるものもある[18]。

しかしロカルノ体制はたしかにヨーロッパに一時的な緊張緩和をもたらしたが、残された課題も多かった。第1にロカルノ条約は、ヴェルサイユ条約で決定された安全保障体制を強固にしたものにすぎなかった。そしてなにより問題にされるのは、同条約においてドイツとチェコスロヴァキアやポーランドとの間に、いわゆる「東方ロカルノ」が締結されなかったことである。さらにロカルノ体制は、この時期の最も深刻な問題である独仏の関係を完全に改善させたわけではなかった。国際連盟の常任理事国の席をめぐるドイツとポーランドとの諍いにフランスが関わっていたのはその一例である。ドイツの連盟加入は予定より遅れ、ようやく1926年9月になってなされたのであった。さらにドイツとソ連がベルリン条約を締結していたとはいえ、ヨーロッパの政治におけるソ連の位置は依然として不確定であった。

シュトレーゼマンに関しては、彼の修正主義的政策も見逃すことはできない。賠償問題の整理、ドイツ領土の占領問題、軍事問題、そして失われた領土の問題と、ドイツが「修正」を目指す点は多くあったのである。

「ヨーロッパ統合の父」シュトレーゼマンという積極的な評価がある一方で、エバーハルト・コルプがシュトレーゼマンについて「今日意見の一致がみられるように、この時代のすべてのほかのヨーロッパの政治家と同様、断固として国民的な外交政策を追及した。彼の外交政策上のコンセプトの核心は、絶対的な［主権をもった］国際システムのなかでの、ドイツ・ライヒの同権をもった大国への復活である[19]」と述べているように、シュトレーゼマン政治の目標が、一貫して国際政治におけるドイツの同権の回復であるという理解も多く見られる。かつての戦勝国、とくにフランスとの間の協調外交は、復権と修正への要求を現実政治的に追及した結果だったと言える。またシュトレーゼマンの強い経済的関心と、その背後にあった大工業（シュトレーゼマンはこれに強い結びつきを持っていたのだが）の国民的な利益も指摘される。こうしたシュトレーゼマンをめぐる同時代人の評価については、後に詳しく述べることにしよう。

「シュトレーゼマン時代」のもう1人の立役者として、ブリアンがヨーロッパの政治に与えた大きな影響も忘れてはならない。不戦条約（ケロッグ・ブリアン協定）締結はそのひとつである。ドイツ、フランス、アメリカ合衆国、ベルギー、チェコスロヴァキア、イギリス、イタリア、日本、ポーランドが調印国として名を連ねたこの条約には、1939年までに全部で63ヶ国が参加した。

またシュトレーゼマンとブリアンによって率いられたヨーロッパ協調の時代は、ヨーロッパ統合が目指された時代でもあった。リヒャルト・クーデンホーフ＝カレルギーのパンヨーロッパ運動は、知識人だけでなくブリアンのような政治家によって積極的に支持された。ブリアン自身も1929年に国際連盟の議会において、ヨーロッパ合衆国の建設を要求するヨーロッパ・メモランダムを提案している。しかしシュトレーゼマンの死去とブリアンのフランスでの政治的没落、そして諸国家の国家主義的な政策を前に、ヨーロッパ統合運動、そしてヨーロッパの協調外交そのものが下火になった。ロカルノ条約が基本的には「あの時代のほかの誰にも締結することができなかった、シュトレーゼマンとブリアンの個人的な協定[20]」というテオドア・エシェンブルクの評価はやや極端であり、ブリアンとシュトレーゼマンを高く評価しすぎるものだとしても、この時期のヨーロッパの政治にとって、この2人が大きな役割を担っていたのは否定できない。

ヴァイマル共和国期末期の外交

1929年10月3日のシュトレーゼマンの死去と、同年10月25日のアメリカでの株価暴落を発端とした世界経済危機は、ドイツの政策に新たな局面をもたらした。

シュトレーゼマンの後継者は、彼と同じくドイツ人民党に所属するユリウス・クルティウスであった。シュトレーゼマン死去の翌日から1931年10月9日まで外相を務めたクルティウスは、就任直後は多くの点でシュトレーゼマンの後継者としての役割を担っていた。つまり彼はかつての敵国との協調——これはドイツの復権を求めての上だが——を続けようとしたのであった。そしてラインラント問題の解決、東方ロカルノの拒否などの点でも、彼はシュトレーゼマンの仕事を引き継いだ。

クルティウスの外交のなかでの大きなポイントは、1931年3月の独墺関税同盟結成のための活動であるだろう。1930年6月末にフランスがラインラントから撤退した後、ドイツの中央ヨーロッパ政策が再び表に出てきていた。独墺関税同盟はフランスの反対により失敗したが、後のアンシュルス（ドイツとオーストリアの合邦）への布石となった。

クルティウスの後には、首相ハインリヒ・ブリューニング自身が同時に外相を務めた。彼の内閣のもとでヴァイマル共和国の民主主義は終焉を迎えた。ブリューニングはシュトレーゼマン時代からの協調外交を放棄し、ドイツ外交の修正主義的傾向をさらに強くさせた。彼はフーヴァー・モラトリアムを勝ち取ることに成功し、ローザンヌでは賠償金を全額片付けたのである。

ブリューニングに次いで1932年6月からフランツ・フォン・パーペン内閣の外相を務めたコンスタンティン・フォン・ノイラート男爵のもとでは、外交に関する国防軍の影響力が増し、ドイツの軍事上の同権に関する要求が強くなっていった。1932年7月23日にドイツは、ジュネーブの国際軍縮会議での活動を停止した。ヒトラーの政権が成立し、ヴァイマル共和国がその最期を迎えるまで、ほとんど時間はなくなっていた。しかしノイラート自身は、引き続きヒトラーのもとでも1938年まで外相を務めたのであった。

第3節　ヴァイマル共和国期の平和主義の特徴

こうした政治状況のもと、平和主義者たちはどのような議論を行っていたのであろうか。以下では当時の平和主義の傾向を述べる。

国際法的平和主義（穏健派平和主義）

ヴァイマル共和国期の平和主義のうち代表的なものが「国際法的平和主義」である。これは、第一次世界大戦以前からヴァイマル共和国期に引き続き見られるものである。ドイツ平和協会の初期の運動では、ハンス・ヴェーベルクら国際法学者がこの「国際法的平和主義」に基づいて、超国家組織の設立と国際仲裁裁判所の設立による平和構築を目指した。国際連盟の設立により、ヴァイマル共和国期にもこの思想は引き続き強い影響力を持った。

ヴェーベルクとともに国際法的平和主義の立場を代表したのは、同じく国際法学者のヴァルター・シュッキングである。カントの平和論の影響をもっとも強く受けていた彼らが目指したのは、第1に「法による平和」であり、国際連盟の改良や各国の軍縮の推進で、彼らは法の遂行のために必要であるとして、防衛戦争や国際連盟による制裁といった軍事力の行使を容認した。そのため当時の平和主義者のなかで、武力の否定に対して「穏健」であるとして、「穏健派」と呼ばれた。

ヴァイマル共和国期の外交と平和主義という問題を考えるとき、国際法的平和主義に拠って活動していた知識人が果たした役割を見逃してはならない。ヴァイマル共和国期に入って力を持ち始め、後にドイツ平和協会で指導的な役割を担うようになった「急進派」の平和主義者が、国際的な活動にそれほど関心を向けなかったのに対して、穏健派の積極的な活動はドイツ平和協会の対外的な地位の向上に重要となった。ゲルラハやハリー・ケスラー伯、ロベール・ルネ・クチンスキといった穏健派の平和主義者の多くは、ドイツ平和協会やドイツ人権同盟のような組織でフランスやポーランドとの協調運動を展開した。彼らはこれらの国々の平和組織との間に強いパイプを持っていた。とくにクヴィッデはジュネーブの国際平和事務局の副代表を務め、ドイツの平和運動の顔として活躍した。彼の1927年度のノーベル平和賞受賞は、その業績によるものである。

社会主義的平和主義（急進派平和主義）

本章の第1節ですでに述べたように、社会主義的平和主義は第一次世界大戦以前には、ズットナーらに由来するブルジョア平和主義とも言うべき国際協調を主体とした運動とは全く異なって発展していた。本来、社会主義それ自体は必ずしも平和論と結びついたものではなく、マルクスとエンゲルスの時代から、社会主義者はもし革命のために必要であるなら、暴力を利用することも否定しなかった。彼らは資本主義が一国内での階級間対立を引き起こすだけでなく、諸国家、諸国民間の対立をも引き起こすと考えて帝国主義戦争に反対し、伝統的に常備軍の廃止と人民軍の導入を求めた。帝国主義戦争に対する彼らの反戦平和運動の中心にあったのが、第二インターナショナルであった。

第一次世界大戦の勃発とそれに対する社会主義者の態度（第一次世界大戦時に社会民主党の右派は、この戦争を防衛戦争だと理解し戦時公債に賛成した）、そして第二インターナショナルの内部分裂といった一連の経過は、社会主義者たちに危機感を抱かせた。ヴァイマル共和国期に入ると、反戦平和の思想は再び表にあらわれ、社会主義に共感を持つ多くの労働者や知識人たちは社会民主党や共産党に加わり、同時に彼らは、ドイツ平和協会のようなもともと自由主義者によって設立された平和組織にも積極的に参加した。これにより、自由主義的平和主義と社会主義的平和主義はドイツ国内で同じ脈絡で議論されることになった。だが平和組織での運動に深く関わった社会主義者のなかには、その平和組織と党との「二重生活」により批難され、政党内では厳しい立場にたたされるか、あるいはそもそも党に属しながらも、党内で積極的に活動するということができないものもいた。

「革命による平和」という思想からは、社会主義者はしだいに遠ざかっていった。ヴァイマル共和国期に入ると、左派の知識人たちがどちらかといえば社会主義そのものを現実的な政策としてよりも、むしろ「倫理的」なものと受け止めるようになっていた。つまりジョージ・モッセが説明したように、ヴァイマル共和国期の知識人たちは、社会主義を「ヒューマニズム化」したのであり[21]、彼らが現実に求めたのは革命ではなく、共和国という政治体制のもとでの民主的な議会政治であった。これはとくに『ヴェルトビューネ』や『ターゲ・ブーフ』のような知識人に顕著であった。したがって彼らの平和主義もこの脈絡のなかで理解されるべきである。つまりヴァイマル共和国期の平和論は、社会主義の影響を強く受けながらも、カントの思想を受けついだブルジョア平和運動の土台に基づいて展開されたのである。この上に彼らは、自由主義者の主張する「国際法的平和主義」とは異なる伝統的な社会主義的要求を出していたのである。

ヴァイマル共和国期の平和運動のなかで、このような「社会主義的平和主義」

を代表する人物はフリッツ・キュスターである。キュスターは『ヴェルトビューネ』や『ターゲ・ブーフ』の同人ではなかったが、彼と本書で扱う知識人との関わりは大きい。キュスターは1920年に民主党に入党したが、同党がヴェルサイユ条約の修正を求めたことに対して反発し、すぐに離党した。翌年には社会民主党に所属した。しかし彼は、社会民主党には暴力への戦いが欠けていると感じ、党の活動に積極的に参加することはなかった[22]。したがってキュスターの平和主義の要求は、多分に社会主義の影響を受けているが、これは党の活動とは全く違うものとして受け止められなければならない。

キュスターの活動の舞台は、ドイツ平和協会の「西部ドイツ支部」であった。キュスターを中心としてここに集った人々が先述の「穏健派」に対して「急進派」と呼ばれた。急進派の平和主義に特徴的なのは、反軍国主義（とくにドイツを統一したプロイセンの軍国主義を危険視した）の姿勢と、兵役拒否とゼネストの要求である。戦争に反対する手段としてのゼネストの要求は、この時期に新しく出されたものではなく、すでに1891年の第二インターナショナルの第2回大会で出されたものであった[23]が、ドイツ社会民主党はこれに対して積極的な行動をとることがないまま、第一次世界大戦に突入した。ヴァイマル共和国期に入り、キュスターのもとでこの方法が新たにドイツ平和協会内で議論されるようになったのである。

ゼネストと並んで、戦時兵役拒否も、ヴァイマル共和国期の平和主義者に議論されたテーマであった。この問題は左翼運動の方法論として議論されただけでなく、いまや組織平和運動の方法論としても議論されるようになった。共産党に所属する人々の間には、今後戦争が勃発した場合、戦時兵役拒否をすることなく、戦争に乗じて革命を起こすべきだという主張が見られたが、これに反論する形で、キュスターと同様に急進派に位置したフランツ・レシュニッツァーは『ヴェルトビューネ』上で次のように述べている。これは戦時兵役拒否を主張する「急進的平和主義者」の見解をよく表したものである。

「兵役を拒否してはならない、そうではなく、まさしく戦争に反対するがゆえに兵役を遂行するべきである、なぜなら戦争勃発の際に同時に再導入されることになるだろう一般兵役義務を全体で遂行することこそが、革命的労働者たちが、彼らのいまだ非革命的な同階級の同志を革命化することを可能にするのであり、彼ら［この非革命的な人々］の軍隊の解体を可能にし、戦争の即時終結を可能にし、戦争を国民的闘争から階級闘争に転換させるのを可能にするのである、という共産主義者の真剣な反論には、十分な根拠すらない。その反対である！恐ろしいのは、すっかり手の施しようもないほどにゲスラー化[24]してしまった兵役義務者の軍隊のなかで、革命的な少数派が、反動的な少数派を革命に導くことができないということではない。いや、むしろ、彼らによって革命に導かれることこそ、恐るべきことである。たとえ軍隊の革命化、つまり『匕首伝説』が成功したとしても――われわれはロシアとドイツで、戦争がそれ以前、数年にわたって荒れ狂っていたのをみたのだ。第二インターナショナルが1914年に、あれほどの機能不全におちいるということさえなければ、そして第二インターナショナルが戦時兵役拒否をきちんと組織できていたならば――４年間にわたる殺戮を、世界は避けられたかもしれなかったし、革命はロシアやその他のところで戦争の終わりにではなく、始めに起こっていたかもしれないのだ。(…)

つまり、平和主義の有効な合言葉は『軍を解体するためにそのなかへ入るべし！』ではなく、また単に『法による平和』――これは学者ぶりすぎているし、ジュネーブの国際法の活動によって非常に評判が落ちている――でもない。合言葉は、召集令状を無視せよ！である[25]」。

急進派平和主義者の言論活動の中心は、キュスター編集の『もうひとつのドイツ』であった。これはドイツ平和協会の機関紙で、シュトレーベルやフェルスターら『もうひとつのドイツ』の寄稿者は、『ヴェルトビューネ』および『ターゲ・ブーフ』の寄稿者層と重なる。『もうひとつのドイツ』と『ヴェルトビューネ』はライバル関係であったが、トゥホルスキーは『もうひとつのドイツ』の常連であった。

革命的平和主義

革命的平和主義は、急進派から分離した「革命的平和主義者グループ」によって唱えられた。このグループで中心的な立場にあったのが、クルト・ヒラーである。「虎には必ず牙があるように、資本主義にはかならず帝国主義がつきものだ[26]」と述べたヒラーは、帝国主義戦争の原因を資本主義にあると見ていた点ではキュスターら急進派の平和主義者と変わらない。だが社会主義的な知識人のなかで「革命」の概念が言葉としてのみ利用されるようになり、実行されるべきものとは受け止められなくなっていたのに対して、ヒラーは社会革命の必要性を積極的に説き、実際にこれを求めた。このことが彼と急進派の大きな相違点であった。この点でヒラーの革命的平和主義は、共産党のなかの平和運動に関心を持つ人々を取り入れることができた。キュスターら急進派と革命的平和主義者グループの違いについて、このグループに書記として所属していたオイゲン・M・ブレームは後にこう述べている。

「私が革命的平和主義者グループに加入したのは、このグループが自由・社会主義的な、マルクス主義的でない思想を主張していたからであり、新しい平和主義の概念に、つまりいわゆる急進的平和主義とは反対の、革命的平和主義に結びついていたからである。急進的平和主義が様々な形で絶対的非暴力を支持したのに対して、革命的平和主義はある状況においては、[つまり] 独裁的で国際法違反の行動をとる体制——古典的な例は『第三帝国』である——に対しては、武装蜂起や予防戦争を行なうという権利、いや義務があるということを主張したのであった[27]」。

『ヴェルトビューネ』誌にも掲載された、革命的平和主義者グループを前にしての演説で、ヒラーは「人間は社会的な状況の変化のために暴力を行使するから革命的なのではなく、こうした状況を根本から片付け、既存の原則を廃止し、その代わりに新しい原則を導入したいと思うがゆえに、革命的なのである。古い原則を固持したまま、ただ改良的に状況を繕うという努力を不十分だと拒絶するがゆえに、革命的なのである[28]」と述べている。そして革命と暴力の問題を次のように説明している。

「われわれをひとつにしているのは、支配階級が国会決議によって、平和的に、無抵抗にその座を明け渡し、財産を没収させるなどということはないという確信、革命がほとんど暴力なしで済むことはないという確信である。暴力は革命の意義ではないし、人間はヒューマニストとして、歴史上の危機的な時期においても、最小限の暴力だけを支持することになるだろう。とはいえ、社会主義の実現を目指す政治家であるなら、暴力を恐れてはならない。絶対的平和主義は反革命的な原則である。この認識もわれわれをひとつにしているものである[29]」。

こうしたヒラーの主張には、トゥホルスキーをはじめとした知識人や共産主義者が関心を持ったが、結果としてこのグループは少数派にとどまった。それは革命にともなう暴力についての理解の問題ゆえであった。例えばオシエツキーは、ヒラーの革命的平和主義の社会主義実現のための革命を起こすには内戦もやむをえないという見解に対して批判的であった。オシエツキーは革命時に生じることとなる内戦に関して「人間の狂気の長い連鎖のなかでも、内戦は国家間の戦争と比べて、少しも良いものでも悪いものでもない。極めて恐ろしいものなのである。(…) なぜなら武器を手に取った党員は狂信的であり、情け容赦もない。なぜなら彼自身がそれを期待してはならないからである」。彼はまた次のようにも述べている。

「われわれは内戦と闘う。それは、内戦が一国家の国民が互いに敵対する戦い——つまり『国家の名誉』を汚される——だからではなく、われわれが殺人を今日的な問題の解決として不適格なものだとみなしているからである。ひとがひとを殺すなどぞっとするし、屈辱的でもある[30)]」。

反軍国主義と反戦争崇拝としての平和主義

以上のような３つの傾向に加え、ヴァイマル共和国期の平和主義に特徴的な主張を見ていこう。当時の平和に関する評論においては、反軍国主義と平和主義は同義語として見なされる。とくにキュスターやフリードリヒ・W・フェルスターら急進派は、強い反軍国主義の傾向を見せた。急進的平和主義者の人々は、プロイセンの軍国主義を第一次世界大戦の原因と捉えており、この伝統のもとにつくられた国防軍は廃止されるべきであるという考えを持っていた。一方、すでに述べたように、穏健派の平和主義者たちは、必ずしも常備軍の廃止を要求したわけではなかった。しかしながら軍国主義を体現する「国家のなかの国家」である国防軍との対決は、彼らにとっても主要なテーマとなった。国防軍による秘密再軍備の試みである「闇の国防軍」に対する抗議運動は、ヴァイマル共和国期の平和主義者の反軍国主義を示す特徴的な例である。これについては第３章で詳述する。

オシエツキーら国防軍を危険視していた知識人たちは、国防軍の解体と民兵の導入を要求した。ドイツにおける軍事の優位という現状と、それを支えるドイツの軍国主義および戦争崇拝 (Bellizismus) の危険について、オシエツキーはこう述べている。

「われわれ [平和主義者] の罪はドイツ人お気に入りの考えを受け入れられないことにある。つまりわれわれは政治という場における軍事の優位を信じることができないのだ。(…) ドイツほど熱心に政治の手段としての戦争を信じているところはないし、戦争の恐ろしさに寛容で、その結果を軽視する傾向のあるところはない。また軍人であることを人間の最高の徳として無批判に賛美しているところはないし、平和への愛をこれほど無思慮に個人的臆病さとみなしているところはない[31]」。

トゥホルスキーの「闘争的平和主義」(militanter Pazifismus) も、この反軍国主義、つまり戦争崇拝に対峙するものとしての平和主義の脈絡に入れられるだろう。第一次世界大戦時には平和主義者による反戦の姿勢に与しなかったトゥホルスキーは、ヴァイマル共和国期に入ってからその平和主義を強くしていった。彼の平和主義がよくあらわれているのは、今日でもセンセーショナルに扱われ、平和運動でも用いられる「兵士は殺人者」という言葉である。1931年8月、『ヴェルトビューネ』に掲載された「見張られた戦場[32]」という短い文章のなかで書かれたこの文句は、平時に殺人が最大級の犯罪として見なされながら、戦時には国家の名のもとで大量虐殺が正当化され、それどころか奨励されるという、第一次世界大戦時の戦争崇拝の馬鹿馬鹿しさやおそろしさを知らしめたものであった[33]。トゥホルスキーはこう述べている。「だまされるな。軍国主義は宗教であってはならない。これは蛮行なのだ[34]」。

生きる権利の擁護としての平和主義

ヴァイマル共和国期は、「生きる権利」の擁護が平和主義者によって強く求められた時代でもあった。これは反軍国主義の動機付けとして位置するものである。「すべての人間が生きる権利を持っている[35]」、これが当時の平和主義者の合い言葉というべきものであった。「生きる権利」の擁護は、人権の侵害への批判につながる。国家と外交、人権、そして平和主義の問題について、ゲルラハはこう述べている。平和主義の外交政策にとって「まず第一に国家は神でも偶像でもなく、単に**目的のための手段**なのである。つまりできるだけ多くの数の国家の構成員に、可能な範囲で最善の生計を保障するという目的である。(…) 人間に死ぬことを強制する国家は、その力を乱用している。人命の保持は国家の最も初歩的な使命なのである[36]」。

上述したトゥホルスキーの「兵士は殺人者」という言葉も、この「生きる権利」と「人権」を傷つける戦争に対する批判でもあったと理解できるであろう。同様の主張は、オシエツキーにも見られる。トゥホルスキーのこの言葉をめぐって起こった裁判[37]で、『ヴェルトビューネ』の編集責任者として告訴されたオシエツキーは、裁判の場でこう述べている。

「われわれは生きる権利を守ろうとしているのです。守らなければならないと言われた名誉は、世界大戦の死者にとって何の役に立ったのでしょうか。無名兵士の記念碑が戦争で死んだ者のいったい何の役にたつというのでしょうか。人間はまず生きなければなりません。それから名誉が守られるのです[38]」。

このように考えるオシエツキーは、したがって平和主義者の使命を次のように説明する。

「戦争が決して英雄的なものを意味するのではないということ、そうではなく、戦争はただ人類に対する恐怖と絶望をもたらすだけのものであるということを、われわれ平和を信奉するものは繰り返し指摘しなければなりません[39]」。

生きる権利の擁護を主張する際に問題となるのは、武力（暴力）の行使である。生きる権利を強く主張した人々のなかには、女性解放運動家としても知られるヘレーネ・シュテッカーのようにあらゆる暴力を否定する絶対的平和主義者もいた。彼女らはアメリカやイギリスの兵役拒否者を理想とし、防衛戦争も認めなかった。オシエツキーが「人類は暴力という病にかかっている[40]」と述べたヴァイマル共和国の政治的状況のなかで、暴力の問題は、平和主義者によって、非戦、兵役義務、ゼネスト、内戦、仲裁裁判、国際連盟の制裁権というテーマだけでなく、犯罪一般、刑法、教科書批判、歴史教育といったテーマで議論されたのである。

革命的平和主義者グループにおける「革命権」の行使の議論に見られるように、暴力あるいは武力の行使の可否は、平和主義者の議論のなかで一筋縄では行かない複雑な問題として位置した。これはヒトラーの権力掌握後、ナチとどう立ち向かうかという時に再び問題になる。本来は武力を否定していた知識人の間に、ヒトラーの巨大な軍備に対抗する政治的な手段がないのであれば、それを上回る軍備を持つしかないという主張が見られたのであった[41]。「暴力のほかに、何が暴力に対抗できるというのか[42]」。レオポルト・シュヴァルツシルトは亡命先で、苦しみながらそう述べたのである。

精神改革としての平和主義

生きる権利の擁護という考え方は、平和の問題を国家間の対立である戦争の不在として捉えるだけでなく、これを個人と国家の関係の問題に発展させる。これにより平和運動は、諸国家の努力のみならず、個々人の努力を要求するようになった。ひとりひとりが平和運動の主体となるべきものとして位置付けられるのである。しかし実際のところ、当時のドイツで国民個々人が平和運動の主役であるという意識を持つのは、非常に難しいことであった。このことを求めて努力した知識人と、彼らが本来平和運動の主役であるべきと見なしていた大衆の間の意識には、大きな隔たりがあった。そのためまず平和主義を大衆の間にいかに広めていくかが、平和運動の大きな課題となり、平和のために人間個々人の意識を改革することが目指されたのである。大衆の意識と戦争との関係について、ゲルラハは次のように述べている。

> 「『戦争はもうごめんだ！』これは、戦争が全くなくなるということを信じて言うのではない。そうではなく、戦争が［今後も］おこりうるものだと考えるがゆえに、戦争をもたらす思想や戦争の準備に対して、計画的な戦いが絶対に必要だと思うのである。『戦争はもうごめんだ！』という合言葉は信念をあらわす言葉［Glaubensatz］ではない。これは意志をあらわす言葉［Willensatz］なのだ。人間が本当に賢いのなら、理性を有するがゆえに他の生き物と区別されるのだということを、人間が本当に証明したいのなら、戦争はもうおこるべきではないのである。大衆が軍需産業の思惑よりも、自らの意志を上位におくことがしっかりできるのであれば、戦争はもはやおこらないのだ[43]」。

またトゥホルスキーは戦争を引き起こす真の原因のひとつを「経済」とし、もうひとつを「未だ啓蒙されていないまま扇動された大衆のぼんやりした精神状態」にあると位置付け、平和のための意識改革の重要性を示唆している[44]。同時にハインリヒ・シュトレーベルも、平和主義と人間の精神的な改革との関係について『もうひとつのドイツ』でこう述べている。

> 「われわれはここ［『もうひとつのドイツ』］でいつも、平和主義が同時にふたつの重要な課題を持っているという見解を主張してきた。［その課題の］ひとつ目は、人類の精神的な変革を実行することであり、ふたつ目は諸国民を満足させるような組織の設

立に全力で協力することである。ひとつ目の課題は、戦争の本当の動機をためらいなく解明し、理性と道徳的感情に訴えることによって、人間を盲目的な行動存在と二本足の肉食動物という状態から、本当の人間にすることである。ふたつ目の課題は、国家間にまたがる組織や超国家的な組織の設立と、相互契約義務の締結である。これによって法が暴力にとってかわるのである[45)]」。

平和運動の課題としての個人の意識改革は、オシエツキーの主張にも見られる。彼は第一次世界大戦直後の1919年に次のように述べている。

「われわれは、もう二度と伝統につまずかない人間をつくらなければならない。
われわれは、死ねとか殺せなどと、もう二度と国家や党に命令されることのない人間をつくらなければならない。
われわれは、もう二度と飢餓の苦難を知ることのない人間をつくらなければならない。
われわれは、自分の良心に関して自由であり、どのような審判にも妨害されない人間をつくらなければならない。
われわれは、数百万の人々と同じ運命をわかちあっているという意識によってのみ結びつけられた、自主的な人間をつくらなければならない。
われわれは、古い世界を破滅の淵に陥れた強制組織を必要としない。認識や知識や自由な選択からの結びつきだけを望むのである[46)]」。

こうした見解は、ヴァイマル共和国期の初期にとりわけ「精神的革命」という表現を用いて主張された。1918年末から1919年初頭にかけて書かれたドイツ人権同盟のプログラムもその例である。

「しかしながら最良の法律も、もしそれがあらゆる人々の頭と心にしっかりと根付いていなければ、人民の福祉と自由を守りぬくという保証はない。どのような国際連盟もどのようなインターナショナルも、世界平和を確実なものにできないのと同様である。それゆえ、われわれはとくに

精神的革命

を要求する。これにより政治的変革の成果を保つことができるし、さらに引き続きこれを拡大することができるのである[47)]」。

このような意識改革を達成するために重要となるのが、学校での平和教育である。例えばオシエツキーは、平和主義を「もはや憲法上あるいは政治上の問題、つまり専門家が関わる問題ではなく、さらなる重要性をもった意識の問

題、教育の問題である」と述べ、教育の問題を重視した[48]。オシエツキーのこうした姿勢について、彼と同時代人であるクルト・ジンガー（本名クルト・ドイッチュ）とフェリックス・ブルガー（同クルト・グロースマン）は、オシエツキーの半生を書いた伝記のなかで次のように評価している。彼らによればオシエツキーの目標は、「あらゆる人々に軍国主義と戦争の無意味さと野蛮さを納得させること」であり、「オシエツキーは本当にドイツの*教育者*であった。教育者は教育したいと思っている人々の［所属している］政党や生活環境について問題にすることなどない。オシエツキーはドイツのショーヴィニストたちを、平和を望むヨーロッパ人に変えようとしたのである[49]」。

共和国と民主主義の保護としての平和主義

20世紀のドイツの知識人の意識のなかで、君主制の崩壊とヴァイマル共和国の成立がどれほど大きな意味を持ったかを計り知ることはできない。オシエツキーやトゥホルスキーら『ヴェルトビューネ』『ターゲ・ブーフ』の知識人は、ようやく成立した共和国をなんとか存続させようと努力した。当時の平和主義者は、平和の問題と共和国の存亡を同一視し、共和国を、平和のための必要不可欠な政治的土台と見なしていた。

共和国と平和主義の関係について、オシエツキーは次のように述べている。

> 「軍事的な帝政の崩壊からうまれた共和国は当然［帝政と］反対の傾向を目指すべきである。共和国はその存在の正しさを証明したいのであれば、過去と訣別しなければならないし、もし共和国が現在の政治状況をすべてその手におさめたいのであれば、平和主義的政策以外のものをすすめることはできない。（…）ドイツの共和主義と平和思想はひとつのものである[50]」。

ヴァイマル共和国の政治的状況は、ジャーナリストとしての活動のなかで一貫して共和国を擁護しようとしたオシエツキーが、「共和主義者のいない共和国ということがしばしば話題になっている。しかし残念ながらその反対なのだ。共和主義者に共和国がないのである[51]」と嘆かざるをえないほど不安定なものであった。共和国を危険に陥れるもののひとつとして彼は、「国家のなかの国家」である国防軍を批判した。「国防軍は、これはすべてのものを考える共和主義者が知っていることであるが——しかしそうはいっても、皆がこれを口にしているわけではないが——、共和主義的な制度だとみなされない[52]」と書いたように、彼にとって当時の軍はとうてい共和主義的たりえなかったのである。

共和国擁護の姿勢はまた、その土台であるべき民主主義の擁護につながっている。やはりオシエツキーの例がこれについて顕著である。ジンガーとブルガーが述べたように、オシエツキーは「ふたつの労働者［社会民主党と共和党］の政党に近い立場に立っていたにもかかわらず、民主主義者であった。ドイツの民主主義者はいつも嘲笑されたが、オシエツキーは確かにドイツ最後の民主主義者のひとりであった。彼は民主主義をその良い面で理解していて、彼にとっては、民主主義は社会的進歩、社会主義的進歩と一致するのだ[53]」。

平和主義と民主主義の結びつきは、クヴィッデの思想にも見られる。クヴィッデに関する短い伝記のなかで、歴史家ラインハルト・リュールップはこのことを的確に説明している。「クヴィッデは民主主義者であるばかりでなく平和主義者でもあった。そして彼にとっては、民主主義と平和主義とは不可分に結びついたものであった。民主的政治は、彼の目には、必然的に平和を志向する政治であった。そして平和主義運動は、彼にとっては、もしもそれが、「人類の連帯という利益」、すなわち世界的規模の民主的社会によって永続的に担われるのでなかったら、幻想にすぎないものであった[54]」。

「私は平和主義者である。このことはつまり私が、軍事的に等級付けられた諸国民がお互いに［殺し合い、辺りが］共同墓地と化すことを、狂気の沙汰だと見なしているということである[55]」。オシエツキーのこの言葉は、ヴァイマル共和国期の平和主義的知識人の持つ、最低限のコンセンサスを意味する。このコンセンサスのもと、彼らは平和主義のあり方について議論し、平和とはなにかを求めていった。ヒラーの「革命的平和主義者グループ」の例を別として、『ヴェルトビューネ』と『ターゲ・ブーフ』の知識人は概ね平和主義を民主主義と同義語に捉えていた。彼らが平和のための政治的土台として考えていたのは共和国であり、こうした平和主義を追求するのに不可欠であったのは、大衆の啓蒙および動員であった。この点で、ヴァイマル共和国期の平和主義は、第一次世界大戦までの平和主義と異なるものであった。そして『ヴェルトビューネ』

や『ターゲ・ブーフ』は、この平和主義への啓蒙という役割を担おうとした雑誌であった。

第4節　平和団体の活動

本節では『ヴェルトビューネ』と『ターゲ・ブーフ』の知識人たちが積極的に関わった当時の主要な4つの平和団体の取り組みから、前節で明らかにした平和主義の特徴がどのように平和運動に反映したのか検討する。

ドイツ平和協会

ドイツ平和協会は1892年にベルリンで設立された。設立のイニシアチブをとったのは上述のズットナーとフリートである。第一次世界大戦以前の平和協会を構成したのは、ほとんどが教師、役人、裁判官、医者、ジャーナリストといった教養市民層であり、アカデミックな性格を有した「名士のクラブ」[56]として位置付けられている。会員数は1914年で1万人[57]ほどであった。この時期のドイツ平和協会では、平和の問題はもっぱら外交上の問題として受け止められていた。各国の軍縮の推進、仲裁裁判所などの国際組織の設立といった、国際法に基づいた戦争回避の要求が彼らの運動の中心にあった。しかし第一次世界大戦が勃発すると、ドイツ平和協会は事実上活動を停止し平和主義者たちは亡命を余儀なくされたか、あるいは戦争賛美へと転換するものも現れた。

第一次世界大戦が終結すると、一時的ではあるがドイツ国内で平和運動への関心が高まったが、ドイツ平和協会はこのなかで好況状態を迎えて会員数を増やし、とくに労働者の会員が増加し、最大時の1926年には300の支部におよそ3万人の会員を有したのであった[58]。1921年にはドイツの14の平和組織を束ねる上部団体としてドイツ平和カルテルが設立されたが、ドイツ平和協会はこのなかで最大の組織となった。ヴァイマル共和国初期の平和運動をめぐる状況は、オシエツキーが「平和主義が高度な政治において継子の役割を演じた時代は終わり、そのうえ平和主義が今や現実的な思考をもつ政治家がみなこれを考慮にいれざるを得ないような、ひとつの力になったという印象が残る[59]」と述べたような明るいものであった。

しかしながら会員の増加は、平和協会に良い影響をもたらしただけではなかった。新会員の加入は、この組織の性格を変化させた。社会主義に近い知識人や労働者層を中心とした新会員と、以前から平和協会に参加していた自由主義者層との間の不均一性は、時が経つにつれ無視できないものとなった。前節でも触れたように、前者は「急進派」、後者は「穏健派」と呼ばれ、それぞれに派閥を形成したが、これが後に権力闘争を引き起こすことになる。例えば1926年のドイツ平和協会会員の所属および支持政党を見てみると、44パーセントがドイツ社会民主党、26パーセントがドイツ民主党、5パーセントが中央党、25パーセントが無所属であり[60)]、ここからは、ドイツ平和協会の政治的不均一性と、この協会が一致団結した組織として活動することの難しさが明らかになるのである。

ドイツ平和協会は連邦主義的な組織であった。とくに強い力を持っていたのが、キュスターの西ドイツ支部である。ここには急進派が多く集まった。急進派は、キュスターが編集長を務める『もうひとつのドイツ』の購読を義務化するなどして、積極的に主張を広め、勢力を拡大していった。1929年には、第一次世界大戦以前から平和協会で指導的立場を担っていたクヴィッデと、彼に近い穏健派の人々を追い出す形で、平和協会本部の指導部を率いることになった。クヴィッデやゲルラハら、平和協会から退会した穏健派の人々は、1932年秋に新組織「ドイツ平和同盟」の設立に取りかかったが、これは成功せずに終わった。このようなキュスターとクヴィッデの関係に象徴されるドイツ平和協会の分裂過程は、第3章で述べるようにヴァイマル共和国期の平和運動に関する歴史叙述を構成する中心部分となっている[61)]。

『ヴェルトビューネ』と『ターゲ・ブーフ』の知識人の多くが、ドイツ平和協会に所属していた。会長も務めたクヴィッデは『ヴェルトビューネ』『ターゲ・ブーフ』双方に寄稿しており、またオシエツキーも短い期間ではあるが平和協会の事務局で働いていた。このほかにヒラーやトゥホルスキーなども平和協会に所属している。このうちクヴィッデとゲルラハが穏健派に属していたのに対して、トゥホルスキー、オシエツキーらは急進派に近い立場をとっていた。さらにヴァルター・ファビアン、ローター・エンゲルベルト・シュッキング、ヘレーネ・シュテッカー、ハインリヒ・シュトレーベル、ファイト・ヴァレンティンといった当時の著名な平和主義者も会員であった。オシエツキーのように、比較的早い時期に平和協会から脱会したものもあったが、ドイツ平和協会は『ヴェルトビューネ』『ターゲ・ブーフ』の知識人たちの関心の大きな部分を占めていた。ただ、平和協会と『ヴェルトビューネ』の関係は、アンビヴァレントなもので、多くの『ヴェルトビューネ』寄稿者が平和協会に所属する一方で、『ヴェルトビューネ』には厳しい協会批判が掲載されたのであった。とくにヒラーとオシエツキーは、キュスター率いる新執行部を厳しく批判した。

ドイツ平和協会が目指したものは何だったのであろうか。1919年に起草された綱領では、平和協会の求めるものとして、戦争崇拝との闘いと世界市民思想への教育があげられている。本章の主題である外交に関連したものでは、平和協会は、国際的な法組織の拡張、国際連盟思想の強化、民族自決権の保持、あらゆる植民地政策の国際的な監視の要求をした。これは平和主義者が組織平和運動の開始時から追求しており、さらにウィルソンの思想によって推進されたものであった。とくにフランスとの協調関係が重要視され、この上に急進派平和主義者たちの要求、つまり兵役義務の全面廃止とすべての国家の完全な軍縮、帝国主義的な排他的政策および搾取政策への補償、そして社会的平等のための協力、さらには国際労働権の確立などがあげられた。[62]

ドイツ国内における平和協会の活動で最も重要なものは、平和運動の大衆運動化への努力であろう。イギリス労働党の政治家アーサー・ポンソンビーの運動に倣って、1926年と1927年にザクセンで行われた兵役拒否のための署名運動、「ポンソンビー運動」はその一例である。この運動はザクセンの社会民主主義者の支持を受けて行われたものであった。『ヴェルトビューネ』には、このポンソンビー運動に対する積極的な支持がいくつか見られる。例えばフランツ・レシュニッツァーは、兵役拒否は個人で行うのではなく、集団で行うことに意味があるのだとしてこの運動に賛同し、「兵役拒否を『ユートピア』だと馬鹿にする『平和主義者』は、その恥ずべき策略によって、彼の人生よりももっと貴重な人々の人生を墓送りにするまえに、くたばってしまったほうがいい」[63]と述べた。さらに彼は1週間後に再び、ドイツの平和主義者によるポンソンビー運動について言及している。

「もしドイツの政党にポンソンビーがいないというのであれば、われわれ無所属の左翼平和主義者が彼のすることをすればよい。その準備はできている。(…) われわれはすでにある程度の成果を得ている[64]」。

彼がこう述べた通り、1927年11月８日の『ヴェルトビューネ』には、運動の結果として８万6842名の署名が集まったという報告がなされている[65]。平和協会は当時最大の団体としてこのような運動に寄与したのであった。

革命的平和主義者グループ

革命的平和主義の内容については、前節ですでに述べた。ここでは革命的平和主義者の組織について言及したい。革命的平和主義者グループ[66]は1926年、クルト・ヒラーを中心に結成された。結成のきっかけは、ヒラーがドイツ平和協会内で居場所を失ったことにあった。このグループは社会主義の陣営を束ねる組織になることを目標にして結成され、150から160名ほどの会員が集った[67]。そのほとんどは党に所属していない社会民主主義、あるいは共産主義の知識人であった。革命的平和主義者グループの活動は大体においてベルリンにとどまり、当時の平和組織のなかでさほど大きな影響力を持っていたとは言えない。しかしながら本章で取り上げる知識人のなかには、このグループへの参加者が多く見られる。とくにヒラーは『ヴェルトビューネ』の主要な寄稿者のひとりであり、革命的平和主義者グループに関する記事を同誌にしばしば掲載していたのであった。ほかにもトゥホルスキーやヘレーネ・シュテッカーが著名な会員として知られているし、アルフォンス・シュタイニガーのような共産党員の同人も革命的平和主義者グループに所属している。とはいえこのグループは、どちらかといえばヒラー個人のための活動という特徴が強かった。したがってブレームが後に「クラウス・マンやヴァルター・メーリング、そしてトゥホルスキーが革命的平和主義者グループについて一度も言及したことがなくても、私は驚かない[68]」と述べるような状況だった。

革命的平和主義者グループは、全面的軍縮、徴兵制の廃止、国内外での不戦の呼びかけ、戦時兵役拒否、そして現存の国際連盟を完全なものにするような超国家的法組織の設立といった目標を立てて宣伝を行った。こうした主張自体は、すでに検討したヴァイマル共和国期の平和主義の傾向からも明らかになるように、当時の平和主義のなかでとくに目新しいものではなく、彼らの主張はこの限りではドイツ平和協会の急進派の主張と変わらない。両者を大きく分けたのは、このグループの名が示す通り、ヒラーが社会革命の達成による平和を目指して組織を結成したことであった。またこのグループがフランスよりもソヴィエト連邦との協調を求めたことも、ドイツ平和協会をはじめとする他の平和組織と一線を画す要因となっていた。

しかしそもそもヒラーの革命概念は必ずしも明確なものではなく、そのためにグループの方針ははっきりと定まらなかった。またドイツ共産党との協力関係をめぐって、ヒラーのように共産主義やソヴィエト連邦に共感を持ちながらも共産党に与することのできなかったものと、党で活動する共産主義者との間の関係に亀裂が生じた。このことは、多くの共産主義者のグループからの離脱を招いた。さらに会員たちには、武力の適用の問題についても見解の相違が見られた。例えばシュテッカーのような絶対的平和主義者がいかなる武力行使も拒否したのに対して、ヒラーは資本主義が戦争の主原因であるという見解から、暴力が根絶されるような、社会主義による世界を達成するためには、武力行使もやむをえないと考えていたのである。このような見解の相違から、シュテッカーも革命的平和主義者グループから離脱している。これにより革命的平和主義者グループはさらに少数派になった。革命的平和主義者グループは、共産党からは敵対視され、また社会民主党からは「『知的』すぎて『文学的』すぎる」[69]と見られていた。ヒラーは1928年、革命的平和主義者グループの厳しい立場について、次のような言葉でその心情をあらわしている。

> 「平和主義者たちは、私が共産主義的すぎるからといって私をボイコットする。共産主義者たちは、私が平和主義的すぎるからといって私をボイコットする。社会民主主義者たちは、私が両方、つまり共産主義的で平和主義的すぎるからといって、私をボイコットする。それならもう飢え死にするしかないではないか」[70]。

1931年、左翼政党の分裂という状況を前に、ヒラーはこの分裂した勢力をまとめようと革命的平和主義者グループに招き、会合をもった。しかし彼の左翼の統一の試みは、成功しなかった。大きな影響力を持つことのないまま、革命的平和主義者グループは1932年に解散したのであった。

ドイツ人権同盟

ドイツ人権同盟は、1913年に設立された独仏協調のための委員会に由来するもので、翌1914年に設立された当初は「新祖国同盟」という団体名を名乗っていた。同盟の設立に大きな役割を果たした人物に、オットー・レーマン＝ルスビュルトがいる。第一次世界大戦時、平和主義者をめぐる状況が厳しいなかで設立されたこの団体は、当初「新祖国同盟」という名を名乗ることで組織の平和主義的な特徴を隠し、いわば国家主義的な団体を装うことで、当局から活動禁止処分を受けることを免れていた[71]。しかし後にはドイツ平和協会と同じように活動禁止処分を受けている。第一次世界大戦が始まった頃には、新祖国同盟は大戦に反対する人々の隠れ家的存在になっていた。ここには、社会民主主義者（エドゥアルド・ベルンシュタイン、フーゴ・ハーゼ、カール・カウツキー、エルンスト・ロイター、クルト・アイスナー）、平和主義者（アルバート・アインシュタイン、フリードリヒ・W・フェルスター、ヴァルター・シュッキング）、民主主義的ジャーナリスト（テオドア・ヴォルフ）、そして外交官や官僚など、様々な人々が参加した。この同盟はどの政党にも属さず、政治的独立を保つものであった。機関紙として、ゲルラハの新聞『月曜の世界』を有していた。ゲルラハは新祖国同盟設立以来の会員であり、1914年11月からはほとんどの時期に役員として活動していたのであった。

ドイツ人権同盟は会員数が800人から1000人程度[72]とそれほど多くなく、その活動はほとんどベルリンにとどまっていた。上にあげた人々以外の会員のほとんどはジャーナリストや法学者、作家などの知識人であり、この組織と『ヴェルトビューネ』や『ターゲ・ブーフ』の知識人の関係は深い。オシエツキー、トゥホルスキー、ベルトルト・ヤーコプらがこの組織に参加していただけでなく、シュヴァルツシルトもこの会員であった。シュヴァルツシルトは1930年に同盟の役員に選ばれている。彼は民主主義の原則と、さらには国家に対する個人の自由を守るために、国際紛争の平和的解決を積極的に支援しようとした。後にゲルラハとの個人的確執により人権同盟から脱退したものの、後述する1932年のオシエツキーのための恩赦要求の運動では、積極的に活動したのであった[73]。

人権同盟の創立者にはヘレーネ・シュテッカーも名を連ねている。またヤーコブゾーンは、彼の編集する雑誌『ヴェルトビューネ』の政治的独立を強く守っていたが、新祖国同盟と人権同盟には積極的な支持を表明し、1920年7月11日付けのトゥホルスキー宛て書簡のなかで「私は全面的に新祖国同盟に賛成する」[74]と述べている。また『シャウビューネ』時代にはこの組織への参加を読者に勧めている。[75]

ドイツ人権同盟が目指すものとして1919年の綱領であげているのは、「1．諸国民協調のための協力」、「2．あらゆる暴力支配および階級支配の廃絶のためのたたかいと、人権と社会的正義のためのたたかい」、「3．社会主義の実現のための協力」、「4．個性を尊重する文化」である。[76] この綱領のもと、ドイツ人権同盟は平和主義者の国際的な活動にとって重要な役割を担った。新祖国同盟設立の際にモデルとなり、また「ドイツ人権同盟」という団体名のもととなったフランス人権擁護同盟と密接に協力し、当時難しいと思われていたフランスとの協調のための啓蒙運動に努めた。レーマン＝ルスビュルトは1927年に出版された『ドイツ人権同盟（かつての新祖国同盟）の世界平和のためのたたかい（1914-1927年）』のなかで、ドイツ人権同盟の独仏協調の試みとして、フランス人権擁護同盟との相互訪問や、「ドイツとフランスの民主主義者に向けて」という共同声明があると書いている。[77] 同様にドイツ人権同盟は、ポーランド、チェコスロヴァキアとの関係修復にも努力した。

ドイツ人権同盟がヴェルサイユ条約違反の国防軍の秘密再軍備の問題、いわゆる「闇の国防軍」（第3章で詳述）の問題に積極的に取り組んだということも指摘しておくべきであろう。1925年3月、ドイツ人権同盟は「闇の国防軍白書」を出版した。この筆者であるベルトルト・ヤーコプは独自の調査により闇の国防軍で33の師団の編成が計画されていたことを突き止め、公表したのであった。[78]

ドイツ人権同盟はまた、1933年以降、ナチによって強制収容所に収容されたオシエツキーの解放と彼へのノーベル平和賞授賞を求めるキャンペーンでも大きな役割を果たしている。1933年、国会議事堂炎上の際にドイツ平和協会と同様に事務所は捜索され、3月以降ドイツでの活動はできなくなっていた。しかしドイツからの亡命者たちは、1933年夏からパリとストラスブールに部局をつくり、引き続き活動したのであった。20名ほどからなるパリのグループには、エミール・グンベルやゲルラハのような人々がいた。[79]

「従軍兵士の平和同盟」と「戦争はもうごめん」運動

「従軍兵士の平和同盟」（戦争参加者平和同盟）[80]の実質的な活動時期は1919年から1924年と短い。しかしこの同盟には『ヴェルトビューネ』と『ターゲ・ブーフ』の知識人、とくにオシエツキーとトゥホルスキーが積極的に関わっており、彼らの思想と行動を検討するためには見逃すことができない。

従軍兵士の平和同盟は第一次世界大戦後すぐの1919年、ドイツの平和主義者の間に平和主義の興隆への希望が高まっていた時期に結成された。中心となったのは『ベルリーナー・フォルクスツァイトゥング』に集ったジャーナリストであり、オシエツキー、トゥホルスキー、グンベルのほかに、カール・フェッター、ゲオルク・フリードリヒ・ニコライ、オットー・レーマン＝ルスビュルトといった人々が参加した。彼らは全員、第一次世界大戦での従軍体験があった。[81]

この同盟結成の第1の目標は、世界大戦後のドイツに芽生えた反戦の傾向を維持するために、また世界大戦の悲惨な記憶を風化させないよう「謝って《偉大な時代》として名付けられた時代の記憶として、そして成長しつつある青少年のための政治教育の一環として[82]」、毎年第一次世界大戦の勃発の日にデモを行うことであった。デモの合言葉として選ばれたのが「戦争はもうごめん」である。

同盟の規約からは、オシエツキーらこの同盟に参加した平和主義者が目指したものが明らかになる。まず彼らが反戦、反軍国主義に努力することが明記され、「来たる世代のために、人類に対する恐ろしい犯罪――戦争――をなくすこと、そしてその原因となるものをなくすこと[83]」が求められている。さらにヨーロッパと世界の平和、諸国民の協調、秘密外交の根絶、諸国家同盟の実現を目標とした諸国民議会と強制執行力を持つ国際裁判所の設立が要求された。また、報復心をもたらす「狂気」や、民族的人種的扇動、そして諸民族の悲惨な状態をなくすべく努力するといったことも主張されている。

1920年、従軍兵士の平和同盟は「戦争はもうごめん」運動のための行動委員会を発足させた。同年8月1日には「戦争はもうごめん」のスローガンのもと、最初の集会が行われ、ベルリンのルストガルテンに約５万人[84]が集合した。この同盟のほかに、ドイツ平和協会、新祖国同盟、その他学生団体、あるいはオーストリア従軍兵士同盟などがこの集会に参加している。

翌1921年にはドイツ独立社会民主党や労働組合の参加によって、デモの参加者数は大きく増加した。諸説あるものの、その数はベルリンだけで10万人から20万人、ドイツ全土では50万人が集合したと見なされている[85]。

ただ、この運動の成功は社会主義政党の協力に依存していた面もあった。これは1921年が「戦争はもうごめん」運動の頂点であったことから明らかになる。1922年以降「戦争はもうごめん」運動が下火になったが、オシエツキーはこのことの原因を、社会民主党、独立社会民主党、共産党の３つの社会主義政党がお互いに争い、分裂することで、ドイツの左翼の力を奪い取ってしまったことにあるとしている[86]。

それでも1922年には、外相を務めたヴァルター・ラーテナウが同年６月に暗殺された影響で、約10万人が「戦争はもうごめん」運動に参加した。ここではトゥホルスキーの反戦詩「３分間お耳を！」が朗読された。トゥホルスキーは1920年から1922年までの３年間、講演者リストに名を連ねている。

しかし1924年には、同日に政府が戦没者追悼集会を開催し、また労働組合も独自の集会を開催したこともあって、「戦争はもうごめん」運動の集会には1,000人[87]が集まったにすぎなかった。以後この運動は地域的に開催されたものの、実質的にはこの年に終わりを迎えたのである。

「戦争はもうごめん」運動が短期間で終わった原因としては、先に述べた社会主義政党の協力が一時的にしか得られなかったこと以外に、平和主義者間の足並みが揃わなかったこともあげられる。ドイツの各平和団体を束ねる上部組織であるドイツ平和カルテルと「戦争はもうごめん」運動を率いる従軍兵士の平和同盟の間には、平和運動の主導権をめぐって対立が起こった。またカトリック、プロテスタント両教会の協力が得られなかったことも、この理由のひとつとされる[88]。さらにはヴァイマル共和国の「相対的安定」や、段階的な外交上の緊張緩和が「戦争はもうごめん」運動の意義を薄めたことも指摘されている[89]。だが初期の「戦争はもうごめん」運動は、その参加者数から見ても、大衆が平和運動に参加する可能性があることを示した。フランスやイギリスでも同様の運動[90]が行われ、国際的な広がりを見せたのであった。

この点でヴァイマル共和国期は、平和主義が知識人のものから大衆の運動へ変わろうとする移行期であった。『ヴェルトビューネ』と『ターゲ・ブーフ』の知識人は、知識人と大衆の間の触媒としてそれに寄与しようとしたのであった。オシエツキーは1924年『ターゲ・ブーフ』誌上でヴァイマル共和国期のそれまでの平和運動を振り返り、平和主義が依然として秘密めいた、非現実的なものであり、そのため民衆を引きつけることができないでいると嘆いた[91]。そして「平和主義は政治的にならなければならないし、政治的にだけならなければならない[92]」と最後に説いた。これは彼が平和主義の政治化、つまり大衆運動化を求めたことの表れであり、「戦争はもうごめん」運動はまさにその例であった。

ディーター・リーゼンベルガーは、ヴァイマル共和国期の平和主義について、「新しい平和主義の独自性は、その内容にあるわけでも、動機にあるわけでもない。そうではなくて、市民が自己の責任から社会—政治的問題にとりくみ、彼らの関心事を公の議論にのせたという事実にある。このような団体設立は——それが平和協会であれ、奴隷制度撲滅のための協会であれ——解放プロセスとそれに結びついたかつてのブルジョアジーの改革への意志の表れであり、結果なのである[93]」と述べている。だがブルジョアジーの改革としてだけでなく、同時にこれらの団体が社会主義者を取り込んで発展したことに、その新しさがある。これは平和運動の歴史的変化のひとつと見なすことができるだろう。

第5節　政党における外交問題への対応と「平和」

政治的独立が『ヴェルトビューネ』でも『ターゲ・ブーフ』でも厳しく守られていたことは、序章ですでに述べた。しかし両誌の文章のなかには、政治に対して強い関心を持つ『ヴェルトビューネ』と『ターゲ・ブーフ』の知識人たちのそれぞれの意識や傾向が表れてきている。本節では『ヴェルトビューネ』と『ターゲ・ブーフ』の同人たちの政治的立場を理解するために、彼らが所属していた、あるいは共感を抱いていた政党を取り上げる。『ヴェルトビューネ』

や『ターゲ・ブーフ』の知識人たちが、オシエツキーの言葉のように平和主義を「政治的」にするための方法として、つまり政策に反映させるための方法として、政党はどのように機能したのであろうか。また当時の政党は、どのように外交と平和の問題に取り組んだのであろうか。

社会民主党

『ヴェルトビューネ』や『ターゲ・ブーフ』の知識人にとって、ドイツ社会民主党は政治的にもっとも近い立場にあった。例えばトゥホルスキーは独立社会民主党に、そして後に社会民主党に所属したこともあった。またヴァルター・ファビアン、クルト・グロースマン、ローター・エンゲルベルト・シュッキングも社会民主党に所属していた。オシエツキーのような政党に所属していない寄稿者のなかにも、社会民主党に共感を持つものが多くあった。

『ヴェルトビューネ』と『ターゲ・ブーフ』の平和主義者と独立社会民主党との関係はとくに深い。トゥホルスキーが独立社会民主党に加入した理由のひとつとして、同党の急進的な反軍国主義があげられる[94]。1914年から1918年の間、戦争政策を支持してきた多数派社会民主党が第一次世界大戦後も政策の路線を変えることができなかったのに対して、独立社会民主党は1918年12月に社会民主党右派に抗議して人民委員政府を脱退し、戦争責任問題の解明を強く求めた。こうしたことは平和主義者を引きつけるのに十分であった。またトゥホルスキーの伝記を書いたミヒャエル・ヘップが指摘しているように、とくにトゥホルスキーのような個人主義的な知識人が孤独を恐れ、しだいに大きくなっていく政治的諦念を前にして同士を求めたこともあり[95]、独立社会民主党は、当時の知識人が政治と積極的に関わる場所を提供するものとして受け止められた。1922年に独立社会民主党が多数派社会民主党と合同してからは、知識人はこの場所を失った。彼らは政党内ではなく、ドイツ平和協会で活動した。

独立社会民主党と統合後の社会民主党は、内部に平和主義的な左派と修正主義的な右派を抱えることとなった。『ヴェルトビューネ』や『ターゲ・ブーフ』の知識人の多くは、平和主義的左派の代表だった。ハインリヒ・シュトレーベルはその最たる人物であったし、トゥホルスキーやオットー・レーマン＝ルスビュルトもここにあげられる。さらに社会民主党は両誌の同人以外にも多くの平和主義者を党員として抱えていたが、例えばパウル・レーベやアンナ・ジームセン、ゲアハルト・ゼーガーといった著名な社会民主党の政治家は、ドイツ平和協会でもまた重要な立場を有していたのであった。

それではヴァイマル共和国期のドイツ社会民主党は、外交と平和にどう取り組んだのであろうか。第一次世界大戦以前と比べて、この時期の社会民主党は、実際には古典的な社会主義の平和理論、つまりは資本主義の克服による平和の達成という目標に向かうことは少なくなっていた。その代わりにブルジョア・自由主義的および平和主義的な国際法に基づく見解を見せるようになっていったのであった[96)]。こうしたなかでヴァイマル共和国期の社会民主党は、同時代の政治学者ジークムント・ノイマンが述べているように、外交の分野では「敗戦の執行者[97)]」という役割を担わされることとなった。社会民主党はより現実主義的にルール闘争の清算からドーズ案、ヤング案に至る履行政策を担い、フランスとの協調やヨーロッパ政策の建設的な道を進もうとしていた。これによって社会民主党は、シュトレーゼマン路線の強力で不可欠な柱となった。この路線は、社会民主党の伝統的な平和主義的態度と、第一次世界大戦の後で第二インターナショナルによって再び取り入れられた対外政策に相応するものであった[98)]。

このことは社会民主党の綱領に反映している。1921年、社会民主党は党綱領のなかで、第一次世界大戦とヴェルサイユ条約が「経営と資本の集中を促進させ、資本と労働の、そして富と貧困の間の格差を広げた」と位置付け、「国際連盟を真の労働共同体、法共同体、文化共同体に解体すること」を要求したが[99)]、1925年の綱領では当時の政治状況を考慮し、「国際連盟の民主化とこの平和政策の効果的な道具への発展[100)]」と、やや穏やかな主張をしている。

上述したように、社会民主党と『ヴェルトビューネ』および『ターゲ・ブーフ』の平和主義者たちの政治的立場は近かったが、彼らの関係はアンビヴァレントなものでもあった。社会民主党は両誌のなかで最も批判された党であった。平和主義者たちがこの党にかけた期待が大きかっただけに、シュトレーゼマンとの協力など、社会民主党のとった政策は両誌の知識人には妥協的に見えたのである。社会民主党の多数の党員の路線と、平和主義者たちの求めた政治との違いは、社会民主党内の左派に位置した平和主義者を党内で厳しい立場に追い込んだ。ヴァイマル共和国の末期、ブリューニング内閣組閣の際に社会民主党が分裂したときに、このことは明らかになったのだった。社会民主党のなかで多数がブリューニングを「より小さな悪」として支持しようとしたのに対して、キュスターやシュトレーベルらドイツ平和協会を代表する社会民主党党員は、反ブリューニングの立場をとった。彼らはブリューニングに追従せず、社会民主党が独自の綱領を発展させ、現状を根本的に変えることこそが、党と共和国を守る方法であると考えていた。[101] ブリューニングの評価をめぐる対立は、結局のところ、社会民主党からの平和主義者の離脱をもたらしたのであった。

同様に平和主義者の社会民主党からの離党の背景に、キュスターやシュトレーベルら平和主義者の党員の急進化に対する社会民主党の危機感があったことも指摘されている。1931年9月23日、社会民主党執行部は、社会民主党党員であるなら、ドイツ平和協会の党員であってはならないと決定した。[102] これにより社会民主党に所属していた平和主義者たちは、平和協会から離脱するか社会民主党を離党するかを迫られたのであった。パウル・レーベなど社会民主党の右派に属していた人々は平和協会から脱退し、一方キュスターら急進的平和主義者たちは社会民主党から離党した。後者は後に社会主義労働者党を設立し、ここに結集した。キュスターらはこの党を通しての共産党と社会民主党の統一戦線を望んでいたが、こうした活動は失敗に終わった。

民主党

ドイツ民主党に所属していた『ヴェルトビューネ』『ターゲ・ブーフ』の同人は以下の通りである。クヴィッデ、ゲルラハ、パウル・フォン・シェーナイヒ、ユリウス・バブ、ヨハネス・フィッシャート（エーリヒ・ドムブロウキー）、オットー・フラーケ。レオポルト・シュヴァルツシルトや、著名な歴史家で時折『ヴェルトビューネ』に寄稿していたファイト・ヴァレンティンは所属こそしなかったものの、民主党に共感を持っていた。『ヴェルトビューネ』『ターゲ・ブーフ』寄稿者のほかには、ヴァルター・シュッキング、ハリー・ケスラー伯などの平和主義者たちがドイツ民主党の党員であった。

ドイツ民主党は、進歩人民党の自由主義的帝国主義と穏健な併合主義と同様に、1848年の国民的伝統を受け継いでつくられた政党であった。[103] この党は右派のナショナリストから左派の平和主義者に至るまで、広い範囲の人々を包括していた。そしてこのために民主党の政治には、内政問題にも外交問題に関しても常に見解の不一致が見られた。それは例えばラーテナウの「履行政策」をめぐる意見にもあらわれており、党内の右派が彼の履行政策に反対していたのに対して、平和主義者たちはラーテナウを支持したのであった。民主党の外交上の目的は、第一にヴェルサイユ条約の修正であった。このことは1919年12月に出された党綱領のなかの「ヴェルサイユとサン・ジェルマンの修正が、今後のドイツの対外政策の出発点であり中身である」[104)]という文章から明らかになる。ヴェルサイユ条約の修正というプログラムは、民主党に所属していた平和主義者にとっても重要なものであった。民主党の平和主義的左派の中心的人物であり同時にドイツ平和協会の会長であったクヴィッデは、1919年５月にヴェルサイユ条約に対する拒否の姿勢を明らかにしていた[105)]。この条約が平和への希望と諸国家連合の思想を壊しかねないものだと考えていたためである。また全体としてドイツ民主党は、ドーズ案、ロンドン協定そして国際連盟加盟といったシュトレーゼマン外交を留保なく支持した。東部国境の修正、オーストリアとの合併、あるいはドイツの植民地の回復は結党以来の民主党外交の目標であり、シュトレーゼマンの外交政策と利益を共有するものであった。

ドイツ民主党と平和主義の問題を考えるにあたっては、オットー・ゲスラーを取り上げておこう。1920年から1928年まで国防相を務めたゲスラーは、この党の出身であった。彼は平和主義者によって求められていた国防軍の民主化を拒否し、ゼークト将軍とともに秘密裏に「闇の国防軍」を指揮していた。一方民主党は、党綱領のなかで国防軍を民兵に替えることを明確に要求していた。クヴィッデやシェーナイヒのような平和主義的な左派はゲスラーの防衛政策を批判した。とくにクヴィッデはドイツ平和カルテルの代表として、1924年初頭に『ヴェルトビューネ』に掲載された記事のなかで闇の国防軍の問題を公にしたのであった。これにより彼は国家反逆罪の廉で告訴された。しかしながら民主党の議員団は1923年10月の時点で、党内で対立があったにもかかわらず、闇の国防軍の問題に関してはゲスラーの否定を鵜呑みにした[106)]のであった。

民主党の左派に位置する平和主義的な党員は、この党のなかで決して大きな影響力を持つことができなかった。それどころか彼らはエーリヒ・コッホ＝

ヴェーザーの党指導部に対して常に難しい立場にたたされていた。平和主義者が積極的に関わった王侯の財産没収や装甲巡洋艦建造問題は、彼らと党指導部の超えようのない立場の違いを明らかにした。社会民主党の場合と同じように、巡洋艦建造問題はそれどころか数人の平和主義者の民主党からの離党を招くこととなる。

民主党の分裂が決定的になったのは1930年であった。コッホ＝ヴェーザーが計画した民主党と青年ドイツ騎士団の提携、そしてドイツ国家党創設をめぐる議論がその原因であった。クヴィッデのような平和主義者は、反平和主義的で反ユダヤ的な青年ドイツ騎士団との協力関係を受け入れることができなかった。ドイツ国家党の結党に反対したクヴィッデら平和主義者のグループは、1930年８月に「独立民主主義者協会」をつくった。これは1931年11月に急進民主党に発展した。クヴィッデははじめこの新しい政党の結党をためらっていたが、最終的には民主党を離党し、ここに所属した。彼は次のように述べている。「私が党首になることを拒否したことは皆が知っている。しかしそれはいくつかの報道で言われているように年齢を考慮してのことではなく、私が『独立民主主義者協会』を［政党ではなく］協会として存続させたいと思っていたからである。ちなみに単なる討論クラブとしてではなく、極めて活動的な運動組織としてである。そのうえに政党設立の時期がまだ訪れていないと考えたこともある。こうしたことはしかし私が党に参加することをなんら妨げるものではない[107]」。この党にはゲルラハとシェーナイヒも参加したのであった。

ドイツ国家党が外交問題に関して民主党時代の協調政策を放棄し、しだいにそのナショナリズムを強めていったのに対して、「新左翼」を自認していた急進民主党はその平和主義と民主主義を貫徹しようとした。この党はブリューニング政府と、この政府が発令した緊急令を厳しく批判した。急進民主党の目指したものは、クヴィッデの『ヴェルトビューネ』でのコメントから明らかになる。

> 「新しい党は、最後の最後まで民主主義的であるようにしたい。これはつまり、外交に取りくむ際には［民主主義的であると］同時に、決然と平和主義的であり、文化政策および司法に取りくむ際にはしっかりと偏見なく自由を求め、経済および社会政策に取りくむ際には、私経済の保持のもと、社会改革的で反資本主義であり、そしてとくに反金権政治的だということである[108]」。

しかし組織として急進民主党は決して成功することがなかった。政治的影響力を持つことがないまま、この党は解党したのであった。

共産党

『ターゲ・ブーフ』および『ヴェルトビューネ』編集部のなかには、共産党員はいなかったが[109]、同人のなかにはアルトゥール・ホーリッシャーやクチンスキのように共産党に所属、あるいはこれを支持したものもあった。この傾向はより急進的な『ヴェルトビューネ』のほうに見られる。

ドイツ共産党と『ターゲ・ブーフ』『ヴェルトビューネ』両誌の関係は難しいものであった。両誌のほとんどの同人は共産党を批判的に見ていた。彼らの批判は第１に、ドイツ共産党のソ連追従の態度に向けられた。他方、共産党の側も『ターゲ・ブーフ』や『ヴェルトビューネ』を「ブルジョア雑誌」と見なして、非常に厳しく批判したのであった。これに対して『ヴェルトビューネ』内では珍しく、共産党の主流派に属したフリードリヒ・シュヴァークは、『ヴェルトビューネ』の知識人が、ブルジョワジーとプロレタリアートの間の階級を作っていると指摘し、社会を変えるために死に行く人々とは反対に、ただ世界を傍観しているだけだと批判した[110]。これはディートリッヒ・ピンカーナイルによれば「『ヴェルトビューネ』知識人の精神的および政治的態度に対するよく知られた批難が、ここにすべてまとまって表れている」ことになる[111]。また『赤旗』は「想像上の左翼」として自らを表現している知識人の集合場所として『ヴェルトビューネ』があると述べ、オシエツキーについてこう述べている。

「はっきりしない、ふらふらした、退廃し、そして崩壊しつつある知識人――ブルジョワジーの敗北の産物――の層全体にわれわれが共通して与えた特徴に、彼はとくに当てはまっている。そしてこのオシエツキーは、彼の雑誌の路線をとくに強調して、危険なく甘くなった急進性という主旨で操縦している。この急進性と、ブルジョワジーが捧げた愛の贈り物は――革命と労働運動に対する辛辣な非難という形で――補いつつまた和解しつつ結びついている。(…)

オシエツキーの共産党に対するこうした嫌悪感の理由は何であろうか。これは興隆しつつあるプロレタリア階級に対して死に行く市民が持つ嫌悪感である。これは、もぎ取られ、根無し草になり、孤立した知識人の嫌悪感である。彼は足元の市民的土台を失い、また、プロレタリアの土台を求めるには威張りすぎていると同時に臆病すぎていて、もはや始めからやりなおしたり、卑賤から身を起こしたりするということをしたくないのである[112]」。

平和をどのようにして築くのかという問題に関しても、『ターゲ・ブーフ』や『ヴェルトビューネ』の知識人が参加する平和運動と共産党の間には大きな壁があった。「平和」という言葉で意味するものが、両者の間で決定的に異なっていたのである。共産主義者のなかには、ヨハネス・R・ベッヒャーのように平和運動に関わるものもあった[113]。しかし概して共産党に重要だったのは、まず革命の達成とそれによる平和の到達であった。一方、平和主義者の側では、ヴァイマル共和国期のいわゆる国家主義的ジャーナリズムやドイツ人民党、国民社会主義者のような右翼政党とともに、共産党をドイツ平和運動の敵として見ていたものもあった。クヴィッデのような民主主義者や、急進民主主義の代表者であるゲルラハが、共産党に対してとくに批判的であった。というのも彼らは、共産主義者が戦略的な計算から出した最大主義的な要求は、平和主義の成功のためのあらゆる機会を疑問視するものだという疑念を抱いていたからである。またホルは、いずれにせよ平和主義者と共産党の永続的な協力関係は、ヴァイマル共和国期の平和運動の一貫した西ヨーロッパ向きの方向性により失敗しただろうと述べている[114]。

ヒラーを中心とした革命的平和主義者グループだけが、共産党員のなかの平和主義者を組織平和運動に取り入れることができた。しかしすでに述べたように、このグループは長く続かず、ほとんどの共産党員は1929年に革命的平和主義者グループから離脱したのであった。このほかに平和主義者とドイツ共産党の協力の可能性として、1926年にブリュッセルで開催された「反植民地の抑圧と反帝国主義の会議」があげられる。これにはシュテッカーやアインシュタイン、レーマン＝ルスビュルト、ヴィリ・ミュンツェンベルクらが参加した[115]。

ドイツ共産党と平和主義者の関係で興味深いのは、トゥホルスキーの態度である。彼は1928年に共産党に接近し、マルクス・レーニン主義の経済目標と階級闘争を容認した。しかしスターリン以後のソ連には同調せず、党に属することはなかった[116]。だが彼はジャーナリズムの場での共産党との協力関係を自ら申し出て、ときおりミュンツェンベルクの『労働者図版新聞』に寄稿することもあった。

どちらかといえばリベラルであった『ターゲ・ブーフ』に比べて、『ヴェルトビューネ』は「共産主義的」であると受け止められることがあった。これはヒトラー政権下のドイツを離れ、亡命先で出版された『ノイエ・ヴェルトビューネ』と第二次世界大戦後に東ドイツで出版された『ヴェルトビューネ』がともに共産党あるいはドイツ社会主義統一党の強い影響下にあったためであった。しかしこれまで見てきたように、ヴァイマル共和国期の『ヴェルトビューネ』と共産党の間には大きな距離があったと言わざるをえない。

共和党

これまで述べた主要政党以外にも、平和主義者の政党での活動を見ることができる。とくに興味深いのは、ドイツ共和党である。この党では、オシエツキーやベルトルト・ヤーコプのような『ヴェルトビューネ』と『ターゲ・ブーフ』の重要な寄稿者たちが、平和について国政の場で議論することを試みたのであった。

「魔の年[117]」と呼ばれた1923年には、インフレと右翼による組閣によって、ヴァイマル共和国の政治の危機的な状況と左翼の弱さがすっかり露呈した。このことに危機感を抱いたオシエツキー、カール・フェッター、ベルトルト・ヤーコプ、フリッツ・フォン・ウンルーらは1924年１月、政党結党のための会合をもった。彼らはほとんどが「戦争はもうごめん」運動を率いた従軍兵士の平和同盟のメンバーであった。５月の国会選挙での議席獲得を目標として、ドイツ共和党が創設された。

共和党が最も重要視したのは、共和国の保護である。党綱領には「共和党は共和国のためだけに奉仕する党である[118]」と明記され、共和国の敵となるような政治体制との妥協は決してしないと書かれている。オシエツキーは繰り返し社会民主党と反共和国的な政党の間の協力関係に警鐘を鳴らしていた。彼は社会民主党に共感を持っており、期待をかけていたが、それだけに社会民主党が彼の期待を裏切ることが受け入れられなかった。左翼の分裂と内部闘争を前に、オシエツキーはすべての民主主義勢力をひとつにし、それによって共和国を守ろうとした。

共和党は共和国の保護、民兵、国際連盟への加盟、ラインラントとルール地方の回復を要求した。[119] 他の政党とそう変わらないこのような要求では、共和党は魅力を持ちえず、国会選挙前に厳しく批判されている。とくに厳しかったのは、ヒラーの批判であった。彼は『ヴェルトビューネ』上で、1924年4月にドイツ平和カルテルから各政党に対してなされたアンケートについて報告している。このアンケートでは、民主党、社会民主党、独立社会民主党、中央党、ドイツ人民党、共産党、そして共和党に対して、一般兵役義務をどう思うかという質問が出された。共和党はこの質問に対して、党綱領と同様に「国防軍を民主的形態、つまり民兵に替える」ことを求めると回答している。ヒラーはこれに対して、共和党はアンケートの回答のなかでも、綱領のなかでも「一般兵役義務」という言葉は使っていない。しかし実際には「民兵」は「兵役義務」となんら変わりがないのである。共和党はほとんどの政治上の問題に関して、民主主義者のなかでも右よりの立場にたっている。兵役義務の問題でも同様であると批判した。[120]

共和党が支持を望んでいた社会主義者、共和主義者、民主主義者そして平和主義者も、共和党の成立は共和主義勢力を分裂させ、反動勢力を有利にさせることになるとして、この党を批判した。ヤーコプゾーンのもとでの『ヴェルトビューネ』も共和党に対して厳しい批判を行っている。これは共和党がただ無駄なものであるというだけでなく、民主主義勢力を分裂させているために有害でさえあるというものであった。[121]

共和党は影響力を持つことなしに失敗に終わった。1924年5月4日の国会選挙では、わずか0.2%の得票であった。この選挙では社会民主党が敗北し、ドイツ国家人民党、共産党、国民社会主義ドイツ労働者党（ナチ党）が議席を増やしている。

平和主義者が独自の政党をつくるべきかという問題は、すでにドイツ共和党の成立以前に話し合われていた。1919年に行われたドイツ平和協会の会議で平和主義者の政党の設立は拒否され、平和主義者たちはクヴィッデやゲルラハが民主党内で活動したように、ヴァイマル共和国の既存政党のなかで平和主義的活動を行うよう決めたのであった。[122]

しかしオシエツキーらごく一部は「戦争はもうごめん」運動の成果を現実政

治の舞台にのせるために、共和党を結党した。平和主義者たちは当時、彼らの平和主義を政策に反映させる機会をほとんど持っていなかった。そのため平和主義はヴァイマル共和国期ドイツ社会のコンセンサスになりえなかった。平和運動はヴァイマル共和国のなかでアウトサイダーの位置にとどまったのである。平和運動を正面から訴える政党が国政に参加するようになるには、1980年代初頭の緑の党の登場を待たねばならない。

『ヴェルトビューネ』と『ターゲ・ブーフ』の知識人はほとんどが政党内で少数派に位置し、難しい立場にたたされていた。政党の綱領が平和主義者の要求と一致することは決してなかった。同時に、共和党の例で見てきたように、平和主義者が独自の党をつくろうという試みは失敗した。平和主義的知識人は、政党のなかに活動の場を見いだすことができなかったのである。共和党の失敗後ジャーナリズムでの活動に専念したオシエツキーのように、知識人たちはその平和主義を、ジャーナリズムという場で表現しなければならなかった。

1）　カントの思想については、上田勝美「カントの永遠平和論」田畑忍（編著）『近現代世界の平和思想』ミネルヴァ書房、1996年、49-52頁、ジェームズ・ボーマン／マティアス・ルッツ－バッハマン（編）、紺野茂樹／田辺俊明／舟場保之（訳）『カントと永遠平和』未來社、2006年を参照。

2）　ベルタ・フォン・ズットナー、ズットナー研究会（訳）『武器を捨てよ！』〈上〉新日本出版社、2011年、18-20頁。

3）　フリートの平和主義については、中村貞二「A.H. フリート（1864-1921）とその平和論——ヴィルヘルム時代の平和主義および平和運動(2)」『東京経大学会誌』第153号、1987年11月、15-37頁。

4）　Karl Holl, „Pazifismus“, in: Donat Holl, *Die Friedensbewegung*, S.299-301.

5）　Ernst Friedrich, *Krieg gegen Kriege!*, Berlin 1924（エルンスト・フリードリッヒ（編）、坪井主税／ピーター・バン・デン・ダンジェン（訳編）『戦争に反対する戦争』龍渓書舎、1988年）。

6）　ケーテ・コルヴィッツ、鈴木東民（訳）『ケーテ・コルヴィッツの日記　種子を粉にひくな』アートダイジェスト、2003年、86頁。

7）　野村彰「K. トゥホルスキーの生涯」クルト・トゥホルスキー、野村彰（編訳）『ヴァイマル・デモクラシーと知識人　1919-1928年』ありえす書房、1977年、7頁。

8）　Ignaz Wrobel（=Kurt Tucholsky）, „Vor acht Jahren“, in: *Die Freiheit*, 1.8.1922（*GA*, Bd.5, [201], S.456）, 邦訳はトゥホルスキー『ヴァイマル・デモクラシーと知識人』122頁。

9）　Dieter Riesenberger, „Zur Geschichte des Pazifismus von 1800 bis 1933“, in: Christiane Rajewsky/Dieter Riesenberger, *Wider den Krieg. Große Pazifisten von Immanuel Kant bis Heinrich Böll*, München

1987, S.224.

10) ヴァイマル共和国期の外交については、主に以下のものを参考にした。Peter Krüger, *Die Außenpolitik der Weimar*, Darmstadt 1985, 2., unveränderte Auflage 1993; Klaus Hildebrand, *Das vergangene Reich. Deutsche Außenpolitik von Bismarck bis Hitler 1871–1945*, Stuttgart 1995, durchgesehene Ausgabe, Berlin 1999; Gottfried Niedhart, *Die Außenpolitik der Weimarer Republik*, München 1999.

11) Hildebrand, *Das vergangene Reich*, S.457.

12) Hans Herzfeld, *Die Weimarer Republik*, Originalausgabe 4. Auflage, Frankfurt a. M./Berlin/Wien 1975, S.38.

13) Ebenda, S.39.

14) Niedhart, *Die Außenpolitik der Weimarer Republik*, S.11.

15) Hildebrand, *Das vergangene Reich*, S.455.

16) Peter Bugge, „The nation supreme: The Idea of Europe 1914–1945", in: Kevin Wilson/Jan van der Dussen (edited), *The History of the Idea of Europe*, London/New York 1993, revised edition 1995, p.87.

17) Theodor Eschenburg, *Die Republik von Weimar. Beiträge zur Geschichte einer improvisierten Demokratie*, München 1984, S.243.

18) Peter Krüger, „Stresemann und Briand – mehr als ein Mythos?", in: Heinz Duchhardt (Hrsg.), *Europäer des 20. Jahrhunderts. Wegbereiter und Gründer des »modernen« Europa*, Mainz 2002, S.39–68.

19) Ebert Kolb, „Gustav Stresemann (1873–1929)", in: Michael Fröhlich (Hrsg.), *Die Weimarer Republik. Portrait einer Epoche in Biographien*, Darmstadt 2002, S.206.

20) Eschenburg, *Die Republik von Weimar*, S.248.

21) ジョージ・L・モッセ、三宅昭良（訳）『ユダヤ人の〈ドイツ〉』講談社、1996年、121頁。

22) Stefan Appelius, „Fritz Küster (1889–1966)", in: Fröhlich (Hrsg.), *Die Weimarer Republik. Portrait einer Epoche in Biographien*, S.355.

23) 西川正雄『第一次世界大戦と社会主義者たち』岩波書店、1989年、3－4頁。

24) ゲスラーは国防相オットー・ゲスラーのこと。ここでの「ゲスラー化」は「軍事化」を意味している。

25) Franz Leschnitzer, „Kampagne gegen den Krieg" (Bemerkungen), in: *WB*, I, 26.4.1927, S.679f.

26) Kurt Hiller, „Was eint uns? Rede vor revolutionären Pazifisten von Kurt Hiller", in: *WB*, I, 26.3.1929, S.467.

27) Eugen M. Brehm, „Aus Briefen über Kurt Hiller und seine Gruppe Revolutionärer Pazifisten", in: Rolf von Bockel/Hard Lützenkirchen (Hrsg.), *Kurt Hiller: Erinnerungen und Materialien*, Hamburg 1992, S.45f.

28) Hiller, „Was eint uns?", S.465.

29) Ebenda, S.467.

30) Carl von Ossietzky, „Nicht müde werden!" in: *Nie wieder Krieg*, April 1921 (*OSS*, Bd.1, [155], S.386).

31) Carl v. Ossietzky, „Rechenschaft", in: *WB*, I, 10.5.1932, S.701.

32)　Kurt Tucholsky, „Der bewachte Kriegsschauplatz", in: *WB*, II, 4.8.1931, S.191f.

33)　Gerhard Kraiker, „»Vertikaler Journalismus«. Kurt Tucholskys politische Publizistik der Jahre 1911–1933", in: Sabina Becker/Ute Maack (Hrsg.), *Kurt Tucholsky. Sein literarisches und publizistisches Werk*, Darmstadt 2002, S.287.

34)　Ignaz Wrobel, „Krieg gleich Mord", in: *WB*, I, 19.4.1932, S.590.

35)　Lothar Engelbert Schücking, „Die Abrüstung ist eine soziale Frage!", in: *WB*, I, 31.1.1928, S.162.

36)　Hellmut v. Gerlach, „Auswärtige Politik", in: Walter Fabian/Kurt Lenz (Hrsg.), *Die Friedensbewegung. Ein Handbuch der Weltfriedensströmungen der Gegenwart*. Reprint des 1922 in Berlin erschienenen Handbuchs mit einem aktuellen Vorwort von Walter Fabian, Köln 1985, S.147.

37)　1931年8月4日付けの『ヴェルトビューネ』に掲載されたトゥホルスキーの「見張られた戦場」のなかの「兵士は殺人者」という表現が「国防軍に対する名誉毀損」であるとして、編集責任者のオシエツキーが告訴され、翌年7月1日に裁判が行われた。告訴したのはヴィルヘルム・グレーナー将軍で、筆者であるトゥホルスキーは告訴されなかった。当時オシエツキーはすでにいわゆる「ヴェルトビューネ裁判」の判決による刑期の最中であり、刑務所から裁判所へ出廷した。6ヶ月の禁固刑が求刑されたが、この裁判に関してはオシエツキーの無罪に終わった。これについては、Madrasch-Groschopp, *Die Weltbühne*, S.337–341; Stefan Berkholz (Hrsg.), *Carl von Ossietzky. 227 Tage im Gefängnis. Briefe, Dokumente, Texte*, Darmstadt 1988, S.123–126; Suhr, *Carl von Ossietzky*, S.175–178を参照。

38)　„Ossietzky spricht. Nach Notizen von Johannes Bückler", in: *WB*, II, 5.7.1932, S.10.

39)　Ebenda, S.9.

40)　Ossietzky, „Nicht müde werden!", S.387.

41)　Maas, „Verstrickt in die Totentänze einer Welt", S.64.

42)　O.V. (= Leopold Schwarzschild), „Labours tragischer Irrtum", in: *Das Neue Tage-Buch*, 4.11.1933, S.444, vgl. auch: Maas, „Verstrickt in die Totentänze einer Welt", S.64.

43)　Hellmut von Gerlach, *Von Rechts nach Links*. Hrsg. von Emil Ludwig, Zürich 1937, S.266.

44)　Ignaz Wrobel, „Über wirkungsvollen Pazifismus", in: *WB*, II, 11.10.1927, S.555.

45)　Heinrich Ströbel, „Paneuropa?" in: *AD*, 17.5.1930.

46)　Carl von Ossietzky, *Der Anmarsch der neuen Reformation*, 1919 (*OSS*, Bd.1, [36], S.126).

47)　Otto Lehmann-Russbüldt, *Der Kampf der Deutschen Liga für Menschenrechte vormals Bund Neues Vaterland für den Weltfrieden 1914–1927*, Berlin 1927, S.92f.

48)　Carl von Ossietzky, „Wandlung der geistigen Atmosphäre", in: *Monatliche Mitteilungen des Deutschen Monistenbundes*, Ortsgruppe Hamburg, 1.10.1918 (*OSS*, Bd.1, [27], S.99).

49)　Kurt Singer/Felix Burger, *Carl von Ossietzky*, Zürich 1937, S.79.

50)　C.v.O., „Die schwache Republik. Auch ein Jahresrückblick", in: *Berliner Volkszeitung*, 30.12.1920 (*OSS*, Bd.1, [94], S.289f).

51)　Carl v. Ossietzky, „Deutsche Linke", in: *TB*, 20.9.1924, S.1323.

52)　Carl von Ossietzky, „Zum 11. August", in: *WB*, II, 10.8.1926, S.200.

53)　Singer/Burger, *Carl von Ossietzky*, S.57f.

54)　ラインハルト・リュールップ「ルートヴィッヒ・クヴィッデ」H-U・ヴェーラー（編）、

ドイツ現代史研究会（訳）『ドイツの歴史家』第3巻、未來社、1983年、113-114頁。

55） Lucius Schierling（=Carl von Ossietzky），„Losung zur Gewalt“, in: *Berliner Volkszeitung*, 3.11.1922,（*OSS*, Bd.2, [358], S.727）.

56） Burkhard Gutleben, „Das Dilemma der linksliberalen Pazifisten in der ausgehenden Weimarer Republik“, in: *Zeitschrift für Geschichtswissenschaft*, Heft 10, 1996, S.900.

57） Dieter Fricke/Werner Fritsch, „Deutsche Friedensgesellschaft（DFG）“, in: Dieter Fricke（Hrsg.）, *Lexikon zur Parteiengeschichte. Die bürgerlichen und kleinbürgerlichen Parteien und Verbände in Deutschland（1789-1945）*, Bd.1, Leipzig 1983, S.668.

58） Guido Grünewald（Hrsg.）, *Nieder Die Waffen! Hundert Jahre Deutsche Friedensgesellschaft（1892-1992）*, Bremen 1992, S.72.

59） Carl von Ossietzky, „Vorwort [zum Verhandlungsbericht des 8. deutschen Pazifistenkongresses], 1919“（*OSS*, Bd.1, [37], unter dem Titel „Verhandlungsbericht des 8. deutschen Pazifistenkongresses, 1919“, S.127）.

60） Karl Holl, „Die deutsche Friedensbewegung in der Weimarer Republik“, in: *Schriften der Wittheit zu Bremen. Jahrbuch der Wittheit zu Bremen*, Bd.20, Bremen 1976, S.21.

61） Holl, *Pazifismus in Deutschland*; Dieter Riesenberger, *Geschichte der Friedensbewegung in Deutschland. Von den Anfängen bis 1933*, Göttingen 1985; Friedrich-Karl Scheer, *Die Deutsche Friedensgesellschaft（1892-1933）. Organisation, Ideologie, politische Ziele. Ein Beitrag zur Geschichte des Pazifismus in Deutschland*, 2., korrigierte Auflage, Frankfurt a. M. 1983など。

62） Stefan Appelius, *Zur Geschichte des kämpferischen Pazifismus. Die programmatische Entwicklung der Deutschen Friedensgesellschaft 1929-1956*, Oldenburg 1988, S.149-151.

63） Franz Leschnitzer, „Das Mittel gegen Kriege“（Bemerkungen）, in: *WB*, I, 2.2.1926, S.193.

64） Franz Leschnitzer, „Eine pazifistische Tat“（Bemerkungen）, in: *WB*, I, 9.2.1926, S.233.

65） O.V., „Friedensfreund“（Antworten）, in: *WB*, II, 8.11.1927, S.732.

66） 革命的平和主義者グループについて詳しくは、Reinhold Lütgemeier-Davin, „Gruppe Revolutionärer Pazifisten（GRP）“, in: Donat/Holl, *Die Friedensbewegung*, S.166f; Rolf von Bockel, *Kurt Hiller und die Gruppe Revolutionärer Pazifisten（1926-1933）. Ein Beitrag zur Geschichte der Friedensbewegung und der Szene linker Intellektueller in der Weimarer Republik*, Hamburg 1990など。

67） Bockel, *Kurt Hiller und die Gruppe Revolutionärer Pazifisten*, S.69.

68） Brehm, „Aus Briefen über Kurt Hiller und seine Gruppe Revolutionärer Pazifisten“, S.43.

69） Ebenda, S.47.

70） Kurt Hiller, „Aus meinem Kalikobuch“, in: *WB*, II, 4.9.1928, S.360f.

71） Barkeley, *Die Deutsche Friedensbewegung*, S.33.

72） Holl, „Die deutsche Friedensbewegung in der Weimarer Republik“, S.13.

73） Sösemann, *Das Ende der Weimarer Republik*, S.36.

74） Siegfried Jacobsohn, *Briefe an Kurt Tucholsky 1915-1926*, hrsg. von Richard von Soldenhoff, Reinbek bei Hamburg 1997, S.81.

75） O.V.（= Siegfried Jacobsohn）, „Richard G. in Breslau“（Antworten）, in: *Die Schaubühne*, II, 5.8.1915, 143f, vgl. auch: Oswalt, *Siegfried Jacobsohn*, S.130.

76）Lehmann-Russbüldt, *Der Kampf der Deutschen Liga für Menschenrechte*, S.92. 4番の原文は"Kultur der Persönlichkeit"であり、直訳すると「個性の文化」であるが、ここでは意訳した。
77）Ebenda, S.101.
78）Barkeley, *Die Deutsche Friedensbewegung*, S.90.
79）Reinhold Lütgemeier-Davin, *Pazifismus zwischen Kooperation und Konfrontation. Das Deutsche Friedenskartell in der Weimarer Republik*, Köln 1982, S.27.
80）筆者のこれまでの論稿での「戦争参加者平和同盟」という訳語を「従軍兵士の平和同盟」に改めた。石田勇治（編著）『図説ドイツの歴史』河出書房新社、2007年、56頁を参照。
81）Carl v. Ossietzky, „»Nie wieder Krieg!« Der Rundlauf einer Parole", in: *Die Friedens-Warte*, 23, Juni 1923（*OSS*, Bd.2, [427], S.268）.
82）Ebenda.
83）„Satzungen des Friedensbunds der Kriegsteilnehmer", United Nations Library, Genf: D II: 5 doss 1（*OSS*, Bd.7, [D104], S.133）.
84）Kraiker/Suhr, *Carl von Ossietzky*, S.50.
85）Reinhold Lütgemeier-Davin, „Basismobilisierung gegen den Krieg. Die Nie-wieder-Krieg-Bewegung in der Weimarer Republik", in: Karl Holl/Wolfram Wette（Hrsg.）, *Pazifismus in der Weimarer Republik*, Paderborn 1981, S.62.
86）Ossietzky, „«Nie wieder Krieg!»", S.268.
87）Kraiker/Suhr, *Carl von Ossietzky*, S.51.
88）Reinhold Lütgemeier-Davin, „Mobilmachung für den Frieden. Friedenskundgebungen in der Weimarer Republik und in der Bundesrepublik", in: Helmut Donat/Johann P. Tammen（Hrsg.）, *Friedenszeichen – Lebenszeichen. Pazifismus zwischen Verächtlichmachung und Rehabilitierung. Ein Lesebuch zur Friedenserziehung*, Bremerhaven 1982, S.157.
89）Ebenda, S.155.
90）*Welt am Montag*, 24.7.1922.
91）Carl v. Ossietzky, „Die Pazifisten", in: *TB*, 4.10.1924, S.1402.
92）Ebenda, S.1403.
93）Riesenberger, „Zur Geschichte des Pazifismus von 1800 bis 1933", S.212.
94）Hepp, *Kurt Tucholsky*, S.195.
95）Ebenda.
96）Wolfram Wette, *Militarismus und Pazifismus. Auseinandersetzung mit den deutschen Kriegen*, Bremen 1991, S.20.
97）Sigmund Neumann, *Die Parteien der Weimarer Republik*. Mit einer Einführung von Karl Dietrich Bracher, Fünfte Auflage, Stuttgart/Berlin/Köln/Mainz 1986（Die Originalausgabe erschien erstmals 1932 unter dem Titel *Die politischen Parteien in Deutschland* in Berlin）, S.31.
98）Ebenda.
99）Dieter Dowe/Kurt Klotzbach（Hrsg.）, *Programmatische Dokumente der deutschen Sozialdemokratie*, Berlin/Bonn-Bad Godesberg 1973, S.196.

100) Ebenda, S.201.

101) Ebenda, S.109.

102) Ebenda, S.109f.

103) ブルース・B・フライ、関口宏道（訳）『ヴァイマール共和国における自由民主主義者の群像：ドイツ民主党／ドイツ国家党の歴史』太陽出版、1987年、195頁。

104) Wolfgang Treue, *Deutsche Parteiprogramme 1861–1954*, Göttingen/Frankfurt a. M./Berlin 1954, S.123.

105) Riesenberger, *Geschichte der Friedensbewegung in Deutshland*, S.149.

106) Werner Schneider, *Die Deutsche Demokratische Partei in der Weimarer Republik 1924–1930*, München 1978, S.122.

107) L. Quidde, „Radikaldemokratische Partei", in: *WB*, I, 13.1.1931, S.50.

108) Ebenda.

109) Sösemann/Holly, „Die Weltbühne", S.12.

110) Friedrich Schwag, „An die Amarxisten", in: *WB*, II, 2.10.1924, S.485–488.

111) Dietrich Pinkerneil, „Anmerkungen zur Weltbühne", in: Axel Eggebrecht/Dietrich Pinkerneil, *Das Drama der Republik. Zum Neudruck der Weltbühne*, Königstein（Ts.）1979, S.52f.

112) „Die «Rote Fahne» über die «Weltbühne», 23.3.1928", in: *OSS*, Bd.7, [D209], S.266.

113) Kurt Düwell, „Kultur und Kulturpolitik in der Weimarer Republik", in: Gerhard Schulz（Hrsg.）, *Ploetz. Weimarer Republik. Eine Nation im Umbruch*, Freiburg/Würzburg 1987, S.65.

114) Holl, „Die deutsche Friedensbewegung in der Weimarer Republik", S.18.

115) Bemmann, *Kurt Tucholsky*, S.332.

116) 山下肇『ドイツ文学とその時代　夢の顔たちの森』増補版、有信堂、1983年、259頁。

117) Ruth Greuner, *Gegenspieler. Profile linksbürgerlicher Publizisten aus Kaiserreich und Weimarer Republik*, Berlin（DDR）1969, S.291.

118) O.V., „Aufruf der Republikanischen Partei, 6.2.1924", Bundesarchiv Koblenz, NL 199/Nr.17, Bl.143（*OSS*, Bd.7, [D155], S.184）.

119) Ebenda, S.188f.

120) Kurt Hiller, „Wahren und Wehrpflicht", in: *WB*, I, 1.5.1924, S.569–572.

121) Siegfried Jacobsohn, „Junger Demokrat（Antworten）", in: *WB*, I, 28.2.1924, S.288.

122) Riesenberger, *Geschichte der Friedensbewegung in Deutschland*, S.219.

第2章　ヴァイマル共和国期の平和主義者の外交記事

第1節　国際連盟と軍縮

本章では『ヴェルトビューネ』と『ターゲ・ブーフ』に掲載された外交記事を扱う。とくに両誌の同人たちの関心が高かった国際連盟と軍縮、シュトレーゼマン外交とロカルノ体制、ヨーロッパ統合論、東方問題、そして東アジアの問題について、彼らの見解を分析する。その際中心となるのは、ヴァイマル共和国期の後半、すなわち1926年から1933年の時期の議論である。『ヴェルトビューネ』は1926年からオシエツキーの、『ターゲ・ブーフ』は1927年からシュヴァルツシルトの責任編集のもとで出版され、それぞれ政治批判をよりいっそう強めようとしていた。またドイツは1925年末のロカルノ条約の締結と国際連盟の加盟により国際協調を進めたが、同時にヴェルサイユ条約で失った力を回復し、再びヨーロッパでの地位を向上させようしていた。両誌の知識人はこうした状況のなかで彼らの平和主義をどのように示そうとしていたのであろうか。彼らの平和主義は日々のジャーナリズムにどのように反映したのであろうか。

国際連盟設立のための運動

前章でも述べたように、国際連盟のような超国家的な組織の設立によって平和を構築しようという平和主義者の活動は、第一次世界大戦以前から見られるものであった。ドイツ平和協会創設期の運動やハーグ万国平和会議などでも、超国家的組織の設立は大きな課題として扱われた。ドイツ国際連盟協会による連盟設立のための運動もあった。1918年12月にベルリンで設立されたこの協会は、必ずしも平和主義者だけでなく、様々な立場の人々が参加したものであった。会長を務めたマティアス・エルツベルガーら中央党の議員のほか、エドゥアルド・ベルンシュタインのような社会民主主義者、そしてマックス・フォン・バーデンやウルリヒ・フォン・ブロックドルフ＝ランツァウらの政治家、そして平和主義者のなかではシュッキング、クヴィッデ、ゲルラハ、フェルスター、シュテッカー、ヴェーベルクらがここに所属した。このうちシュッキングはエルツベルガー会長の代理人を務めている。またヴァイマル共和国の新政府のエーベルト、シャイデマン、ハーゼらもこの協会に所属しており、国際連盟協会は国から約45万マルクの助成金を受けた。[1] 会員は1919年末で350人、1926年で500人から600人の間と多くはなかったが、[2] ドイツの様々な都市で国際連盟のための啓発活動を行うなど、ヴァイマル共和国初期の国際連盟をめぐる活動の舞台としては大きいものであった。協会の活動は、『フォス新聞』、『ベルリーナー・ターゲブラット』、『前進』などの民主主義あるいは社会主義の新聞から支持を受けて広まった。この協会はヴェルサイユ条約に対しては批判的で、現存のものとは異なり、すべての国家が同権を持った国際連盟を求めた。しかしながらこうした批判をしながらも、ドイツ国際連盟協会はドイツの国際連盟への即時加盟を働きかけていた。ドイツ国際連盟協会は世界国際連盟協会の加盟団体でもあった。この協会は、大衆運動からはほど遠く、しかもしだいに国家主義的になっていったとされる。そのため後に東ドイツで出版された『政党史事典』では、「平和主義的にカムフラージュされたドイツ独占資本の偽りのリベラル集団とヴァイマル共和国の歴代政府の復讐主義的な外交の宣伝手段[3]」として位置付けられたが、当時の国際協調の運動の流れとしては影響力を持ちうるものだっただろう。

平和のための解決策としての国際連盟への期待が高かった分、第一次世界大戦後に戦勝国によって実際に設立された国際連盟は、ドイツの平和主義者たちを落胆させることになった。彼らは様々な形で彼ら自身の国際連盟案を提案した。ケスラー伯による「真の国際連盟のための大綱」はそのひとつである。1919年4月に行われた講演をもとに起草されたこの「大綱」は、ウィルソンの案のような諸国家の議会ではなく、国籍を超えた諸組織（労働組合、協同組合、トラスト、教会など）が代表となる、いわば「諸国民による世界評議会」を提案したものであり[4]、アメリカ合衆国やソ連、そしてドイツが参加することのできない現状の国際連盟を批判するものであった。これは後に大幅に加筆されて出版され、1920年10月に開催されたブラウンシュヴァイクでの平和主義者会議で国際連盟案として採択された。

国際連盟加盟への努力は、平和団体のなかでも進められた。ドイツ平和協会もズットナー以来の目標であった国際連盟の設立と、ドイツの国際連盟加入に尽力した。1919年の綱領では「あらゆる特別同盟の禁止による、秘密外交と秘密条約の排除による、そして国家間のすべての紛争仲裁のための中立的で義務的な仲裁裁判所の設立による国際連盟思想の強化[5)]」を目標として掲げている。

マリアンネ・ブリンクによれば、1918年から連盟加入までのドイツにおける国際連盟に関する議論は、休戦条件の受け入れからヴェルサイユ条約調印まで、ヴェルサイユ条約からルール闘争まで、そして1924年から1926年9月のシュトレーゼマンの外交による国際連盟加盟までの時期の3つの時期に分けられる[6)]。平和団体で活動した平和主義者はこのどの時期においても、一貫して国際連盟への加盟を支援していた。たしかにヴェルサイユ条約に対する幻滅と同様、「勝者の同盟」と見なされた国際連盟に対しても平和主義者たちの批判が見られたが、ドイツの平和組織のなかでは国際連盟に加入しその内部でヴェルサイユ条約の修正と連盟の改革をすべきという主張が多かった。1919年5月に採択された新祖国同盟の決議には、次のような文章が掲載された。

> 「われわれの望みは、ただ国際連盟と精神的世界革命にだけ残されている。国際連盟は現在提案されている形では、まだ不完全であろう。とくに法・経済・文化共同体のための中央組織なしではなおさらである。これこそが国際連盟を持続可能なものにするのである。*だが至るところで避けられない政治的変革*は、履行不可能なひどい条約の修正をもたらすであろう。
>
> *われわれは復讐のために活動するのではない。*そうではなくて全世界が――とくにわれわれ自身の国民が――平和主義で満たされるために活動するのである。この平和主義の前提となるのが本当の民主主義と社会主義なのだ[7)]」。

新祖国同盟（後のドイツ人権同盟）は、ドイツの国際連盟への加盟を推進する理由を、「例えば、われわれがジュネーブの国際連盟の規約のなかに将来の世界平和のマグナ・カルタを見るからということではない。そうではなくて、条約に参加した人々が内部で誠実さを示すという条件のもとで、ジュネーブの国際連盟は世界平和を進めることができるのである。こうした内部の誠実さを示すことは、常に諸国民自身の自発的な平和への意思の事柄でなければならない。このような誠実さと活動力は決して政府や外交官らに期待できるものではないのである[8)]」として、国際連盟に世界平和への可能性を求めている。彼らはビラの配布や講演会の開催などで積極的に啓蒙活動を行った。とくにフェルスターとケスラー伯がこのような運動に貢献した。

全体として見れば、平和主義者の努力はホルが総括したように説明できるであろう。「実際ドイツの平和運動においては、原理主義的で絶対的な国際連盟のボイコット推奨にまでいたる要求に対抗して、まずは現実的な確信が通用していた。つまりドイツが国際連盟に受け入れられるよう努力し、その枠組みのなかで国際連盟規約の修正を目指して努力すべきであるという確信である。これにより、後のグスタフ・シュトレーゼマンの国際連盟政策に収斂する路線が前もってひかれた。1920年以来、平和運動はライヒ政府［ヴァイマル共和国政府のこと］に対して、ドイツの国際連盟加盟の即時の申し立てを行ってきた。それも何の条件もなしに、とくに常任理事国への受け入れという条件をつけることもなくである[9)]」。

さらに積極的な意味でドイツの国際連盟加入を主張したものもあった。ヘルムート・フォン・ゲルラハは1925年５月のカーネギー財団への報告のなかで「ドイツが復讐への欲求を永久に放棄したということを世界に知らしめる方法として、国際連盟への加入ほどよいものはない[10)]」と述べた。というのもゲルラハは「あらゆる個々の国家が無制限に主権を必要とすること、このことはドグマである。完全な主権の必然的な結果として、そしてある程度はその頂点として、宣戦布告の権利があるのだ[11)]」と考えていたからであった。彼はまた次のようにも述べている。

「悪の根源は宣戦布告の権利に結びついた諸国家の絶対的主権である。戦争が回避されるべきであるなら、上位に位置する部局［超国家的組織のこと］に有利になるように、あらゆる国家はその主権の一部、とくに宣戦布告の権利を放棄しなければならない。国家を超えるものがなければ、永遠平和は幻想のままである。このような超国家組織が国際連盟と名乗るかどうか、そしてそうでなければどのような形をこの組織がとるのかは、二の次である[12)]」。

ドイツの加盟問題と同時に国際連盟設立当初から平和主義者のなかで議論となっていたのが、国際連盟の軍事制裁と強制措置の問題である。ドイツの平和主義者の穏健派と急進派の見解のなかで、またそれぞれのグループのなかでも大きく見解が違っていたのはこの問題であった。この議論をリードした人物が、ヴァルター・シュッキングである。国際法学者であった彼は、1930年に常設国際司法裁判所判事に任命されることになる。シュッキングは軍事的強制措置に肯定的であった。またゲルラハは国際連盟軍を提案し、エンドレスは全加盟国からなる混成軍を主張していた。いずれの形であれ、このように国際連盟による強制措置の必要性を主張した人々の意識には、ヴェーベルクが「軍事的強制措置がなければ、もしくは軍事的強制措置という脅威がなければ、国際連盟のすべての骨組みはいつの日か崩壊しかねないであろう[13]」というように、国際連盟への危機感が働いていたのである。

一方、これに対して急進派に近いヒラーは次のように述べている。「『軍事的強制措置がなければ』、こうヴェーベルクは述べている。『国際連盟のすべての骨組みはいつの日か崩壊しかねないであろう』。だが私はそうは思わない。なぜなら、パルモーア卿が信じるように、そしてヴェーベルクが1914年まで信じていたように、私は倫理的思考の本当の力を、全面的軍縮の与える大きな制御力を、そして経済的財政的措置の強制力を信じるからである。しかしもしヴェーベルクが述べたとおりであるとするなら、軍事的強制措置なしにはうまくいかないような国際連盟はそもそも私には崩壊に値すべきものであるように思われる[14]」。軍事的強制措置の是非は、ドイツの国際連盟加盟以後も平和主義者の議題として残ったのであった。

常任理事国の椅子をめぐって

ドイツの国際連盟加盟が決定したのは、1925年のロカルノ条約調印によってである。この時点では加盟は1926年３月に予定されたが、これが達成されたのは、同年９月のことであった。この延期の背景には、国際連盟の常任理事国の席をめぐる各国の対立があった。

1926年２月10日、ドイツは国際連盟への加盟申請を行った。このときドイツは常任理事国としての加入を求め、しかもこれは同時に他国が常任理事国の席を得ることがない形でなされるべきだとされた。これに対して1926年3月4日に中国が常任理事国の席を要求した。ポーランド、スペイン、ブラジルも常任理事国に昇格することをすでに求めており、これで4ヶ国が常任理事国の席を要求することになった。

常任理事国入りをめぐっては、各国の思惑が錯綜していた。ポーランドはドイツの和解政策の成功に危機感を抱き、それに対抗するために自らの国際的地位の向上を目指していた。1924年以来ポーランドは常任理事国入りを求めてきたが、これを援助したのがフランスであった。フランスは国際連盟に加入することになっているドイツの地位を弱めるために、そして理事会のなかで協力者を得るために、ポーランドに常任理事国の椅子を約束した。このことはドイツとポーランドの間の緊張を高め、ブラジル、スペイン、中国といった国々も譲らず、国際連盟内で解決案が模索された。常任理事国数の増加も検討された。この問題はペーター・クリューガーがヴァイマル共和国期の外交を分析した研究のなかで「ドイツとポーランドの常任理事国の席をめぐる事件は、長い間くすぶっていた国際連盟の元々の危機そのものにただ火をつけたにすぎない[15]」と述べたように、国際連盟のあり方自体を問うものとなった。

『ヴェルトビューネ』と『ターゲ・ブーフ』は双方とも、このドイツと「小国」の間の常任理事国入りをめぐる問題を非常に批判的に扱っていた。この問題は国際連盟内の各国の「権力闘争」と受け止められ、国際連盟が第一次世界大戦以前からの「大国思想」に支配された結果だと捉えられた。ハンス・ナトネックはドイツとポーランドの争いをこう評している。

> 「ドイツとポーランドの同時期の加盟は、両者のわざとらしい、いらいらした調子の強引さによって失敗した。ドイツは『私のあとにどうぞ——最初に大国が来るものなのです！』と言う。ポーランドは『あなたと一緒にお願いします——私は大国に見られたいのです！』と言うのだ。協定は役にたたない——大国協調万歳。中堅諸国家のなかの大国への欲求を駆り立てる大国という概念は、戦前のヨーロッパの有害な遺物である。そして常任理事国のこうした一切の形式上法的な儀式の手続きには、他ならぬ、ひそかに膿んだドイツ・ポーランド間の国境の傷が隠れているのである[16]」。

また同様の批判はハインツ・ポルの皮肉を込めた文章にも見られる。

「ジュネーブの挫折は秘密外交の勝利である。あるフランスの新聞は代表団の出発の日に、ビスマルクは［生きていれば］シュトレーゼマンに満足できただろうと書いている。メッテルニヒやウィーン会議を引用したほうがよかったのかもしれない。メッテルニヒはきっとシュトレーゼマンだけでなく、ブリアンやチェンバレンなど他の多くの人々に対して極めて満足できたであろう[17]」。

しかしながら、常任理事国をめぐる争いの責任がどこにあるかについては、『ヴェルトビューネ』や『ターゲ・ブーフ』の記事のなかで見解が異なっている。フェルスターがドイツを問題視したのに対し[18]、クヴィッデはこの問題の責任はドイツではなく、フランスにあるとし[19]、両者は論争になった。フランス外相であるブリアンへの批判は、ポルにも見られた。一方、ドイツを支援したイギリスを批判したのがオシエツキーであった。彼はこう述べている。

「常任理事国をめぐる努力と、それが闇取引すれすれのはかりごとによって最終的に達成されたことは、ドイツをイギリスの政策にしっかり結び付け［ドイツの］身体の自由を奪った。イギリスはその友好的な援軍の責任をとることになるだろう。虚栄心はいつも高くつく[20]」。

また、フェリックス・シュテーシンガーはフェルスターとクヴィッデ双方の意見を取り入れながらも、争いの責任は同様にイギリスにあるとしている[21]。

一方、こうした論争そのものを批判し、シュテーシンガーに対して反論したのはヒラーであった。彼はシュテーシンガーに呼びかける形で次のように書いている。

「このような『大陸』政策はヴィルヘルム時代の政策と同じ［その］後継であるだろう。いや、われわれにはただ、英米の政策かあるいはソヴィエト・ロシアの政策かという二者択一があるだけなのだ——あるいは3つ目に、これは今日非常にユートピア的に見えるのだが、すべての世界政治上の対立をひとつの世界同盟に止揚するという冒険的政策がある。この世界同盟はもちろん大陸によって分類されるべきである。しかしクーデンホーフ＝カレルギー風［ヨーロッパ統合論者。後述する］であって、コーエン＝カリスキ風にではない！このような冒険は、平和運動の冒険である。そしてあなたは［シュテーシンガーのこと］平和運動を誤解しているのだ。あなたはたぶんこれに属していないだろうが、一度学んでみるべきであろう。(…) あなたはドイツの平和運動の指導者について『クヴィッデは完全にイギリス贔屓な平和主義者である』と述べたが、平和運動を全く誤解しているのである。確かに彼はそうであるが、しかし彼だけがそうなのではなく、またただそうであるばかりではないのだ！イギリス贔屓はクヴィッデの得意技ではない。真の平和のための闘士は、みなそうなのである。もちろん完全にイギリス贔屓であるだけではなく、完全にフランス贔屓でもあり、完全にロシア贔屓でもあるのだ――そして申し訳ないが、それどころか完全にドイツ贔屓でもあるのだ[22]」。

これに対してシュヴァルツシルトは、この問題はドイツの国際連盟加入の問題とは何の関係もないとし、そもそも小国の要求はドイツに対しての不満ではなく、国際連盟の原則に対する反抗であり、この事件が国際連盟の機能という問題を明らかにしたと指摘したのであった[23]。

国際連盟の常任理事国の席をめぐる問題は、結局ドイツが席を獲得し、非常任理事国の数を6から9に増やすことでおさめられた。この後ドイツの国際連盟加盟は1926年9月になってようやく達成された。

1926年9月11日の『もうひとつのドイツ』には、ドイツの加盟に対する積極的な評価が掲載されている。「1926年9月8日はドイツにとって記念すべき日であり続けるだろう。なぜならこの日、1914年7月5日（オーストリア、セルビアへ白紙全権委任が与えられた）に開始された皇帝の破滅的政策が終わり、外側から明らかに決着を付けられたのである。ドイツは9月8日以来、国際連盟の会員である。これはつまり、ポツダムの精神、すなわちすっかり伝統的になった『権力は政治に勝る』政策に公に背をむけることであり、全世界の前で証明された平和主義的世界観による政策と国際仲裁裁判政策、国際協調政策および国際連盟への公然の信仰告白なのである[24]」。さらにこう続けられている。

「われわれはこの展開を喜んでいる。とくに、1918年と1919年、われわれ平和主義者だけが国際連盟を支持したとき、われわれを笑い、理想主義者だとか『敵の同盟』などスパイだと言っていた大部分の政治的な関心をもつ人々が、今日国際連盟への加盟を当然のことと見ていることに喜んでいる[25]」。

だが、こうした希望は長く続かなかった。国際連盟の設立によってもたらされると考えられた平和は達成されることなく、超国家組織はうまく機能せず、各国は古い同盟体制を維持しようとした。これはすでにドイツの国際連盟加入以前に露呈していた。オシエツキーは1926年８月に以下のように述べている。

「そうこうするうちに、大国によってどんどん新しい条約が締結されている。これは無害な保障条約と言われているが、仲裁裁判および中立といった留保条項という飾りをつけたとしても、実際は古いスタイルの同盟なのである。誰かが他のものの何かを保障するが、いつも同時にどこかの誰かには反対している。だがとりわけ軍事諸国家が国際連盟に対抗する保障を確実にしているのである。あらゆる保障条約は、国際連盟にとってその領土の消失を意味している。超国家組織という思想、戦争に対しての最も強力な保障という思想を、諸国家は慇懃な微笑みとともにサボタージュしているのだ。(…)

ヨーロッパは同盟システムのネットワークになってしまった。同盟地図を作ることが必要となるだろう。(そしてそれは、かつて存在したような非常に込み入ったカードを含むことになるだろう。) そして外交に関する事件を、目を見開いて追いかけているものでさえも、もはやちゃんと道がわからなくなるのである。至るところでの軍拡、そして至るところでの仲裁協定。帝国主義は平和主義という新しい思想にお辞儀をし、その用語を受け継いでいく。しかし国際連盟は、活動停止した役所仕事のままでいろと言われていることになりそうだ[26]」。

このようにオシエツキーをはじめとする平和主義者は国際連盟の弱体化を厳しく批判したが、この弱体化の原因のひとつにドイツの国家主義があると受け止めていた。1927年に『もうひとつのドイツ』では次のような文章が書かれている。

「そう、もし当時国際連盟に入ったのがもうひとつのドイツだったなら！大国を名乗ろうとかすべての陰謀に加担しようなどという野心のないドイツ。大国に対する精神的闘争、軍縮と平和を保障するためのたたかいの中で小国の先頭に立つドイツ！ヴェルサイユ条約を片付けようとしている国以上にうってつけの国があるだろうか。

ただしかし、こうしたもうひとつのドイツはまだ十分に強力でないし、帝政時代からの古い残骸が依然として残っている硬い表面をまだ突き破ってもいない。もしわれわれがこれを突き破ることに成功し、いつかもうひとつのドイツが強く堂々とあるならば――そのとき国際連盟も救われるのだ！[27]」。

また、オシエツキーはドイツの国際連盟加盟についてこう述べている。「われわれは自分自身を少し抑圧することができるように、自由になりたがるのである。これが我々の国際連盟構想である。大国でありたいという欲望、世界貿易に参加したがる癖、虚栄の市――ヴァニティ・フェア[28]」。

「諸国民なき国際連盟」

ドイツの国際連盟加盟はヨーロッパの安定につながるように思われたが、1920年代末から1930年代に入ると各国の国家主義はしだいに高まり、国際連盟はその存在意義を脅かされた。平和主義者たちの国際連盟に対する評価は、よりいっそう厳しいものになっていった。国際連盟の大きな課題のひとつであった軍縮問題が思うように進展しなかったことは、平和主義者の連盟に対する批判の原因となった。1927年に『もうひとつのドイツ』では「軍縮はそもそも国際連盟の課題である。そしてこの問題について、ジュネーブでは一歩も進んでいない[29]」と述べられている。1924年のジュネーブ議定書はイギリスの反対により調印まで至らず、この時点では宙に浮いたままであった。

1930年頃になると、国際連盟の有名無実化についての批判がよりいっそう高まった。特に中国の内戦とヨーロッパ各国および日本の介入に関する国際連盟の無力さは、オシエツキーら平和主義者の厳しい批判の対象となった。すでに1926年の時点で、オシエツキーはこう述べている。

> 「国際連盟はこの混乱のなかに介入することの許されない中国の国内の問題をみている。その加盟国のいくつかが争いを熱心に大きくしようとして、強大な帝国の解放運動を彼らの目的のために悪用したにもかかわらず。大掛かりな鬼ごっこ遊びをさせるのは危険である。このことは中国の悲惨な状態に責任のあるすべての内閣が最終的に認識することになるだろう。国際連盟は仲裁を規定するために尽力すべきである。そうでなければいつの日か何らかの権力の介入があるだろうし、世界は完璧な事実の前に立つことになる。国際連盟にとっては、そうすると責任問題の追求以外には何も残らなくなってしまう[30]」。

中国の問題に関しては『ターゲ・ブーフ』でも言及されている。「ジュネーブの国際連盟が諸国民の同盟という理想的なイメージに全く不十分にしか添っていないということには、そのなかの最も報酬の高い役人でさえも異議を唱えることができないだろう。そのための証拠として、現在の国際連盟理事会の議題にのっている様々な点のうち、中国とイギリスというふたつの国際連盟加盟国の間の大きな対立についてはひとつも議題になっていないという、ほとんどグロテスクな事情をあげる必要すらないだろう[31]」。

国際連盟はこの問題に関して全く成果をあげなかったわけではなかった。1931年9月の時点では「国際連盟が中国と日本に対する平和的な和解のための訴えによって少なくともその存在を証明したことは喜ばしいことである[32]」と評価されている。しかし同じく『もうひとつのドイツ』でも国際連盟は厳しく批判された。リヒャルト・クラインアイプストは、国際連盟が日中の問題ですっかり拒絶され、その無力さを明らかにしてしまったとし、こう述べている。「だがなぜ国際連盟は拒絶されたのか。なぜなら連盟には判決主文を貫徹するための権力行使の手段がないからである。つまり背後に『警官』[Gendarm] がいないからだ。連盟はまた、その理念に従えばそうであらなければならないところの、法を語る超国家裁判所でもないし、もしそうなればそれで十分なのだろうが、対立しあう利害関係が穏便に調停される政治的手形交換所ですらない。厳しく言えば、いやもしかしたら厳しすぎるかもしれないが、国際連盟は大国が法廷に立つやいなや、外交官がお決まりの文句を並べる『おしゃべり小屋』になるのである」。そして彼は引き続きこう述べている。

「なぜ国際連盟はこうも弱いのだろうか。なぜなら、連盟にメンバーとして加盟している国家や、あるいはアメリカやロシアのように連盟に正式ではないが参加している国家それぞれがすべてサクロ・エゴイスモ、つまり『神聖化したエゴイズム』である国家主義的精神にどっぷりつかっているからである[33]」。

国際連盟に対する最も厳しい批判者はオシエツキーであったかもしれない。とくに「諸国民なき国際連盟」という記事はその批判の最たるものであった。オシエツキーは「そもそも国際連盟は人間性のためのフォーラムであるとされた。だがいまや四方八方で非常に非人間的になっている」と述べ、次のように批判している。

「信心深い平和主義者は保障条約と仲裁条約に加入し、独仏関係における進歩を喜びあふれて指摘する。これは正しい。しかし批准された証書は決定的なものではない。嘆かわしいのは、このような儀式ばった書類が世界を何も変えないということである。不安定な状態が残るだけでなく、むしろさらに増すことである。軍備ヒステリーが今日、かつてよりも大きくなっていることである。資本の利益の狂乱的なダンスがさらに進み、諸国家が恍惚状態になることである。国際連盟が重大な負担を乗り越えられるだろうなどということを、根本においては誰も信じていないことである。というのも、ジュネーブで議論しているのは世界議会などではなく、外務大臣のクラブであり、彼らはみな内閣と議会のためにいくつか感じよいこまごましたものを持って帰ることを強いられているのである。このことを彼らは知っている。そしてそれゆえに皆が同僚を思いやっている。このような外交官の国際連盟ほど寂しいものはない。この背後にはどの国民［Völker］もいない。非常に多くのことが行われているにもかかわらず。もし報道カメラマンたちが突然ストライキを起こしたら、このことについて誰も語らなくなるだろう[34]」。

『もうひとつのドイツ』にもこのオシエツキーの「諸国民なき国際連盟」と同じような論調の記事が掲載されている。「かつてヴェルサイユで国際連盟が作られるべきだとされたとき、戦争によってほとんど死ぬほどにこき使われた人類は、憧れの気持ちで国際連盟に平和を期待した。その一方で政治家たちは当時国際連盟を阻止しようとしていたのであった。今日ではこれは逆転している。22人の外相が、自分が出席していることで国際連盟に対する彼らの高い評価を示そうと、ジュネーブに赴いた。しかし諸国民は、その大多数はかつてと同様に平和を渇望しているのだが、国際連盟にわずかなものしか期待していないのである[35]」。

しだいに無視できないものになっていく国際連盟の無力化に対して、『ヴェルトビューネ』や『ターゲ・ブーフ』での批判は強まっていく。国際連盟内で少女の人身売買や捕鯨の問題が話し合われている一方で、軍縮問題は解決しない。迫り来る戦争の危機を前に何の効力も持たない国際連盟に対して、ヴァルター・ローデは『ヴェルトビューネ』で次のように述べている。「あらゆる国家の小利口者、非理想主義者、現実主義者がジュネーブで巨大な演壇を建てた。ここでは資料過多の理想のない議論が明けても暮れても行われている。これに関して新しい世界大戦が始まるに違いない[36]」。

また『もうひとつのドイツ』では次のように書かれている。「ウィルソン大統領が国際連盟を設立したとき彼の意図は、非常に有害に作用していた国家間の個々の同盟というシステムと、あらゆる国家の同盟とを置き換えることにあった。残念ながらこの意図は不成功に終わった。国際連盟があるにもかかわらず、以前と同じような危険を備えた個々の同盟がいまもなお締結されているのである」[37]。

平和主義者の国際連盟にかける期待と幻滅というジレンマを最もよくあらわしているのが、『ターゲ・ブーフ』上でのルートヴィッヒ・バウアーとヴェーベルクの論争であろう。両者の論争は、国際連盟のあり方、影響力という問題とともに、連盟の軍事的強制力、ジュネーブ議定書の評価、そして平和主義者と平和構築の方法という現在の平和をめぐる議論にもつながる問題を提示している。

バウアーは「国際連盟は存在するのか？」という題名で、ドイツ人の大多数が信じているような「勝者の同盟」としての国際連盟は存在していないと述べる。そして現在の国際連盟は無力であり、多くの国々が参加しているのは「それら［こうした国々］が、これにより戦争から自らを守ることができると信じているからではなく、これ［国際連盟］がいわば諸国家の社会的な義務となったからである」[38]と述べた。バウアーはジュネーブ議定書のような軍縮の試みを評価しながらも、現在の国際連盟理事会は「［戦争に］介入するための実質上の権力を有していない。そして攻撃者に烙印を押すための道徳的権力すら有していないのだ」[39]、そして「もちろん、ジュネーブ［議定書］や国際連盟条約のような学問的な弾劾は十分ではない。そこで罰則が不可欠なのである」[40]と述べて、国際連盟による軍事的制裁に基づいた安全保障を求めた。これに対してヴェーベルクは「国際連盟の擁護」という彼の記事のタイトルに示されているとおり、現在の形の国際連盟を弁護し、バウアーによる国際連盟批判に反対したのであった。「いいや、ジュネーブ協定への回帰ではなく、国際連盟を制裁手段という軍事的性質から解放することが将来の課題であるべきだ」[41]。この時のヴェーベルクは本章ですでに見たような1924年のヒラーとの論争時の見解とはやや違った主張をしている。

ヴェーベルクはそもそも国際法的平和主義者で、国際連盟設立運動の推進派の代表とも言える人物であった。バウアーとの論争に先立つ1926年にも彼は国際連盟に対して肯定的な評価をしている。彼は侵略戦争を否定する姿勢が国際連盟に浸透してきたとしてこれを評価し、「国際連盟は誕生してまだ6年半しかたっていないにもかかわらず、それ自身の体制からはとうに卒業している。加盟国間のあらゆる戦争を実際に排除するためには、諸国民の［これまでとは］

全く異なった教育や同盟のよりいっそうの民主化が確かにまだ必要である。しかし本題は、国際連盟が前進し、大きな一歩で『戦争はもうごめんだ』という偉大なスローガンの実現に努力することである[42]」と述べていた。ヴェーベルクは他の平和主義者とは異なり、平和構築の手段としての国際連盟のあり方を設立当初よりも評価するようになり、これに望みを託したと言えるであろう。

また、ヴェーベルクと同様に国際連盟を支持したのが、ハインリヒ・シュトレーベルであった。彼はかつて『ヴェルトビューネ』の同人であったが、この時期には『ヴェルトビューネ』に書くことはなく、主に『もうひとつのドイツ』で論陣を張っていた。シュトレーベルは1932年10月、ドイツがジュネーブでの軍縮会議をボイコットしている時でも、なおも国際連盟こそが平和の基礎であるという姿勢をくずさなかった。

> 「**真**の安全保障は、全く違う風に見えるものでなくてはならない。これはただ（…）**絶対的な仲裁裁判義務**のもとでのみ存続するのであり、国際連盟決議の遂行を無条件に補償する**超国家的な兵力**のもとでのみ存続するのである。
>
> このような保障が達成されないのであれば、真の軍縮も平和保障も実現しない。しかしこのような強力な国際連盟とこのような平和の保障は、**すべての自由主義的な政党と民衆の最強の協力**なしには、もちろん決して実現しない。これらを国際連盟と平和保障のために全力で動員することが、大きな課題なのである[43]」。

平和主義者たちが国際連盟について議論した内容は、超国家組織である国際連盟の抱えた問題点を突くものとなっている。それと同時に、暴力を全否定する絶対的平和主義の理想と、軍事力の行使という解決し難い問題を明らかにした。国際連盟についての平和主義者の議論は、「平和」がいったいどのような方法で構築されるべきなのかということについての議論でもあった。

『ヴェルトビューネ』と『ターゲ・ブーフ』の平和主義者のジュネーブの国際連盟に対する見解は、厳しいものであったと言えよう。国際連盟の弱さとそれへの幻滅により、ヨーロッパ統合運動に向かった知識人たちもいた。そもそも当時のドイツの一部の知識人にとっても、国際連盟は依然としてヨーロッパを中心にして考えられたものであった。例えばナトネックはすでに引用した記事で常任理事国入りをめぐる国際連盟でのドイツやポーランドの「大国思想」を批判しながらも、こう述べたのであった。

「国際連盟の体制がこうも困難なものであるなら——本当に重要な決議の際にはいったいどうなってしまうというのであろうか。国際連盟の代表者たちが、彼らがそれぞれの国家を代表しているのではなく、国際連盟つまりヨーロッパを代表しなければならないということに気がつかないでいるならば、国際連盟は解決されないままの困難な課題に対して、その有効性を実証しなければならないことになるだろう[44]」。

不戦条約

正式には「戦争放棄に関する条約」、一般にはケロッグ＝ブリアン条約とも呼ばれる「パリ不戦条約」は、アメリカ国務長官フランク・B・ケロッグとフランス外相ブリアンのイニシアチブによって成立した[45]。1927年にブリアンがアメリカ国民に向けて訴えた米仏2国間での戦争を違法化条約の締結案に対し、ケロッグがこれを多国間の条約にするよう提案したことがきっかけである。ブリアンとケロッグの提案の背景には、アメリカの法律家サーモン・O・レヴィンソンや上院議員ウィリアム・E・ボラー、コロンビア大学教授ジェームズ・T・ショットウェルらによる戦争違法化に向けての議論と努力、そしてそれに対するアメリカ世論の支持があった。1928年8月27日、アメリカ、イギリス、フランス、イタリア、日本、ドイツなど15ヶ国により、不戦条約が締結された。この条約は、第1条に「締約国は、国際紛争解決のために戦争に訴えることを非難し、かつ、その相互の関係において国家政策の手段として戦争を放棄することを、そのおのおのの人民の名において厳粛に宣言する」、第2条に「締約国は、相互間に発生する紛争または衝突の処理または解決を、その性質または原因の如何を問わず、平和的手段以外で求めないことを約束する[46]」と書かれているように、締約国間の紛争を平和的手段で解決することを約束して戦争放棄を定めたものであり、また第一次世界大戦以後の集団安全保障体制を確立したものであった。1929年7月にソ連が加わったほか、1936年までにはラテン・アメリカ地域の数ヶ国を除いた当時の世界のほぼすべての国家である63ヶ国が参加した。しかしながら、イギリス、フランスなどの国が留保条件を付けたほか、自衛のための戦争は認められており、また条約違反に対する制裁規定が設けられていなかったこともあり、現実としては効力を持ちえなかった。不戦条約が重視されるのはむしろ第二次世界大戦後のことであり、とくに日本においては戦争放棄を定めた日本国憲法第９条成立への影響が議論されている。[47]

ロカルノ体制下の緊張緩和のなかでドイツの国際的地位を回復し、とくに東部国境についてヴェルサイユ条約で失った領土や権益を取り戻すという目標を持っていた外相シュトレーゼマンは、不戦条約を支持した。ブリアンのもともとの意図にあった米仏２国間の保障が実現するよりは、ドイツも含んだ普遍的な戦争放棄のほうがフランスを牽制するために好都合であった。シュトレーゼマンはパリでの調印式に臨み、歓呼の声で迎えられたという。[48]

不戦条約締結前後の1928年から1929年にかけての『ヴェルトビューネ』の記事を追うと、ほとんどの場合この条約は「ケロッグ条約」(Kellogg-Pakt) とブリアンの名は省かれた状態で呼ばれ、アメリカ由来のものとして受け止められている。1928年７月21日付けの『ヴェルトビューネ』ではオシエツキーが「なにかしらの特別不幸な出来事が起こらなければ、数週間のうちにパリでケロッグ条約が14カ国［原文ママ］の外相により厳粛に調印されることになるだろう[49]」との書き出しで不戦条約を話題にしている。彼はこの記事のなかで次のように述べている。不戦条約を信用するのだろうか。これは皆が共通してもつ確信に基づいているのではなく、外交の飾りのようなものであって、すでにある状態を少しも変えることなく、自分たちのやり方で偉大な平和主義的文書を作ろうとするものである。と、このようにケロッグ氏の仕事をもっと厳しく評することもできるだろうし、偽善的だと指摘することもできるかもしれないが、そのような意思表示の価値自身を冷たくあしらってはならない。「なぜならケロッグの案はなんと言っても戦後の世界の帝国主義的な流れを文明化しようとする、感銘に値する試みなのだ[50]」。

しかしながら『ヴェルトビューネ』上では条約に対していくつかの懸念も示されていた。不戦条約は現在の体制では現実味のない紙切れだけものにすぎないこと、あるいはそのように見えてしまうこと、不戦条約と同時期に各国で議論されている協定は、新しい同盟の構築にすぎないことなどである。とくにソ連の参加以前は、不戦条約が「アメリカを中心とした帝国主義国家」の新しい同盟となってしまうことに対して懸念があった。オシエツキーは「各大国が軍縮を考えなければ、ケロッグ条約はよくても紙きれにとどまるだろうし、ロシアがその計画に組み入れられなければ、悪い場合には差し迫った危機となるだろう」[51]とし、ソ連を排除すべきでないと主張した。そしてソ連との接近を促すことがドイツにとっても重要な課題だろうし、それこそがヨーロッパを野蛮な状態から解放するために重要な貢献であると述べたのだった。不戦条約は特にソ連に反抗するために作られたわけではないとしても、反ソ連の世界同盟になりうる可能性があると示唆したのである。[52]ルドルフ・フリートマンも調印に際して、「フランスの省庁［外務省］の屋根には各国の旗が飾られ、ドイツの旗やソヴィエト連邦の鎚と鎌の旗も見られるが、その一方でパリの通りでは鉄兜をかぶって武装した兵士たちが、ソ連を賛美するものたちに対抗すべく準備を整えている」[53]と書いた。

「帝国主義国による条約」を強調したのが、アルトゥール・ゴルトシュタインである。彼はケロッグの提案を「アメリカの帝国主義」と見なし、不戦条約は世界政治上の戦力の再編成につながると指摘した。[54]ゴルトシュタインには、アメリカがイギリス主導の国際連盟に代わって世界政治の主導権を取ろうとしていると受け止められた。

一方、ゲアハルト・ドナートは1928年９月の時点で「きわめて資本主義的な国家」がケロッグ条約を受け入れたと述べている。イギリスとフランスは不戦条約にたくさんの留保を付けたうえで調印し、不戦条約と平行して英仏の戦艦協定について協議していると批判し、ケロッグ条約は採択されたが、アメリカでもヨーロッパ中の国々でもそれ以上に激しさを増して軍拡が行われている。そして本当の軍縮の方向性はその兆しすらどこにも見つけることはできないと述べた。[55]さらに同年10月９日付けの記事では「新協商」と題し、世界の政治情勢は、すべての高度資本主義的国家とロシアが公式に戦争放棄を支持するケロッグ条約によって特徴付けられているのではなく、第一次世界大戦前の同盟のシステムを導入しようという新協商によって特徴付けられていると主張した。[56]

オシエツキーは、不戦条約が締結された直後の1928年９月４日付けの『ヴェルトビューネ』で「パリの失敗」と題した記事で条約を話題にした。彼は「ケロッグ氏は寄贈された金の万年筆をしまい、再び出発してしまった。調印のセレモニーが執り行われた。世界は儀式ばった文書をもうひとつ得たのである。戦争が破門された［禁止された］ということが、今や空に鳥がいて、水に魚がいるのと同じこととなった」と述べたが、このときにはすでに「ほとんどの国にとって、調印はただの儀礼」であるとし、強力なアメリカの提案であったのと、ソ連が名乗りをあげたことでようやく世界政治的な重要性が出てきたのだと述べている。そしてこの条約が「成功しない」「挫折するのは明らか」と述べたのだった。[57] アメリカ史研究者の三牧聖子はレヴィンソンとショットウェルの構想を比較し、不戦条約のもととなったヨーロッパとアメリカが軍事制裁に拠らない平和というアメリカの理想に向けて協力できたときに真の国際平和への道が開かれると考えていたレヴィンソンに対して、最終的にはロカルノ条約の相互安全保障を理想化したショットウェルの思想がアメリカ国内において勝利を収め、それが結果的に第二次世界大戦でのアメリカ参戦につながったとしている。[58] ドイツにおいては、その懸念が当時なされていたということが言えるであろう。

一方、こうしたいくつかの懸念や批判に対して、不戦条約をもっと肯定的に受け止めたのがヒラーであった。ヒラーは『ヴェルトビューネ』上の記事全体を通じて、自らに近い立場のものに対してもとても攻撃的な文章を書く人物であったが、不戦条約とそれを生んだアメリカの思想に対してはここでは前向きに捉えていたといってよいであろう。1929年７月の記事のなかで、もともとの戦争違法化の思想を提示したレヴィンソンを評価して、不戦条約を「ケロッグ条約」(Kelloggpakt) と呼ぶのは不公平で、「ボラー条約」(Borahpakt) と呼ぶのがよい、最もよいのは「レヴィンソン条約」(Levinsonpakt) と呼ぶことだと書き、不戦条約のもととなったアイデアを提案した人物をたたえた。[59] ヒラーは「レヴィンソン条約」つまりは「ケロッグ条約」の意義は二つあるという。一つ目は、この条約が国家間の対立の手段としての戦争を全面的に批判したこと。国際連盟にもロカルノ条約にもそれができず、両者ともある条件のもとでは侵略戦争を認めていた。二つ目は、「この条約に国際連盟加入国以外に、アメリカやソ連、そしてメキシコやトルコも参加したことである。国際連盟は価値がないわけでも役にたたないわけでもないが、普遍的でないためにその価値は低く、あまり役にも立っていない。しかしケロッグ条約は普遍的だ」。[60]

そしてヒラーは、「ケロッグ条約が宣戦布告を禁止しているのに、ヴァイマル憲法はそれを認めている」として、憲法45条「ライヒ大統領の外交権限」の第２項「宣戦及び講和は、ライヒ法律によってこれを行う」[61]を改正し、平和を壊すものに対する罰則規定を入れるべきだとした[62]。この憲法改正運動は、不戦条約の締結を受けてドイツ平和カルテルが行っていたものであり、ヒラーがヴェーベルクやゲルトルト・ベーアとともに関わっていたもので、45条を戦争放棄と、国家間の紛争解決を専ら平和的手段のみによるという条項に変えるべきだとしていた[63]。しかしドイツ平和カルテルの政府への提案は成果なく終わった。

そもそもオシエツキーやヒラーらドイツの急進派の平和主義者たちにとって、戦争が違法つまり犯罪であるのは自明のことであった。彼らにとっては侵略戦争だけでなく、あらゆる軍事行動や兵器、軍需産業、そして戦争を美化するような記念碑や墓なども、戦争につながるものはすべて否定されるべきものであった[64]。しかしながらドイツ平和カルテルによる憲法改正論議が失敗しただけでなく、そもそも不戦条約の背景にあるような戦争放棄の思想や平和主義自体が当時のドイツでは受け入れられない状況にあった。不戦条約締結に先立つ1928年３月、トゥホルスキーはイグナーツ・ヴローベル名義の記事で「われらは国民国家の戦争を犯罪だとみなしている。そしてできるところで、できる限り、可能な限りのあらゆる方法を使ってそれと戦っている。われらは国家反逆者だ」[65]と書いている。次章で明らかにするように、ヴァイマル共和国期には国防軍がヴェルサイユ条約に違反して秘密再軍備を進めており、平和主義者たちはこれを暴こうとしていた。それに対して平和主義者を「国家反逆罪」あるいは「秘密漏洩罪」等で訴えて言論を弾圧しようという数多くの試みが、国防軍や右派からなされていたのである。またディートリッヒ・ハルトが不戦条約締結と同じころの1928年に出版された百科事典を参照しながら述べたように、当時の世論のなかで「匕首伝説」の影響力は大きく、多くのドイツ人にとって平和主義は「戦争と勝利への意志を弱めようとするもの」であった[66]。ヴォルフラム・ヴェッテもまた、かつて不戦条約締結から1933年までのドイツにおいていかに戦争崇拝と軍国主義が広まっていたかについて明らかにした論文のなかで、一貫して国家主義的な特徴を持っていたドイツにおいて、不戦条約の調印はむしろ例外的なものであったとしている[67]。オシエツキーは「私たちは今日孤立した考えをいただいているわけではありません。国家がお互いに使用してもよいとされる手段は限定されることになり、戦争を『違法』(out of law) とするケロッグ条約が数年前から存在しているのです[68]」と希望も述べてはいたが、戦争違法化の議論はヴァイマル共和国期には進むことなく、ドイツは第二次世界大戦を迎えることとなるのである。

第2節　シュトレーゼマンと平和主義者

次にヴァイマル共和国期の外交を特徴付けた外相シュトレーゼマンと彼の政治、とくにロカルノ会議とその成果に関する『ヴェルトビューネ』『ターゲ・ブーフ』両誌の記事を見ていくことにしよう。

ロカルノ会議

1926年12月14日、オシエツキーは『ヴェルトビューネ』に次のように書いている。

> 「ブリアン、チェンバレン、シュトレーゼマンが軍事管理をめぐってまさに取っ組み合いの喧嘩をしようとしていたとき、このような状況から全くかけ離れた知らせ、彼らにノーベル平和賞が贈られるという知らせが届いたのだった。政治喜劇の作者がいたとしたら、これはとてつもない笑いの材料となっていただろう[69]」。

後にこう述べているオシエツキー自身がノーベル平和賞を受賞することを知っているわれわれには、彼のこの皮肉は興味深いものである。オシエツキーはシュトレーゼマンに対して、このような皮肉たっぷりの記事を数多く書いたのであった。

1925年10月にスイスの町ロカルノで開催された会議は、開催当初から注目を集めた。このことはロカルノ報道の加熱ぶりに関する『ターゲ・ブーフ』誌の記事から読み取れる。

> 「ロカルノは、静かで小さな町であるがゆえに会議の会場に選ばれた。したがって人々は幾分か [ここが] 未開なのも喜んで我慢した。大都会で、会議に参加する中心人物たちに対する観衆のあまりに大きな関心によって引き起こされる妨害をおそれていた

のである。だがこの穏やかで牧歌的で小さな町が、賢者たちの協議のための閉ざされた聖堂にならなかったことは、300人のジャーナリストがそこに彼らの宿泊所をしつらえたという事実からよくわかる。300人のジャーナリスト！海千山千の、インタヴュー慣れした政治家たちの人生をみじめなものにするには、30人で十分だっただろうに[70]」。

ロカルノ会議の進行に対しては、このように非常に高い関心がむけられた。『ターゲ・ブーフ』の記事は会議が成功するか否か、条約が締結されるか否かについて、ドイツのジャーナリズムが右往左往していたことをよく説明している。その上でその時会議中であったドイツ代表の外相シュトレーゼマンと首相ハンス・ルターについて『ターゲ・ブーフ』は次のように述べている。

「戦争［第一次世界大戦］のときと同じように、ドイツ人は神を信頼しなければならない。ヒンデンブルクはすぐにやり遂げるだろう、そうドイツ人は数年にわたり言いつづけたのであった。いまや臆病者のシュトレーゼマンと柔軟なルターがやり遂げるはずだ。このふたりは明らかに進軍の権利を認めたし、それによってロシアへの橋が築かれたのだ――もちろんわれわれのための橋ではなく、イギリスのための橋である。イギリスはドイツを通って兵士を送るという権利をつかって、ソヴィエト・ロシアに影響を与えようとしているのであり、実際そうするのだろう[71]」。

この記事はロカルノ条約の正式調印以前に書かれたものであるが、ロカルノ条約の背後にあるイギリスの利益を指摘している。つまり、ドイツはソ連に対する前哨地になった。東部協定も受け入れてしまった。最後にその代償としてシュトレーゼマンは「わずかなチップ」、つまり占領軍のケルンからの撤退とザールラント問題の解決、占領問題の緩和を要求したのである。しかしそうなるとチェンバレンは腹を立てるし、ブリアンは怒る。シュトレーゼマンは怖くなってルターにもたれかかり、両者はヒンデンブルクに決断を任せるのである。『ターゲ・ブーフ』はこのように報道しているのであった[72]。この『ターゲ・ブーフ』の記事は、ロカルノ条約の背後にある各国の利害関係をうまく言い当て、批判したものであった。

左翼知識人のなかにもロカルノ条約の締結を全面的に支持する声があがっ

た。まずロカルノ会議の場で、ドイツが第一次世界大戦後初めて同権を持った国家として扱われたことに対する積極的な評価が見られる。つまりドイツはもはや敗戦国として扱われないという「非常に大きな道徳的利益[73]」を獲得したというものである。

さらにやや皮肉まじりであるとはいえ、ロカルノ条約は「最も興奮したフランスのショーヴィニストに無理やりドイツに対する愛の告白をさせた[74]」と表現された。また同じく『ターゲ・ブーフ』には「ロカルノの仕事は間違いなく良いことをもたらした。つまりこれまで数年にわたる戦争の死体のにおいがヨーロッパ議会のほとんどの会議に残っていたのに、それが消えてなくなったのだ。国境を越えた新しい、そして驚くべき慇懃さの交換が始まったのだ[75]」と書かれている。いずれにせよシュトレーゼマンの手腕の成果として評価するものであった。

「シュトレーゼマンは平和主義者か」

ロカルノ条約に対する見解と同様に、シュトレーゼマンという人物についても、『ヴェルトビューネ』と『ターゲ・ブーフ』の人々は賛否両論であった。平和主義者たちのシュトレーゼマン評価を見る際に重要な点は、以下のようにまとめられる。

第1に、シュトレーゼマンを「平和主義者」と見なすことができるかという問題である。外務大臣としての長い勤務年数から、「生まれながらのベルリン市民で、職業的ザクセン人、確信的な天才、いまやその輝く頭部は万年ヴィルヘルム通り住人としての錆を身につけている[76]」と揶揄されたシュトレーゼマンの「国家主義的」特徴、つまり彼のドイツ人民党党首という立場と、とくに第一次世界大戦時の彼の態度を問題にするものは多くあった。例えばハインリヒ・シュトレーベルはシュトレーゼマンを、その政治活動の大半を「国民主義＝帝国主義的時代精神」の「真の子供[77]」としてすごした人物であると評している。

シュトレーゼマンに関する平和主義者のコメントを見ていくと、シュトレーゼマンが国家主義的政治家から本当に「変化」(Wandel あるいは Wendung) を成しとげたのかどうか、つまりロカルノ条約という政策は本当に「平和主義的」なのかということについて、彼らが関心を寄せていることが目を引く。

まず積極的な評価から見てみることにしよう。ゲルラハは1923年、ルール闘争のさなか、シュトレーゼマンがヴィルヘルム・クーノに代わって首相に就任したとき、次のように書いている。

> 「シュトレーゼマンはクーノの後継者として唯一可能な候補者である。(…) 彼はただ優れた演説者であるだけでなく、ドイツが調達できる有能な政治家のひとりである。彼の過去は政治的な罪にまみれている。とくに世界大戦の間に、彼は強い併合主義者で潜水艦戦の熱烈な支持者であった。彼はしかし、経験から学ぶことができた人間なのである[78)]」。

シュトレーゼマンへのこうした理解は、ゲルラハ自身の経歴と重なる。第一次世界大戦以前ゲルラハは反ユダヤ主義者で、国家主義的政党に所属していた。しかししだいにゲルラハは反ユダヤ主義を捨て、民主主義者、平和主義者へと変わっていく。こうした自らの経歴は、シュトレーゼマンのドイツ人民党党首という立場には距離をとりながらも、しだいに彼に対して敬意を表するようになる理由となった。

だがこうした早い時期からの高い評価は、『ヴェルトビューネ』や『ターゲ・ブーフ』の知識人のなかでは、どちらかというと例外であったと言えよう。多くの場合彼らはシュトレーゼマンの外交政策に対して批判的であった。とくにトゥホルスキーは『ドイツ世界に冠たるドイツ』のなかで、シュトレーゼマンを「それとなく『小物』役者に比している[79)]」のである。シュトレーゼマンに対するこうした「小物」という評価は、トゥホルスキーの急進性に比べればはるかに穏やかで、自由主義的であった『ターゲ・ブーフ』編集長のシュヴァルツシルトの場合も同様であった。ベーマーがシュヴァルツシルトの伝記で述べているように、シュトレーゼマンはしばしば彼の博士論文のテーマからビールに関係付けて揶揄された[80)]。しかしながらシュヴァルツシルトも、シュトレーゼマンの協調政策を見るにつれて、しだいにその評価を変えていった。シュトレーゼマンの50歳の誕生日に、シュヴァルツシルトはシュトレーゼマンの変化を大きく評価する記事を書いている。シュトレーゼマンを引き続き政治的には敵として見なし、彼がドイツを軍事国家に導く可能性がなおも存在することを示唆しながらも、「現在ではシュトレーゼマンは確かに誠実な平和の守り人である[81)]」

と述べた。

同様にシュトレーゼマンの「変化」について、『ヴェルトビューネ』上でハンス＝エーリヒ・カミンスキが分析している。カミンスキは、若いころから死ぬまで「『民族共同体』の象徴的表現としての立憲民族帝政[82]」を理想としたシュトレーゼマンが、彼自身ではなくまわりの状況のおかげで変わっていく（変わっていったかのように見える）様子を説明している。しかしシュヴァルツシルトとは異なり、カミンスキは「結局のところ、彼は支配階級と全く意見を一致させていた[83]」と述べた。

ドイツ人民党党首シュトレーゼマンの、国家主義者から平和政策の主導者への「変化」に対して、ロカルノ条約後もとくに『ヴェルトビューネ』の知識人たちは懐疑的であった。オシエツキーの見解を見てみよう。

> 「シュトレーゼマン氏はしばしば平和主義的に振舞っているが、彼が国民に語りかけるときには、彼の政党が国家主義的な支持者を得ることができるように、平和主義的であることをいつも否定している。このようなお役所平和主義を長いあいだ信じるのは難しいだろう。秘密裏に戦争の準備をすることはできる。しかし平和を準備することはできない。平和主義は、シュトレーゼマン氏が望んでいるような、予備兵の即成教育制度のようなやりかたで作り上げられるものではないのだ[84]」。

オシエツキーがこう評したのは――これがシュトレーゼマン批判の第２の点となるのだが――シュトレーゼマンの背後にあるもの、つまり彼がその利益を代表する大資本家や大工業の存在がシュトレーゼマンを容易に平和主義者と見なせないものにしていたからである。そしてオシエツキーは、シュトレーゼマンが協調外交を進めながらも、右派の連合内閣を進めたことに対して批判的であった。オシエツキーはこうした状況を前に「ヨーロッパのほとんどの内閣は、今日先鋭化した階級闘争の道具となっている。つまり資本主義の護衛兵であり、銃は発射準備完了して労働者に向けられている[85]」と述べ、ドイツだけでなく各国が資本家の利益を優先することを批判した。

オシエツキーはヨーロッパ協調に対しては賛意を示し、フランス左翼のブリアンの政治を非常に高く評価している。彼はブリアンとシュトレーゼマンを対比させ、ブリアンを評価する一方で、シュトレーゼマンを皮肉った。

「シュトレーゼマンからまた突然［彼のもともとの］国家主義的な言葉が湧き出るときはいつも、ブリアンはその倍くらい魅力的にヨーロッパ的発言をする。シュトレーゼマンが頑強にその世界市民的感情を制限し始めるときにはいつも、ブリアンは感情を制限することなく、笑ったり泣いたりしながら、もう待てないといった具合に、マダム・ヨーロッパに抱きつく。そのときブリアンは、自分の態度を示そうだとか、例えば立場を犠牲にしようだとかということは全く考えていない。しかしながら彼の否定［ナイン］すら、シュトレーゼマンの同意［ヤー］よりも美しく響くのであり、彼の拒絶は立派なジェスチャーによってほとんど贈り物のようになるのだ。シュトレーゼマンは、なかなか良くヨーロッパ的に話せるようになってはいるのだが、決定的な瞬間々々でいつも繰り返し、専ら内政的に仕事をするというへまをしている[86]」。

つまりオシエツキーをはじめとして、とくに急進派の平和主義者には、シュトレーゼマンが「変化」したと見なさない傾向があった。シュトレーゼマンと帝政期の勢力との明らかな協力関係も、平和主義者によるシュトレーゼマン批判の理由のひとつである。シュトレーゼマンと皇太子との関係については、『ヴェルトビューネ』と『ターゲ・ブーフ』誌上で指摘されている[87]。また、オシエツキーはシュトレーゼマンと彼の国家主義的な支持層との関係を皮肉まじりで分析し、「グスタフ・シュトレーゼマンは彼の黒・白・赤［ドイツ第二帝政期の国旗の色］の人々を――彼らの意識は本来全く違った方向に向かっていたのであるが――、まずはドーズ案、それからロカルノ、そしてジュネーブへと、非常に巧みに誘導した。このことは非常に早く進行したために、彼らは何が起こったのか全く気がつかなかった[88]」と述べたのであった。

さらに言えば平和主義者は、シュトレーゼマンが平和主義者として評価されること自体を問題にしているのであった。当時の急進派の平和主義者のひとり、パウル・フォン・シェーナイヒは、シュトレーゼマンのノーベル賞受賞に際して「シュトレーゼマンは平和主義者か」と問う記事を書いている。

「最近シュトレーゼマン氏が理性的平和主義者になったのは、いったいどのような利害関心のもとであるのか、なおも調べなければならない。彼が大工業と財界首脳のグループに属しているのは、全く疑う余地のないことである。このようなグループは、目下のところ戦争よりも平和のほうがよく儲かるということをようやく理解したのだった。だがこうした好況はもう一度変わるかもしれない。シュトレーゼマンの平和主義はこのような変化に対抗できるのだろうか。このことはわれわれ他の平和主義者が自問自答しなければならない大きな問題である。

ノーベル賞が彼の平和主義的背景を強化することになればよいのだが。われわれ他のものはその成功を喜びたい。しかし安心して眠っているわけにもいかない。とくにシュトレーゼマン氏の横にゲスラー氏が座っているかぎりは、そういうわけにいかないのだ[89]」。

シュトレーゼマンによるロカルノ条約の締結は、平和主義者によって必ずしも歓迎されなかった。これはシュトレーゼマンの「協調政策」が、彼の本心からのものではないと理解されていたためである。それにはやはりシュトレーゼマンの政治的出自に対する不信感があったし、彼の政治に見え隠れする東部国境の修正政策が危険視された。国防相ゲスラーとの協力関係に基づく国防軍の拡大化の試みも指摘されている。そしてシュトレーゼマンと帝政復活を目指す軍人団体である鉄兜団との密接な関係は、当時からささやかれるものであった。このことはシュトレーベルが『もうひとつのドイツ』で[90]、ベルトルト・ヤーコプが『ヴェルトビューネ』上で指摘するなど[91]、平和主義者の関心を多く引いている。ロカルノ条約などフランスとの協調外交の背後で、ゲスラーとシュトレーゼマンの了解により、ポーランド国境近くで軍事訓練が行われていると見なされていた。そしてこのことは次のように批判されている。

「演習は戦争ではない――ただ戦争の練習、戦争の遊びにすぎない。しかしノーベル平和賞の威厳ある受賞者として戦争を遊びにすべきではない。そして他の人間にそれをさせるべきではない[92]」。

「シュトレーゼマンは平和主義者か」という疑問は、シュトレーゼマンと『ヴェルトビューネ』や『ターゲ・ブーフ』に集う平和主義者たちとの険悪な関係からも、平和主義者の間に起こってくるものであった。これがシュトレーゼマンに関する平和主義者の批判の第3の点となる。平和主義者とシュトレーゼマンの関係は、ロカルノ以前から必ずしも良いものとは言えなかった。第二次世界大戦後すぐに出版された平和運動史研究では、シュトレーゼマンが首相に就任したとき、多くの平和主義者に対する弾圧が行われたことが指摘されている。つまり1923年の最後の数ヶ月、シュトレーゼマンが首相を務めた時期、平和主義者の宣伝集会が禁止されただけでなく、平和運動の新聞や雑誌も禁止されたのであった。当時ドイツ平和協会の機関誌であった『平和主義者』や、ゲルラハの新聞『月曜の世界』、そしてフェルスターの雑誌『人類』も禁止されたのであった。[93]

シュトレーゼマンと平和主義者たちの距離がさらに開いたことのひとつに、シュトレーゼマンの舌禍事件がある。彼はフリードリヒ・W・フェルスターとカール・メルテンスというふたりの著名な平和主義者を「ルンペンと嘘つき」と呼んだのであった。この発言は平和主義者全体への侮辱だと受け取られ、知識人たちの批判を呼び起こした。これについては、『ヴェルトビューネ』『ターゲ・ブーフ』両誌に批判が掲載されている。例えば『ヴェルトビューネ』では、「各国の記者のまえでのシュトレーゼマン氏の発言は、ドイツの平和主義者フェルスター教授とカール・メルテンスに対する批判が乱暴な調子であったために、不愉快な印象を与えた。昨日までシュトレーゼマン氏は新聞や雑誌に素晴らしく良く書かれていたが、今日は様々な左翼の新聞が非常に厳しく彼を論評している[94]」。また、レーマン＝ルスビュルトのようにシュトレーゼマンをある程度評価するものもあったが、それでもシュトレーゼマンよりも平和主義者たちの名をあげ、彼らをより評価したのであった。

「シュトレーゼマンの功績は（…）縮小されることがあってはならない。彼はルール地方の冒険から生じた破滅を手際よく清算し、またこれに関連してロカルノへの道を開く術を確かに心得ていた。しかしその基盤となる下準備は、フェルスターやケスラー、シュッキングそしてヴェーベルクのような人々によってなされたのであり、彼等の功績は歴史の不動の銘板に刻まれるだろう[95]」。

シュトレーゼマンと当時の平和主義者の距離をあらわすために、もうひとつの例をあげることにしよう。シュトレーゼマンがノーベル平和賞を受賞した翌年に同じく平和賞を受賞したのは、当時のドイツの最も著名な平和主義者であるルートヴィヒ・クヴィッデであった。クヴィッデの受賞に際して、シュトレーゼマンと外務省が祝辞を出さなかったことが、皮肉たっぷりに『ターゲ・ブーフ』に掲載されている。

「今日のノーベル平和賞受賞者であるクヴィッデ老教授に対して送られ、彼が受け取った数多くのお祝いのなかに、前年のノーベル平和賞受賞者シュトレーゼマンからの言葉が一言も見つからないのは奇妙なことである。(…) もし外務省がこれを行わないのならば、なぜシュトレーゼマンが個人的にこれをしないのだろうか。彼自身[これをしない]伝統があるとでも言うのか。クヴィッデがまだ国際的な栄誉を受けていなかっただけでなく、不敬罪と反軍国主義の態度で迫害されるという国内での栄誉をうけていた時代からの伝統だというのだろうか[96]」。

シュトレーゼマンの側と平和主義者の側はこうした対立を繰り返すことによって、相互に理解する場を失っていった。日常的な批判は、シュトレーゼマンの政治の姿勢を受け入れられないために、余計に厳しいものであった。また、とくにクヴィッデのノーベル平和賞受賞に関する記事について言えば、ドイツ平和協会やドイツ平和カルテルといった平和組織を率いただけでなく、国際的にも著名で、いわばドイツ平和運動の顔として活動していたクヴィッデと「国家主義者」シュトレーゼマンを同じ「平和主義者」という枠組みに入れるわけにはいかなかった。

シュトレーゼマンによって代表されるヨーロッパの「平和」と、平和主義者の目指す「平和」は異なるものを意味していた。そのためシュトレーゼマン外交を最も特徴付ける「協調政策」、とくにドイツとフランスの協調政策についても見解の相違が見られる。オシエツキーは協調政策を評価しながらも、一方で「協調は政治的に実現されれば、ただの国家間条約、つまりただの実体の無い紙であって、諸政府を「危急の場合」に束ねることも、国民を参加させることもできないのだ。協調は終わりにはなりえず、始まりでしかない[97]」と述べている。

ロカルノ条約締結とその結果達成したドイツの国際連盟加盟の後、平和主義者の一部が目標を見失ったと見なすものがある。その根拠となっているのは、ドイツ平和協会の機関誌のひとつである『フリーデンス・ヴァルテ』上で編集者のハンス・ヴェーベルクが、ロカルノとドイツの国際連盟加入の後で平和運動はそもそも存在理由があるのかどうか尋ねたことであった[98]。しかしヴァイマル共和国期の平和主義者全体を考えたとき、こうした疑問、つまりロカルノ条約後の平和運動の存在価値に対する疑問は当てはまらない。たしかに国際連盟加盟やロカルノ条約のような平和秩序の構築は、平和主義者が長い間求めていたことであった。しかしこれまで見てきたように、ロカルノ体制は必ずしも平和主義者にとって目標達成とは言えず、不十分なものだったのである。

シュトレーゼマン追悼

1929年10月３日のシュトレーゼマンの死去は、ドイツ社会に大きな衝撃を与えた。ドイツ人権同盟などの平和組織の運動に積極的に関わった当時の著名な平和主義者のひとりであったハリー・ケスラー伯は、そのとき滞在中のパリの床屋でシュトレーゼマン死去の報を知る。彼は日記にこう記している。

「『シュトレーゼマンが死んだ』という言葉を耳にする。いたたまれない思いだった。それから『パリ正午』紙で公式のニュースを見る。彼は今朝五時半に心臓発作で亡くなったのである。彼の死は取返しのつかぬ損失であり、これがどんな影響を生じるか見通しもつかない。(…) 私はシュトレーゼマンの死について、まず第一に深刻な内政上の影響の出ることを憂える。つまり、人民党の右傾化、連立内閣の破綻、独裁権力奪取への機会提供といったことである[99)]」。

たいへんに厳しい批判者であったオシエツキーさえも、シュトレーゼマンの訃報に接し、彼に対して敬意を払い、「シュトレーゼマンの意義は、彼がドイツで類まれな政治の才能をもっていたことにある。それゆえに彼は会派のもったいぶったいかさまヒーローたちよりはるかに優れていた」と述べている。「彼が偉大な人物であったかどうかについては、歴史に決定をゆだねておくことにしよう[100)]」としながらも、それまでのオシエツキーのシュトレーゼマン評からすれば、これは非常に積極的な評価だと言えるだろう。そしてオシエツキーもケスラー伯と同様、シュトレーゼマン亡き後の政治の危険性も予知しているのであった。

シュトレーゼマンの死去時のコメントからは、彼らが繰り返しシュトレーゼマンを批判していたにもかかわらず、その一方で一定の評価を与えていたことが読み取れる。シュトレーゼマンの政治といわばその「作品」であるロカルノ体制そのものは、平和主義者の目指す平和とは程遠いものだったとはいえ、現状ではやはり守るべきものであった。彼らの予見、あるいは不安は的中した。ロカルノ体制はしだいに危ういものになっていった。オシエツキーらが予見したように、シュトレーゼマン死後、独仏協調の時代は終わった。ヨーロッパの国家主義化は進むのである。

第3節　ヨーロッパ統合論

ヴァイマル共和国期のヨーロッパ統合運動

ヨーロッパ統合の思想は、カントの永遠平和論にも見られるように、早くから存在した。現実に政治と結びついてヨーロッパの統合が議論されるのは、帝国主義の時代を待たなければならなかった。さらに第一次世界大戦後は、ヨーロッパの政治危機が世界大戦の発端となったという認識のもと、ヨーロッパの平和のための統合論がより積極的に議論された。

1920年代のヨーロッパ統合運動のうち最も影響力を持ったのは、リヒャルト・クーデンホーフ＝カレルギー伯（以下、クーデンホーフと略[101]）のパンヨーロッパ運動である。クーデンホーフは、日本人女性とオーストリア外交官の間に東京で生まれた。1918年以降のハプスブルク帝国の解体以降はチェコスロヴァキア共和国の市民として暮らした。クーデンホーフ＝カレルギー家の血筋がヨーロッパの多くの民族に由来することや、リヒャルトの母親である青山光子を通して得た日本文化への理解など、彼の思想形成にいわばコスモポリタンになりうる環境が整っていたことはよく知られている。クーデンホーフはいくつもの著書を発表すると同時に、『ヴェルトビューネ』や『ターゲ・ブーフ』にも寄稿するなどして、言論活動を行っていた[102]。彼は1923年に『パンヨーロッパ[103]』を発表してヨーロッパ統合運動を提唱し、生涯にわたりこの運動に積極的に関わった。これにより彼は第二次世界大戦後にヨーロッパ統合運動の先駆者として高く評価され、共通貨幣ユーロの導入などによりヨーロッパ統合がさらに進展した時期には、クーデンホーフに光を当てる研究が増加した。

クーデンホーフのヨーロッパ構想を簡単にまとめると、以下のようになる。彼はまず世界をパンアメリカ、極東アジア、イギリス帝国、ロシア連邦、パンヨーロッパの５つに分けた。パンヨーロッパは「26の比較的大なる国家と、5の小領域より成る。かかる国家合成体の広さはおおよそ５百万平方キロメートル、その人口約３億に達する[104]」もので、これには各国の植民地も含まれる。この「ヨーロッパ」はいわゆる地理的に理解されるヨーロッパとは異なる。世界各地に散らばって領土を持つイギリスは独立したイギリス帝国とされ、パンヨーロッパには含まれない。

彼のプログラムでは、ヨーロッパの国家連合の設立が目指される。この国家連合のもとでは、ヨーロッパのすべての国家が平等の権利を持ち、安全と独立は保障される。国家間の闘争を調停するための唯一の機関としてヨーロッパ連邦裁判所が設立され、軍事同盟や関税同盟の設立がなされるべきだとされた。さらにヨーロッパが有する植民地の共同開発や統一貨幣の導入、ヨーロッパ文化共同体の基盤となる国民文化の保護、および国民的、宗教的少数派の保護が主張された[105]。

クーデンホーフがパンヨーロッパ運動を行った背景には、当時の知識人に見られたヨーロッパの危機感があった。これはひとつには第一次世界大戦がヨーロッパを火種に始まったことにあり、またアメリカや日本などの新興国に覇権が奪われつつあることにも触発されていた。しかしパンヨーロッパ運動に大きな影響を与えたのは、ボルシェヴィズムへの強い不信感であった。ソ連の脅威からヨーロッパを守るものとして、パンヨーロッパ連合はあるべきだとされた。こうした危機感は、彼の次のような言葉から明らかになる。

> 「最後にはロシア・ナポレオンがロシア革命に次ぐに至り、彼は東ヨーロッパの諸小国より彼のライン連邦を組織し、その援護下にヨーロッパに最後の一撃を与うるに至るであろう。ヨーロッパをこの運命より救うべくなお時は存する。この救済を称してパンヨーロッパという。すなわちポーランドよりポルトガルに至るすべての国家の国家連合への政治的経済的結合である[106]」。

> 「パンヨーロッパ問題はロシア問題において最高潮に達する。ヨーロッパ政策の主要目的はロシア来襲の防止でなければならぬ。これを防止するにはヨーロッパの団結という唯一の手段あるのみである。
>
> 歴史はヨーロッパに対し、いっさいの国家的敵愾心を去って、国家連合に結合するか、もしくはロシアの征服の犠牲となるかを選ばせている。第三の可能性はヨーロッパに対して存在しないのである[107]」。

> 「ヨーロッパに対するただ一つの賢明な政策は、ロシアに対し平和政策――しかしいかなる不慮の事件に対しても確保せられた――を遂行するにある。これが確保はた

だ、すべてのヨーロッパ国家の、ヨーロッパ・ロシアの国境に対する連帯的政策、ならびにロシアの脅威に対するパンヨーロッパ防御同盟によってのみ可能である[108]」。

このクーデンホーフのパンヨーロッパ論であるが、ドーズ案やロカルノ体制などが現実となり、ヨーロッパの緊張緩和が見られるにつれて、ヨーロッパ各国の著名な政治家、知識人らのなかに賛同者を獲得するようになった。1926年にはウィーンに「パンヨーロッパ連合」が設立され、総裁にはクーデンホーフ自身が、そして名誉総裁にブリアンが就任した。彼の構想はオーストリアにおいてとくに支持されただけでなく、トーマス・マン、ホセ・オルテガ・イ・ガセット、リヒャルト・シュトラウス、ポール・ヴァレリーなどのヨーロッパ各国の著名人がこれに共鳴したのであった[109]。

同じく1926年には、ドイツにもパンヨーロッパ連合の支部がつくられた。社会民主党のパウル・レーベがドイツ支部の総裁に、民主党党首のエーリヒ・コッホ＝ヴェーザーが副総裁に就任するなど比較的幅広い層がこの連合に加入した。とくに諸国家間の関税障壁の撤廃という目標は、西欧の大コンツェルンから受け入れられた。パンヨーロッパ運動はIGファルベンなどの支持を得た[110]。また大銀行家ヴァールブルクからの資金援助を受けるなどした[111]。さらに各国の著名な政治家たちもこの運動に関心をしめした。フランスのエドゥアール・エリオ、イタリア首相のフランチェスコ・ニッティ、イギリスのウィンストン・チャーチル、アメリカのフランク・B・ケロッグらも賛意を示した[112]。

1926年10月３日から６日には、ウィーンで初のパンヨーロッパ会議が開かれた。24ヶ国から2000人以上の代表者を迎え入れたこの会議は、ウィーンのコンサートハウスを「偉大なパンヨーロッパ人」であるカール大帝やカント、ナポレオン、ニーチェの肖像で飾るという大掛かりなものであったと言われる[113]。また1930年５月18日にベルリンで開催されたパンヨーロッパ会議では、ヨーゼフ・ヴィルトやクーデンホーフらと並んで、トーマス・マンが講演者として登場している[114]。

当時クーデンホーフのパンヨーロッパ運動以外にもヨーロッパ統合を目指す運動は各地に存在している。そのひとつが1921年にウィーンでつくられた「文化協力のための同盟（文化同盟）」である。イグナーツ・ザイペルらが所属したこの団体は、知的エリートをメンバーとするもので、フランスの知識人と提携し、後に「ヨーロッパ文化同盟」へと発展した。クーデンホーフのパンヨーロッパ連合とは反共的立場の点で近く、後に提携した。このほかに1925年には「ヨーロッパ関税協会」が設立された。これは経済界の代表者たちが、ヨーロッパにおいて関税の壁や経済上の障壁をなくそうという目標のもと設立した組織であった[115]。次いで1926年には「ヨーロッパ協調のための同盟」がジュネーヴにつくられた。そのドイツ委員会はアルフレート・ノッシッヒによって率いられた。シュッキングやヴィルヘルム・ハイレ[116]らが所属したこの団体は、反ソヴィエトの立場でパンヨーロッパと共通するものの、実際には競争関係にあった。1928年にパンヨーロッパ連合、ヨーロッパ関税協会、ヨーロッパ協調のための同盟、ヨーロッパ文化同盟は「ヨーロッパ協調のためのドイツカルテル」をつくり、それぞれの代表を参加させたが[117]、パンヨーロッパ連合と「ヨーロッパ協調のための同盟」の争いは続き、これらの４つの団体がまとまって活動することはなかった[118]。

第一次世界大戦を経験して、ヨーロッパの安全保障の確立の必要性を痛感したことが、クーデンホーフのパンヨーロッパ運動をはじめとするヴァイマル共和国期のヨーロッパ統合運動の背景にあった。このような安全保障の発想は、ドイツの組織平和運動の初期からの要求にも見られるもので、したがってヴァイマル共和国期の平和主義者のコンセンサスでもあった。そして同時にすでに述べたように、アメリカや日本といった新興国の勃興とソヴィエト連邦の「脅威」に対する西ヨーロッパの危機感も、ヴァイマル共和国期のヨーロッパ統合論に強く反映していたのである。

平和主義者たちの組織のなかでもヨーロッパ統合の試みは見られた。そもそもヨーロッパの協調は彼らにとって重要な課題であった。アルフレート・ヘルマン・フリートも積極的なヨーロッパ連合の支持者であったし[119]、新祖国同盟も1914年から積極的に「ヨーロッパ合衆国」を目標として掲げて活動していた[120]。

ヨーロッパ統合論はフランツ＝カール・エンドレスの主張にも見られる。エンドレスはかつて軍人であったが、第一次世界大戦の悲惨な経験から平和主義者となっていた。彼はクーデンホーフの運動には全く与することなく独自にヨーロッパの統合を訴えていた。『もうひとつのドイツ』の中で彼は「何らかの形のヨーロッパの統合は、今日必要不可欠なものとなった[121]」として、「ヨーロッパの一体化は経済危機によって必要不可欠なものとなった。この経済危機においてはヨーロッパの個々の国家は（世界帝国イギリスを除いて）北アメリカの強力な優勢に立ち向かうことになるのである[122]」と述べている。エンドレスにとっては「ヨーロッパ関税同盟は自明のこと[123]」なのであった。そしてエンドレスは、ヨーロッパ統合のための政治的理由をあげている。「パンアジア思想、この軍事的形態はロシアを引き受けたものであるが――これは成功しているが、これについてはドイツでは残念ながらまだ全く十分に知られていない――これは数年のうちにそれどころかヨーロッパにとって軍事的な危険を意味することになるだろう」。「こうした組織を前に、ヨーロッパにとって自らの一体化を考えることは自己保持のための義務となる。これがなければ［ヨーロッパは］落ちぶれてしまうのだ！[124]」と述べた。

このようにヨーロッパ統合の思想は様々な方面からの支持を得ていた。では、なぜパンヨーロッパ運動は当時それほど影響力を与えることなく終わったのであろうか。これについてはペーター・バッジがヘンドリック（ヘンリ）・ブルグマンズの説を引用しながら掲げている6つの理由を書いておこう[125]。

① パンヨーロッパ運動の有力な擁護者たちが割合早くに舞台から退いたこと。シュトレーゼマンは1929年に死去し、ブリアンは1932年に死去以前に政治の舞台から消えつつあった。
② この計画がヨーロッパ統合と同時に、国民主権の原則を侵さないということを約束したために、政治的な大胆さと現実性の欠如を提示してしまったこと。
③ イギリスの抵抗。これはのりこえがたい厳しいものであった。そしてイギリスの要請に反した計画を続ける意思のあるものは少なかった。
④ 世界経済危機は大量失業と不満を引き起こし、諸政府に保護貿易措置をとらせたこと。
⑤ この結果の一部として憎悪をともなったナショナリズムと復讐主義とを持つ国民社会主義がドイツで支持を得たこと。ナチが1933年1月に権力を握ると、ブリアンやクーデンホーフのような欧州連合思想の入る余地は残されていなかった。
⑥ 潜在的なライバルとしての国際連盟の官僚の抵抗。

パンヨーロッパ運動に対する反応

それでは当時の平和主義者たちはクーデンホーフの運動に対してどのような反応を見せたのであろうか。

例えば『ヴェルトビューネ』の記事からは、クーデンホーフという人物に対する評価が高いことが読み取れる。例えばアルトゥール・エレーサーは、クーデンホーフについて「嫌悪するより理解し、怒鳴るよりも考慮し、道徳的な勇気を示してそれに加えて行儀の良さも示す、もしこのような人物がもっといたなら、ドイツの空気ももっと吸うのに気持ちよいものになるだろうに[126]」と述べた。クーデンホーフのプログラムはドイツ語で書かれたために、よりいっそうドイツの知識人に影響を与えた。彼の運動とパンヨーロッパ連合に対する強い関心は、1926年10月のパンヨーロッパ会議のすぐ後で『ターゲ・ブーフ』誌に書かれた記事からもうかがえる。

「パンヨーロッパ運動は初めて公式に大きな会議を招集したが、幾分かの満足感をもって、このウィーンで開かれた会議の出席者名簿に著名な名が見出されたことを指摘することができる。電報や賛同表明についてはいっそうのことである。(…) したがって、パンヨーロッパ運動が空々しい社交界の出来事であって、現実の世界には影響力がなく、将来的な重要性をもたないという懐疑的な人々の見解は、明らかに間違っている[127]」。

しかしすぐ後に続けて、こう書かれている。

「しかしながら心配なのは、この運動でさえも、これまでと違うなんらかの方法を見つけることができなければ、結局のところ無に帰してしまうということである[128]」。

こうした『ターゲ・ブーフ』の記事からは、パンヨーロッパ運動が当時ひとつの平和運動として認識されていたことが読み取れる。平和運動の「方法」に関しては、当時平和主義者の間で様々な議論がなされていた。前述したように、ヴァイマル共和国期のドイツでは、第一次世界大戦の悲惨な経験を目の当たりにした人々が戦争と平和の問題に関心を持ち、それ以前より幅広い層が平和組織に加入した。平和主義者が暗殺や暴行を受け、言論の自由を侵害されるという現実がある一方で、恒久平和への望みは強かったのである。オシエツキーらが組織した反戦デモ「戦争はもうごめん」運動が多くの参加者を得たことは、その例である。こうしたいわば平和運動にとって有利な状況を逃さないために、ヴァイマル共和国期には平和運動の大衆運動化が目指されたのである。急進派が伝統的な国際法的平和運動とは違って、ゼネストや兵役拒否を平和のための「方法」として強調したのはそこにあった。

クーデンホーフの運動は、「平和運動」としてどう映ったのだろうか。オシエツキーはクーデンホーフの欠点を、大衆が関わらないインテリの運動を作り出したことであるとし、燕尾服を着て有名な政治家に会い、署名を求めて運動をするクーデンホーフの方法は、帝国主義国家の権力者へ友好的なアピールをして、実際には慇懃な握手以外のものは何も得られなかった平和運動の初期の日々への逆戻りだと述べた。彼は次のように記している。

> 「理念としてのパンヨーロッパ。それはすっかり古臭くなってしまった平和主義に対して、進歩を意味している。方法としてのパンヨーロッパ。それは幻想的な時代への逆戻りである[129]」。

クーデンホーフによるパンヨーロッパ運動の貴族主義的特徴は、ヴァイマル共和国期の平和主義者の求めた運動の方法とは全く異なるものであったと言える。クーデンホーフのパンヨーロッパ連合は、会議の様子からも理解できるように、いわば「貴族的なサロン」の運動の特徴を持っており、平和運動が大衆に根付いたものでなければならないとかねてから主張していたオシエツキーにとってはこの点は受け入れがたいものであった。第一次世界大戦以前のような大衆不在の平和運動を非政治的で幻想的なものと厳しく批判していた[130]オシエツキーにとっては、クーデンホーフの運動は、まさに旧式の平和運動へ後退することを意味したのである。

クーデンホーフに対する批判の2つ目は、対ソヴィエト連邦の問題である。

オシエツキーは「クーデンホーフ自身は、ヨーロッパをボルシェヴィズムから守ることが肝心だなどと講演や論文で繰り返し強調するなど、非政治的すぎる[131]」と述べている。クーデンホーフのパンヨーロッパに見られるイギリス帝国の容認、ボルシェヴィズムの敵視、そして大資本家との提携は、『ヴェルトビューネ』と『ターゲ・ブーフ』の平和主義者にとっては、到底受容できないものだったのである。

レーマン・ルスビュルトは、人権同盟は第一次世界大戦以前からヨーロッパ統合に尽力してきたが、人権同盟の求めるヨーロッパ共和国と、クーデンホーフのパンヨーロッパとは別のものであったと述べている。

> 「*パンヨーロッパとわれわれとは、目的の点で対立するものである*。われわれはパン・ヨーロッパに関して、超国家的組織の厳格さと関税の撤廃の要求、そしてヨーロッパの小国家が克服したいと思っているものすべてを認める。しかしながらパンヨーロッパは、それが*本当に反対のものを目指して*いるにもかかわらず、[フリードリヒ・] ナウマンの中央ヨーロッパの時代と同じような結果をもたらすであろうし、これは新しい形の帝国主義を意味するに過ぎないだろう。なぜならロシアとイギリスとをにべもなく排除しているからである[132)]」。

レーマン＝ルスビュルトの見解によれば、ソ連とイギリスをヨーロッパから排除するクーデンホーフのパンヨーロッパ運動は、新しい形の帝国主義であった。同様にハインリヒ・シュトレーベルも、クーデンホーフが「反ボルシェヴィズムの風潮を、ヨーロッパ統合のための鋲として利用しうるものだと、ただ信じている[133)]」と述べ、クーデンホーフの運動を次のように分析している。

> 「クーデンホーフによれば、ヨーロッパ諸国民同盟のために有効な機会はこうである。フランスがイタリアへの、そしてもしかしたらありうるイタリアの同盟国（最も危険なのはドイツ）への不安から、ヨーロッパ同盟による平和保障を望むこと。もし一連の条件が認められれば、ドイツはその [復讐の] 情熱にもかかわらず、この同盟に抵抗はしないだろう。ドイツのナショナリストでさえも、ボルシェヴィキに対する嫌悪から、そしてしかるべき譲歩への期待から、フランスと和解するであろう。
>
> [クーデンホーフの] このような論は、新しいヨーロッパの協定のあらゆる弱点と危険とをすでに明らかにしている。この協定の最も強い原動力は『ボルシェヴィキ世界との対立』である。その際、もし世界革命の扇動の排除や赤色ソヴィエト軍国主義と他の国々の軍国主義の間の補完をやめさせることだけが問題となるならば、このことは無害であろう。いやそれどころか望ましいものである。しかし [アーノルド・] レヒベルクと [アルトゥール・] マーラウンが反ボルシェヴィキ政治、そう、つまりソヴィエト共和国に対する十字軍を説いてまわっていることを人々は良く知りすぎているのである。そしてこのために、国民社会主義者と鉄兜団は動員されうるであろう。もし彼らが、ただドイツがソヴィエト・ロシアに対する十字軍のためだけに、そしてそれによって軍事の自由を獲得し、その結果ふたたび国民的野心という全く向こう見

ずな目標を立てることができるのであれば。
　このような前提と先鋭化のもとに行われるヨーロッパ同盟は、平和確保のための組織以外の何ものでもないのだ！[134]」。

シュトレーベルはまた、レーマン＝ルスビュルトと同様の批判も行っている。

「われわれ自身はクーデンホーフと彼のパンヨーロッパ運動をいつも非常に好意的に扱ってきた。クーデンホーフが主張し要求したことのうち90パーセントは喜ばしい同意を得ている。ただ、パンヨーロッパ運動の創始者がしだいに好都合だとみなすようになったいくつかの戦術は、われわれにはあまり気に入らない。支持者を周りに集めるために、そして公的な人脈と資本主義的な階層を自分の運動に獲得するために、彼はあちこちで帝国主義的な潮流と反動的な偏見に譲歩している[135]」。

　同様の理解は、クーデンホーフと個人的な交流のあったケスラー伯の日記にもうかがえる。1933年１月30日、彼は次のように日記に記している。「私から見て引っかかるのは、彼がソヴィエト＝ロシアに対する防衛拠点としてパンヨーロッパを設立しようとしており、その理念を帝国主義者やボルシェヴィキ殲滅戦争の宣伝者たちに密かに売り渡してしまっていることだ[136]」。
　クーデンホーフの資本家との提携を危険視する態度は、『ヴェルトビューネ』誌でのヴェルナー・アッカーマンの記事に明らかに見られる。アッカーマンは「ヨーロッパ合衆国」という言葉を用いて、

「ヨーロッパ合衆国は、大衆によってつくられ支えられるとすれば、世界合衆国への道となりうるだろう。世界合衆国は、たとえ今日の資本主義的構造のもとにあっても、プロレタリアのインターナショナルを援助し、世界革命を容易にするかもしれない[137]」

としながらも、一方でパンヨーロッパに関しては、

「パンヨーロッパのために戦っている君たち、君たちに与している資本家階級に注意せよ！君たちはもうとうに前から敵を家に招きいれているのだ[138]」

と述べた。さらに彼は「資本家階級はパンヨーロッパ運動家の、人間として尊敬すべき努力を妨害してしまうか、あるいは自分たちのために利用するだろう[139]」と書き、この結果、現状では「ヨーロッパ合衆国は世界平和の脅威であり、

資本主義の利益のための軍備・戦争連合である[140]」と結論付けた。アッカーマンはこの記事の題名を「パンヨーロッパ――危険なもの！」と付けたのであった。

3年後、彼は再び『ヴェルトビューネ』上で、パンヨーロッパに関する論説を寄せているが、このとき「地球国家」(Erdstaat) という表現を用いている。アッカーマンはここで「大衆によって建設され担われるヨーロッパ合衆国は――地球合衆国を越えて――世界革命と世界の解放へのひとつの道である。しかし世界国家、プロレタリア・インターナショナルそして支配なき世界への絶え間ない視野のない孤立した思想であるパンヨーロッパは、まとまらない利益の間でもてあそばれるもの、つまり爆弾である。平和主義者の平和的なパンヨーロッパは、帝国主義者の戦闘的な国家トラストとなっている[141]」と述べた。彼はパンヨーロッパと地球国家を「パンヨーロッパは今日の［様々な］ナショナリズムの短所を破滅にまで広げている。地球国家はこれに対して、帝国主義的なものであっても、事実上の利点を提供している。とりわけ地球国家は政治的経済的国境という災厄をはらんだ概念を排除するのである[142]」と区別したのであった。しかしながらこのアッカーマンの文章の前には、『ヴェルトビューネ』編集部のコメントが書かれているが、そこでは「親愛なるヴェルナー・アッカーマン、パンヨーロッパはまだ『危険』ではありませんよ。われわれはまだそこまでたどり着いていないのです。依然としていたるところでナショナリスティックなインディアン主義［Indianertum］が支配的だし、たとえばドイツでは依然として『ヨーロッパ人』という言葉は侮蔑語なのです。地球国家組織への道はしかし、われわれはこれをまだ越えていないのですが、統一したヨーロッパを越えるものなのです[143]」とやや皮肉られている。

一方、パンヨーロッパの問題点を見て取りながらも、アッカーマンとは違ってこの運動に期待をかけるものもあった。

> 「パンヨーロッパが『危険』なのではなく、パンヨーロッパが危険な状態にあるのだ。そしてこの危険から、つまり敵の勢力に悪用されるという危険から、われわれはこの若いヨーロッパ運動をただ次のことによってのみ守れるのである。それはわれわれが不平を述べで懐疑的な態度で傍らにいるのではなく、われわれが一心に全力をパンヨーロッパへ投入することである[144]」。

同様にクーデンホーフのパンヨーロッパ運動の問題点も含めて、今日的な観点から見て興味深いのはエミール・ルートヴィヒの論説である。彼はヨーロッパ統合論を検証しているのだが、ここで彼はこれまでの議論と同様にイギリスもヨーロッパ統合に参加すべきだと主張し（「われわれはこうした小ヨーロッパ的解決を適当でないとみなす」と彼は述べている[145]）、またソ連の排除の問題を憂いている（「さらにいかがわしいのはロシア問題である。というのはここでは排除の計画が明らかに恐れと嫌悪に基づいたものだからである[146]」）。その上でクーデンホーフとパンヨーロッパ運動を支持し、次のように述べている。

「ヨーロッパの統合はドイツに同権を、そしてフランスに再び安全を与える最もよい方法であり、これらは両者が当然のことながら望んでいたことである。これはまたたいへんに控えめなものでもある。もしふたつの恨みあう敵同士がどうしても一緒になれないというのであれば、彼らが言ってみれば気づかぬうちに再び近付けるように、他の多くのものたちも［話し合いに］招待すればよい。こうした招待が国家連合を形成するのである。そしてこれを、勇敢で理想主義的なクーデンホーフ伯が以前から提案していたように、パンヨーロッパとよぶこともできる。（…）人々は彼と［彼の］運動を、これらがウィーンからやってきたものであるがゆえに、そしてこれらがオーストリアのドイツへのアンシュルスという思想を邪魔するものであるがゆえに攻撃する。このような攻撃は間違っている[147]」。

ルートヴィヒはここで、諸国民統合の好例としてスイスをあげている。彼は後にこの国の国籍を取得したのであった。彼はヨーロッパの政治的統合よりも経済的統合を優先させている。

「ここからは主要な問題が展開されうる。つまりヨーロッパはまず経済的に、それから政治的に統一されなければならないのか、それとも逆なのかという問題である。（…）何度も提案されているような現在進行中の政治的統合の中に、われわれは危険を読みとる。なぜなら銀行やトラストと同じように、後で統合したくなるような複数の国家グループをまず最初に建設できるからである。このようなグループのなかではしかし、戦争が示したように、ヨーロッパの分割においてよりももっと大きな危険がひそんでいる。それゆえにあらゆる国家がまず内国関税（通過税）、貨幣、パスポートを同じテンポで近付けて、そして長い間の友好関係の後（…）、最後に幸先よく結婚するほうがよいのである[148]」。

全体として見れば、ヨーロッパ統合とそれを基盤としての「世界合衆国」、これら自体は国家間の闘争である戦争をなくすための道として、平和主義者にとって理想的なものであった。しかしながら、パンヨーロッパの現状は憂慮すべきものであった。このヨーロッパの合衆国化という理想と、そこから来るクーデンホーフのパンヨーロッパ運動への期待、そしてパンヨーロッパ運動の現状に最も苦しんだのは、ヒラーであっただろう。ヒラーはクーデンホーフのパンヨーロッパ連合に加盟し、1926年10月のパンヨーロッパ会議に講演者として参加するなど、積極的に活動している。ジークフリート・フォン・ヴェーゲザックによれば、この会議でパウル・レーベやヨーゼフ・ヴィルトとならんで「エミール・ルートヴィヒ、クルト・ヒラーそしてグスタフ・ヴィネケンがドイツの代表として発言を許されたことは、この会議をようやく、多くの年老いた偉いさんたちによって麻痺させられていたような状態だった重苦しい空気から解放した[149]」のであった。

1927年に書かれたヒラーの「パンヨーロッパのテーゼ」を見てみることにしよう。これは彼のパンヨーロッパ運動の特徴を明らかにしている。

1　パンヨーロッパは目標ではない。目標は人間がもうお互い殺しあうことのない世界である。パンヨーロッパはこの目標のための手段である。
2　パンヨーロッパは国際連盟と対立するものではない。
3　パンヨーロッパは社会主義と対立するものではない。
4　パンヨーロッパは革命的平和主義と対立するものではない。
5　全体としてパンヨーロッパは、ジュネーヴにある国際連盟の現在の体制と比べて、戦争の危険が少ないものである。国際連盟は拡大できなくなっただけでなく、間違いなく衰退へと向かっている[150]。

このようなヒラーのパンヨーロッパ理解は、社会主義と革命的平和主義の項目により、クーデンホーフのものとはおよそ異なっていたと言える。これはヒラーがパンヨーロッパと、革命的平和主義の妥協点を求めようとした結果であった。ヒラーが革命的平和主義とパンヨーロッパを提携させようとしたのは、彼がクーデンホーフという人物へ好感を抱いていたからだけでない。オシエツキーとは異なり、ヒラーがクーデンホーフに見られた貴族主義的態度に対しても共感を持っていたことがこの背景にあった。ヒラー自身、第一次世界大戦中から行動主義に関わり、知的エリートによる政治の要求を提示していた。ヒラーは貴族主義への期待と国家の枠を超えたヨーロッパ連合への期待をクーデンホーフのパンヨーロッパ運動に託した。彼がパンヨーロッパそれ自体を「目標」ではなく「手段」であると述べたのは、そのためだったのである。

しかし1926年の時点では積極的にパンヨーロッパに参加したヒラーも、しだいに革命的平和主義とパンヨーロッパという全く異なるものを両立させることができなくなってくる。この結果、彼は1929年にはパンヨーロッパ連合から脱会している。この際ヒラーは『ヴェルトビューネ』誌上で「クーデンホーフへの公開書簡[151]」を書いた。ここで彼は、クーデンホーフが以前はパンヨーロッパ運動の内政不干渉を主張していたにもかかわらず、ボルシェヴィズムの打倒や反革命を訴えたため、自分は残念ながらパンヨーロッパに幻滅してしまったと述べている[152]。クーデンホーフの反共の姿勢が増す一方で、ヒラーはその「革命的平和主義」を確固たるものにし、ますます親ソ的立場をとるようになっていた。このことはヒラーのクーデンホーフ批判から明らかになる。ヒラーによれば、クーデンホーフは革命によって世界をソヴィエト化しようとしている大国ソ連とボルシェヴィズムこそが「帝国主義的」であると見なしているが、この見解は誤りであり、

> 「ボルシェヴィキはロシアのためにではなく、社会主義のための世界を獲得しようと願っているのです。帝国主義が絶滅した世界の社会システムのための戦い、いかなる個人のそして国家の奴隷状態もない世界のための戦い、平和と生産性をともなった階級のない秩序のための戦い、こうした戦いを『帝国主義的』と呼ぶとは。なんという詭弁でありましょうか！[153]」

> 「ソヴィエト・ロシアほど世界平和思想の実現に役に立つところは、世界のどの勢力のどこにもない[154]」

と述べた。

こうしたヒラーの「公開書簡」に対して、クーデンホーフは同じく『ヴェルトビューネ』誌上で回答している。クーデンホーフは、パンヨーロッパは指摘されるようにたしかに資本主義的民主主義と協力していると認めながら、革命による内戦は、諸国民間の戦争と同様に恐ろしいものであり、パンヨーロッパ

はこれを引き起こすような社会主義革命に与することができないと明確に述べて、ヒラーと見解を異にし、最後にヒラーに対してこう呼びかけている。

「今、貴方はパンヨーロッパに幻滅している。しかし、いつかソ連が国民社会主義的独裁に変わる日がきたなら、貴方はとても厳しく決定的な幻滅を、共産主義に感じることになるでしょう。もしかしたらそのとき、貴方は私を思い出すかもしれません。そしてパンヨーロッパを[155]」。

ヒラーの脱退について、この議論に関して最も急進的だったアッカーマンは「今や危険が明らかになった時が訪れた――それればかりか、パンヨーロッパ運動が危険に屈したのである。クルト・ヒラーの脱退が証明している。これはつらい脱退だったのだ。クーデンホーフ＝カレルギー宛ての公開書簡（『ヴェルトビューネ』29号）は、ひとりの男の苦い失望を明らかにしている。彼はお気に入りの思想がどのようにそれ自体を裏切り、敵の領分に落ちていったかを傍観しなければならなかったのだ[156]」と述べたのだった。

ところでクーデンホーフのボルシェヴィズム理解と同様に、オシエツキーも革命のための内戦を戦争と同義に位置付けていた[157]。しかしオシエツキーは、パンヨーロッパ運動に関しては批判の手をゆるめることはなかった。オシエツキーはクーデンホーフの植民地容認の態度からパンヨーロッパ運動を帝国主義的だと位置付ける。彼は以下のように述べている。

「ヨーロッパ統合は帝国主義を支持する人々にとって、外の世界におけるヨーロッパの主導権の維持を意味しているだけでないのか？［こう考えると］なぜこんなにも多くの、明らかに非平和主義的な政治家が、パンヨーロッパ構想に共感するのかすぐに理解できる[158]」。

民族自決の要求は、ヴァイマル共和国期のドイツの平和主義者にとっては自明のこととなっており、『ヴェルトビューネ』誌上でも中国の問題や植民地解放について議論がなされていた。とくにオットー・コールバッハは『ヴェルトビューネ』知識人のなかの中国問題のエキスパートであったが、彼もオシエツキーと同様、植民地保有を容認するパンヨーロッパを帝国主義的と位置付け、この帝国主義的パンヨーロッパがアジアの独立を叫び、アジアのために協力するなどと言っても説得力がないとしている。[159]

このような「帝国主義」に対する見解や、上述したような貴族的パンヨーロッパ運動に対するオシエツキーの批判から指摘できるのは、ヴァイマル期の平和運動史の脈絡では、運動の主な担い手であった大衆運動を目指した左翼知識人にとっては、パンヨーロッパ運動は前時代的な存在であったということである。またクーデンホーフがしだいにその反共的態度を強め、パンヨーロッパがソ連に対する西欧の軍事同盟と化したことも、各国の全面的軍縮と非暴力を訴える急進派の平和主義者には与することができなかった理由のひとつであった。

ドイツの組織平和主義者とクーデンホーフのヨーロッパ統合運動の間には明らかに距離が見られた。フェリックス・シュテーシンガーはクーデンホーフの運動について「イギリスについてのクーデンホーフの沈黙はますますひどいものになっている。ロシアに対抗して統合しようというヨーロッパへの彼の呼び掛けは、しかしながら堕落である」[160]とし、「ヨーロッパの破滅した資本主義者たちのヒステリーを利用しているクーデンホーフのこのような反ボルシェヴィズムに対して、われわれはとくに社会主義者として統合した反ボルシェヴィズムの代表者として反対の立場を取らなければならない。ただわれわれが、ボルシェヴィズムが本当の生産力を阻むものであると確信するがゆえに、われわれはこれとたたかうのである」[161]と述べた。このようにシュテーシンガーは「統合されたヨーロッパ大陸のための余計な障害——これが彼のパンヨーロッパだ」[162]と評価せざるをえなかった。オシエツキーもまた「パンヨーロッパは平和ではなく、ただ次の世界大戦のための新しいそしてわずかに遠回りした道にすぎない」[163]と述べている。クーデンホーフの構想が第二次世界大戦後の冷戦の前史として位置付けられるとすれば、オシエツキーらの発言は大いに正当性を持つであろう。

ブリアンのヨーロッパ合衆国構想に対する反応

クーデンホーフのパンヨーロッパ運動と並んで当時よく知られたのは、ブリアンのヨーロッパ合衆国構想であった。

ロカルノ条約や不戦条約の締結、そしてなによりも独仏協調に対してのブリアンのイニシアチブに対しては、平和主義者の評価は比較的高かったと言えるだろう。彼をヨーロッパのために戦う人物として高く評価するものが多く、『もうひとつのドイツ』では「彼は戦争に対するたたかいにおける『虎』である」[164]と評されている。

クーデンホーフのパンヨーロッパ連合の名誉総裁を務めたブリアンは、協調外交の成功を受けて、1929年9月5日、本格的に国際連盟に対してヨーロッパ合衆国構想を提案した。このブリアンの提案はヨーロッパ合衆国の経済的側面を強調したものであった。しかしフランス政府による具体的な覚え書として1930年5月17日に発表されたときには、この合衆国構想はフランスのための安全保障と合衆国の政治的意味が前面に押し出されたものに変わっており、これはロカルノ体制の現状を固定するものでしかなかった[165]。ブリアンの構想では、統一されたヨーロッパと国際連盟との役割分担は明確ではなく、そのため各国は否定はしなかったものの、積極的に支持することもなかった。「ブリアン氏のヨーロッパ覚書へのドイツでの反応は、率直に述べると、温かいものではなかった」[166]と、1930年5月24日付けの『ターゲ・ブーフ』には書かれている。同様のコメントはシュトレーベルの論説にも見られ、「ブリアンのまずい出足」と題されたこの記事で、「疑いのないことである。ブリアンはクーデンホーフと同じものを望んでいる。ただ彼のメモランダムはより冗長でより漠然としているだけである」[167]と評されている。

ブリアンと彼のヨーロッパ構想に対しては、『ターゲ・ブーフ』や『ヴェルトビューネ』では、やや距離を置いた見解が見られた。同じく『ターゲ・ブーフ』の5月24日の記事では、「ナショナリズムの専門家たち」だけでなく「主知主義の専門家たち［知識人］も、長い間あらゆる世界改良思想の幻影をかなり無抵抗に追いかけてきたあとで、このところようやく高潔で哲学的な自制を身につけたのである」とし、つまり「積極的であることはもはや格好のよいことではないのだ」[168]とされている。ブリアンの提案については、「この提案はすなわちブリアンが『ヨーロッパ共同体』と呼ぶ産物がどのように造られるのかについて、一言も触れていない。もしある共同体を達成しようとするならどのように進むべきかという極めて実際的な問題についてただ書いてあるだけである」[169]とした。このなかでは、ヨーロッパ統合そのものについては否定されていない。むしろ統合に反対するナショナリストたちに対して、次のような呼びかけがなされている。

「だが彼らは一度でも真剣に、関税障壁を目の前にある戦争の不安とともに取り壊す準備のできている国家がヨーロッパにあると疑ってみたことがあるだろうか。この関税障壁のもとで彼らは全体として儲からない、しかし戦争にとって重要な産業を営んできたのであった。『万物の父』である戦争はヨーロッパの国家および経済の境界を――すべて、例外なく――作り出した。非戦だけがこれを取り払うことができる。これは底意ではない。これは率直な論理なのだ！[170]」。

平和主義者たちは、ブリアンのヨーロッパ統合計画そのものを否定したわけではなく、その実現の可能性に対して疑問を持っていたと言える。シュトレーベルは1932年に「ヨーロッパ合衆国、これは努力する価値のあるもので、非常に重要なものなのであるが、これは**長い間平和な時代があって**ようやく実現されるものなのである[171]」と書き、ヨーロッパ大陸の運命は復讐心を捨てることにかかっていると主張したのであった。また『ターゲ・ブーフ』にはアメリカ人ジャーナリストのアプトン・シンクレアのコメントが掲載されている。彼は「ヨーロッパの統合にとって大きな障害はもちろん、われわれが軍国主義と呼ぶ国家権力に奉仕し、またわれわれが愛国主義と呼ぶ国家感情に奉仕するような資本主義的な利益である[172]」と分析している。

ブリアンに対する評価も見てみよう。1931年、ブリアンが大統領選挙で敗北した際には、オシエツキーはそれまでの彼の政治を評価して「1931年5月13日、歴史は黒い十字架で刻印された。この日ヨーロッパ思想はヴェルサイユで決定的な敗北を喫したのだ[173]」と述べた。そして彼が死去した1932年に、ゲルラハはこう書いた。「ブリアンは新しい型の偉大な政治家であった。すべては世界を組織化しそれによって新しい戦争を防ぐためのあらゆる合法的な手段によっていた！自国民の利益は、全国民の協力という枠組みの中でのみ維持されうるのである[174]」。こうしたブリアン賞賛はドイツ外交、とくに外務省のナショナリスティックな政策に対する不満の裏返しのようにも思える。またドイツの左翼政治家がブリアンのようなイニシアチブを持てていないことへの不満もあったと言えるだろう。ヨーロッパ統合問題へ積極的に関っていくことができないドイツに対する批判であった。

ロカルノ条約に関する記事に見られるのと同様に、『ヴェルトビューネ』や『ターゲ・ブーフ』の平和主義者たちは、地域的安全保障という形の平和構築のあり方の危険性に注目していた。彼らはヨーロッパ合衆国の設立自体には賛成しながらも、それは他の地域と対立するものであってはならないと考えた。これにはシュトレーベルの言葉を紹介しておこう。これはヨーロッパ統合運動がうまくいかない理由について述べたものであるが、安全保障に対する平和主義者の批判をあらわした言葉でもある。

「国民的な誇りに欠かせない軍事および国境の変更を前もって保障してもらった場合にだけ、平和保障と安全保障の達成が望まれるのである。平和確保に乗り出そうとするまえに、平和条約の修正を手中に収めたいと望むのである。つまり大陸の戦勝国と条約を締結する前に、彼らに敗北を押し付けようとしたがるのである[175]」。

一方で平和主義者たちがヨーロッパの統合を支持した背景には、諸国家に絶対的な主権を許すことは結局のところ勝手をさせるだけであり、国際的なアナーキズムにおちいるのだという考えがあった。これはトゥホルスキーの思想のなかに見られるものである。「明らかにポジティブな言葉『民族自決』は、トゥホルスキーにとってはそのネガティブな鏡像、つまり国家の絶対的な主権にみえた[176]」のであった。第一次世界大戦後のヨーロッパを「ヴェルサイユ平和条約はヨーロッパの小国家制を安定化させた。ヨーロッパの地図は染みのたくさんついた服のようにみえる。隙間のあるところには、小さな旗が立っているのだ[177]」と見たトゥホルスキーは、統合運動を積極的に推進したわけではなく、またクーデンホーフの運動に関わることもなかった。だが「国家はわれわれを食い尽くす。まぼろし。概念」、「国家、このすごいもの[178]」と考えていた彼は「それがヨーロッパだ。すべての国が同じ馬鹿をやっていて、それからそれがうまくいかないことに非常に驚いているのだ[179]」と見ていた。そして次のように述べたのだった。

「われわれは国民国家の戦争を犯罪とみなす。そしてわれわれはこれとたたかう。可能な限りの場所で、可能な限りのときに、可能な限りの方法で。われわれは国家反逆者だ。だがわれわれが裏切っているのは、われわれが否定する形の国家であって、これはわれわれが愛する国のためである。平和のため、そしてわれわれの本当の祖国、ヨーロッパのためである[180]」。

このようにヨーロッパを「祖国」と呼んだトゥホルスキーを、冷戦の終結とヨーロッパ統合の進行のなかで、ミハエル・ゴルバチョフの思想「ヨーロッパ共通の家」を先取りする「ヨーロッパ統合の予言者[181]」として扱うものもいる。

第4節　東方問題

フランスとの協調関係と同時に平和主義者たちが目指したのは、ポーランドをはじめとする東側の国々との関係修復であった。しかし西側ではロカルノ条約が締結されたのに対して、東側の国々との協調関係の構築は困難なものであった。ハンス＝エーリヒ・カミンスキが1932年に「『ヴェルトビューネ』は、われわれの西方の隣国だけでなく東方の隣国との協調政策を求める、ドイツで数少ない雑誌に属している[182]」と述べたように、『ヴェルトビューネ』は多くの記事をこの東方問題に割いた。本節ではソヴィエト連邦とポーランドに関する記事を見ていこう。

ソヴィエト連邦との関係

ロシアにおけるボルシェヴィキ革命の成功が、ドイツの知識人の意識に与えた衝撃と影響は計りしれないものである。あるものにとっては、ソヴィエト連邦は理想の社会となり、あるものにとっては彼らの生きる社会秩序への脅威を意味した。難しかったのは社会民主党の立場であった。本来近い立場にあったにもかかわらず、ソ連のあり方は議会制民主主義という方法をとったドイツ社会民主党の立場を危うくさせるものであり、したがって社会民主党はソ連をある意味では右翼よりも危険視したのであった。一方ドイツ共産党はすでに述べたように、そのソ連追従の態度により批判を受けていた。こうしたなかで皮肉なことに、ソ連との協調や提携はフランス、イギリスへの対抗策としてむしろドイツの右派によって進められたのである。

平和主義者はこれとは別の意味でソ連との協調を求めてきた。ドイツ人権同盟のプログラムではドイツとソ連の経済的協調だけでなく、文化的な関係の構築も求められている。「ジュネーブの国際連盟へのわれわれ［ドイツ］の派手な加盟にもかかわらず、われわれは一方では、独露の経済的協力の必要性をただ認識しているだけでなく、そのために活動しているのであり、また両国民の文化的関係も支持しているのである[183]」。

ソ連との関係は、『ヴェルトビューネ』と『ターゲ・ブーフ』の知識人にとっても複雑な問題であったと言えよう。とくにボルシェヴィズムのあり方は、ドイツの平和主義者たちに疑問を抱かせるものであった。これに関しては、オシエツキーに触れておくべきであろう。オシエツキーはスターリンによって追放されたトロツキーを擁護し、トロツキーの文章を時折『ヴェルトビューネ』に掲載した。とくにソ連の粛清裁判に対しては厳しい抗議がなされた。アクセル・エッゲブレヒトはオシエツキーの厳しい抗議に関して、これが「オシエツキーの無条件の平和主義に由来するものであることは、今日見落とされている[184]」と述べている。

前節のヨーロッパ統合問題とソ連との関係のところですでに見たように、『ヴェルトビューネ』と『ターゲ・ブーフ』の知識人は当時のヨーロッパ統合に見られるあからさまな反ボルシェヴィズムをよく思ってはいなかった。また『ヴェルトビューネ』と『ターゲ・ブーフ』知識人のなかでは、ソ連への関心は非常に高く、旅行記などが多く書かれ、ソ連の人々の生活の実情を明らかにしようという試みが多く見られた。

このように『ヴェルトビューネ』や『ターゲ・ブーフ』の平和主義者は、当時通用していた反ボルシェヴィズムの態度に対して批判的な立場をとっていたが、ドイツでは反共産主義、反ボルシェヴィズムの裏で、政府レベルで秘密裏に進められていた関係が存在した。ここではドイツ政府とソ連政府との関係に関する平和主義者のコメントを見ていこう。

ジェノヴァ会議とラパッロ条約

ヴァイマル共和国期のドイツ外交においてひとつの分岐点となったのは、ジェノヴァ会議中にドイツとソ連の間で締結されたラパッロ条約であった[185]。ジェノヴァ会議は1922年４月10日から５月19日にかけて第一次世界大戦後のヨーロッパの経済復興計画を議論するためにイタリアのジェノヴァで開催された国際会議である。同年1月のカンヌでの連合国最高会議によって開催が決定されたもので、第一次世界大戦後初めてドイツとソ連も招かれた。しかし賠償問題は議論から外され、アメリカは参加しなかった。1922年4月8日号の『ターゲ・ブーフ』では、この会議が経済の根本的な問題が議論されてはならない「奇妙な経済会議」と表現されている[186]。『ターゲ・ブーフ』では、ジェノヴァ会議において問題になっているのはフランスとイギリスのどちらがヨーロッパの支配者になるかということであり、経済復興会議としての成功は望めないだろうとの予測がなされた[187]。そして別の記事では、そもそもドイツからは75名もの代表をジェノヴァに送っているが、それは46人のフランス、33人のソ連、そしてカナダやインド、ニュージーランド、南アフリカを含めての代表としてのイギリスの85人に対してはるかに多いものであったと述べられ、ドイツは本当にそれほど大勢の人間を派遣する必要があったのか。それはただそこに参加したいという気持ちだけのものであって中身が伴わず、その予算は無駄ではなかったのかということが問われている[188]。

このような停滞した会議の雰囲気のなかで、世間を驚かせたのが4月16日にジェノヴァ郊外のラパッロでドイツとソ連の間に締結されたラパッロ条約であった。これはジェノヴァ会議の期間中、同年2月に外相となったドイツ代表のラーテナウと外務人民委員としてソ連を代表したゲオルギー・チチェーリンにより秘密裏に進められていたものであった。ラパッロ条約の締結によって、ソ連とドイツは国交を正常化し、相互に軍事費や損害の賠償を放棄し、外交関係を再開することとなった。第一次世界大戦後のドイツにとって初めての自主的な外交であり、またそれは革命後に国際社会から疎外されていたソ連にとっても同様であった[189]。

ラパッロ条約はソ連と手を結んだことを批判する右翼を除き、当時のドイツ社会で概ね歓迎されたが、『ターゲ・ブーフ』誌上でもラパッロ条約に対する肯定的な見方は共通していた。4月22日号の巻頭記事では、ラパッロ条約について、ビスマルクが政治の世界から退いて以来、何十年かぶりにイギリスに向かっていた政策が方向を変え、政治上の安全保全原則を考慮し、東に向いたということを評価している。だが果たしてそれはうまくいくのであろうか。「商売人ラーテナウを知るものは、事前にしっかりと探りをいれ、計算することなしに彼が行動への渇望にかりたてられることはないということを知っている」[190]。また同号の『ターゲ・ブーフ』の「経済日記」でもラパッロ条約が「センセーショナルな印象を与えた」ものとして取り上げられている。ラパッロ条約は2つの点で「画期的な」ものである。それはこの条約が戦勝国の意志を気にせずに、ドイツ自らの意志で第三者との関係を築いたものであること、そしてより重要なのは、この条約が純粋に経済的に評価されうるものだということである。「経済日記」によれば、ラパッロ条約は実際に支払い能力のない二つの国がお互いに破産を受け入れるものであった。ドイツとソ連はいまや私生活の権利と道徳の基準を国家のあり方にも引き継いだのであり、破産を認めたことで、自由な再出発を迎えるのである。これこそがこの条約の画期的な点であり、「ヨーロッパを救うことになる、おそらくは唯一の道」を示したのである[191]。また別の号では、ラパッロ条約は「喜ばしい出来事」として受け止められたが、経済的な利益そのものを考えると期待しすぎてはいけない。なぜならソ連には生産者としても消費者としてもまだ力がないからであるとの注意がなされているが、ラパッロ条約はこれによりすぐに利益がもたらされるのではなく、将来を考えるために必要なものであるとも述べられている[192]。つまりはドイツの今後のための画期的な条約として受け止められたのであった。

なお、ラパッロ条約については、ドイツとソ連の外交の自立性と独自性、イギリス・フランスとの緊張関係といった問題から議論されるほかに、ドイツ国防軍とソ連の赤軍の軍事提携と秘密再軍備という観点から取り上げられる。しかし『ターゲ・ブーフ』の1922年のラパッロ条約締結前後の記事を見るかぎりは、両国の軍事提携について記しているものはない。『ヴェルトビューネ』でも同様で、イストファン・デーアクによれば、同年8月に両国の軍事提携の噂が立ったときには、『ヴェルトビューネ』の寄稿者たちはこのことを「そうならばひどすぎる」として信じることができなかった[193]。しかしその後チチェーリンと国防軍統帥部長官ハンス・フォン・ゼークトの間の秘密軍事協定の存在が広く知られるようになる。

その後、外相シュトレーゼマンのイニシアチブのもとでソ連との間にベルリン条約が締結された際には、議論の方向性はラパッロ条約の時とは変わっている。ベルリン条約は、1926年４月24日に締結され、同年６月29日に批准されたものである。この条約の内容は原則的に、1922年のラパッロ条約を補填するものであった。同時にドイツが西欧各国とロカルノ条約を締結したあとで、それを東方へも追加しようという意味を持っていた。ドイツとソ連両国はベルリン条約によってさらに政治的経済的協力を求めたのであった。第三国に攻撃を受けた際には中立を守ることが規定された。

ベルリン条約は全体としてドイツ社会のなかで歓迎されたようであった。シュヴァルツシルトは「あらゆる新聞雑誌でお祝いの鐘が鳴り響き、外交委員会ではすべての政党が満場一致である（例外なくすべての政党である！）。ロシアとの条約、『ベルリン条約』が完成したのだ！[194]」と説明している。しかしながらシュヴァルツシルト自身がそうであったように、この条約に対して批判的な見解が『ヴェルトビューネ』と『ターゲ・ブーフ』で見られる。この条約はロカルノ条約締結のすぐ後に結ばれたために、ロカルノ体制をあやうくするもの、西側各国への挑戦として受け止められた。例えばシュヴァルツシルトはベルリン条約に関する６ページにわたる論稿のなかで、この条約に至るまでのシュトレーゼマンの外交を「正しく勇敢な外交」と高く評価し、また、ベルリン条約を法的に分析して「この条約を締結するためのドイツの権利は、疑う余地のないものであり、また疑われるべきものでもない」としているが、彼は続けて「しかし政治は法律家の口出しする問題ではない」とし、ベルリン条約の締結は法律上ではないところに問題があるとした。

> 「これは、私が恐れるに、シュトレーゼマンと［ハンス・］ルターの外交でなされた最初の重大な、後に影響を残すような過ちである（無論立腹からの過ちである！）。それ自体間違っているし、型としても間違っている。なぜならこれは、当事国そのもの間の事件だけでなく、当事国と第三国の間の事件を扱うドイツの戦後初めての条約である。このような条約はグループ分けをするための前工程である。そしてこうした条約は常に安全保障のために締結されているにもかかわらず、たいてい反対のことを保障するものである（そしてわが国の国家主義者たちお気に入りの焦げ臭いにおいがまさにそうしたものなのである[195]）」。

シュヴァルツシルトが指摘したベルリン条約の問題点は、1927年にイギリスとソ連との関係が緊張状態に入ったときに明らかになった。このときヒラーら革命的平和主義者グループは彼らの態度を表明した。彼らはこの条約を基盤に行動しようとしたのであった。少し長くなるが、彼らがあげている3つの項目のうちここではとくに重要と思われる2項を引用してみよう。

「**革命的平和主義者グループ**は、英露の紛争に対して以下のような声明を採択した。Ⅰ.イギリス帝国主義によって開始されたソ連に対する攻撃が軍事的形態を取るとすれば、戦争を始めたり戦争を挑発したりするのが、イギリス自身であれ、ポーランドであれ、あるいはそのほかの国であれ、ロシアに対して向けられた出兵へのドイツの参加は国際連盟規約で定められていないし、1926年4月24日の独ソの条約によって禁止されてもいる。ロシアに対する経済的あるいは財政的ボイコットへの参加も、ドイツはこの条約によって禁止されている。ロシアに対して向けられた軍隊がドイツの領土を進軍することをドイツが他の国に対して許可するならば、これはドイツがロシアに対する戦争に参加しているのと同じことであろう。ドイツは成立しつつある反ロシア連合に決然と反対するという課題を国際連盟の中で有している。そしてこの連合に決して参加しないこと、法的に決定された中立を断固として守ることを明確に宣言しなければならないのである。Ⅱ.社会主義者にとってはこれについては法的な問題以上のことが問題となってくる。資本主義の搾取体制を根本的に打破し、社会主義的経済秩序の基礎を据え、正義の社会の実現を精力的に始めた地球上唯一の国家の存在――このような国家の存在がかかっているのである。ロシア主義に対抗してではない――ロシアで勝利を収めたプロレタリア革命に対抗して、保守的なイギリスは資本主義諸国家を集めようとしているのである。恐るべき戦争が始まれば、この戦争が国民間の戦争になることは全くない。これは人間的な関わり［Gesellung (sic!)］や礼節が低いレベルからの高いレベルに対する戦争になるのである。新しい、上昇しつつある、価値のより高い文化への、死に絶えつつある古い劣等の文化からの予防戦争である。古い側は新しい側の勝利をおそれているのだ。このような戦争では、革命的な人々にとって道徳的に中立はありえない。彼らの心は、未来の息吹が吹き込む国のために鼓動しているのだ。ソヴィエト・ロシアは滅亡してはならない。われわれはそれを守ることを援助しなければならない[196]」。

ソ連との関係においてベルリン条約以上に『ヴェルトビューネ』と『ターゲ・ブーフ』の知識人が問題としたのは、ドイツ国防軍とソ連の赤軍の軍事提携であった。オシエツキーは1926年12月、この問題について次のように述べている。

「『前進』が取り上げた『マンチェスター・ガーディアン』紙による独露の秘密協力の暴露は、ドイツ国民主義者よりもむしろ共産主義者を狂喜させた。もっともなことだ。

右翼にとってはなにも新しいことではなく、共産主義者にだけ冷や水をかけられたようになったのだ。したがって共産主義者の憤激の信憑性については疑いの余地はない。例えばピークお父さん［共産党の政治家ヴィルヘルム・ピーク］が全部いんちきだと叫んだときも、彼がそれを正しいと信じて行動していたことは確かなのだ。なぜならわれわれの共産主義者たちは陰謀好きでも陰謀的でもなく、正直そのものである。この正直さは選ばれた指導者のところで、それが良俗に反しはじめたレベルに達したのだ。『前進』の行動は、王侯の財産没収の際の共産主義者の態度に対する復讐として彼らに数ポンドの肉を体から切らせようとしたものであり、それ自体はもちろんよかれと思って行われたことであった。『前進』にとって本当にすべてが重要であるとすれば、同紙は国防省とロシア外務省との間の私的な協定の持つ目的についてもっとはっきりと言及しなければならなかっただろう。このように読んでみると、ロシア人がとどのつまりはヴィルヘルム２世を武力とともにまた引っ張り出してくるとほとんど受け止められるのである。ポーランドに対する共通の敵対心が主要な動機であることは、勇敢な暴露者たちも明るみにすることを避けている。というのは、彼らもまた外務省によって導入された反ポーランド政策を信じ切っているからであり、そしてまた彼らが、現在ドイツ・ポーランド協調より他に差し迫った問題はないということを受け止める気も全くないからである。

ドイツの共和主義者はしかしながら、モスクワの陰険さについての彼らの叫び声を見逃さないだろう。ロシア人は厳しい現実主義者で、力のありそうなところだけを訪ねるのだ。チチェーリンの代理人がドイツ中を慎重に偵察した後で結局のところヘルマン・ミュラーやエーリヒ・コッホではなく、ゼークトのところに現れたのであれば、そこにはわれわれ共和主義者が熟慮しなければならないような見積もりがあったということだ[197]」。

ドイツとソ連の間の軍事的協力関係は1930年になっても問題視された。『もうひとつのドイツ』は「ロシアにおけるドイツの将軍たち」という題で、２名の国防軍将軍が長い間ソ連に滞在したことを報道してこう述べている。「彼らが共産主義の思想への共感からそこへ赴いたということは受け入れられない。むしろ思い出されるのは、両氏の特別な知識から、赤軍とドイツ国防軍のかつての航空機の秘密製造に関する交渉である。この旅行も公の任務で行われたものなのだろうか[198]」。そして続けてこう述べられている。

「世界的な軍縮のためのすばらしい構想は、こうした軍縮をいかなる方法をもってでも妨害しようと試みる勢力と和解することだということを、ロシアは考慮するべきである。そしてグレーナー国防相は、前任者から遺産を受け継いだ後で、不法な陰謀の疑いをすべて避けなければならないということを考慮しなければならない。彼はこれまでまだ一度もゲスラー体制を克服するために何かを始めてはいないのだ[199]」。

ソ連とドイツとの関係に関する記事から見えてくるのは、秘密裏に行われている政策に対する批判である。とくに批判の矛先はソ連よりも、むしろドイツ外務省あるいはその背後にある国防軍に向けられた。ボルシェヴィズムに対する賛否という問題ではなく、ドイツの軍拡の問題、そしてロカルノ体制などと同じく、ヨーロッパの安全保障の問題として受け止められたのであった。

ポーランドとの関係

ドイツとポーランドとの関係は、ヴァイマル共和国期を通して難しいものであった。両国の関係修復の難しさを露呈したのは、すでに述べたようにドイツが国際連盟に加盟する際の常任理事国の席をめぐる問題であった。ゲルラハはこれに関して1927年になってもなお、「ドイツの現在の外交の状況はポーランドとの闘争によって支配されている[200]」と述べている。そしてとくにヴァイマル共和国の末期には、賠償金問題の解決が近づくにつれ、通商条約や未解決の経済問題が再び緊急のものになったのであった[201]。そのため「今日原則的には、ドイツにとって戦争の危険を意味するのは、ただひとつの政治的な問題だけがある——**ドイツのポーランドとの関係という問題である**[202]」、あるいは「ポーランドに対する風潮は——すぐにでも戦争の火種が起こりそうな風潮なのだが——1914年の戦争以前の*セルビア*という小国に対するオーストリア＝ハンガリーに見られた風潮に驚いてしまうくらい似ている[203]」と書かれたのであった。

一方、平和運動の側はポーランドに関しても関係修復に努力してきた。ドイツ人権同盟のプログラムには、ポーランドにも人権同盟が設立されたことが記され、ドイツ人権同盟とポーランドの平和団体との共通の活動計画があげられている。このなかでは「ドイツとポーランドの協調は国際協調を顧慮して目指されなければならない。これは正義、真実そして善意という手段でのみ成功するのである」といった原則的なものから、両国の相互理解のために例えば、少数民族問題の民族学的および統計学的研究や、ビザやパスポート携帯の廃止にまで至る旅行の自由、両国双方の側からの国境を越えた鉄道建設、両国国民に対して帰化をできるかぎり可能にすること、などといった具体的な要求もあげられた。さらに教育の問題や文化や学問の交流なども求められている。[204]

さらにドイツ平和協会の活動については次のようにまとめられる。平和協会の平和主義者たちはフランスとポーランドとの協調政策にともに参加した。とくにここで積極的だったのがキュスターの西部ドイツ支部であった。このグループはフランス革命の理想とドイツ啓蒙主義の理想を引き継いでいると自覚しており、第一次世界大戦でのドイツの戦争責任を追及するという点から、ヴェルサイユ条約によって引かれた国境線の承認を支持したのであった。そして国境の修正なしに現状のままでポーランドとの協調を進めようとした。一方で、ドイツ平和協会の役員や平和主義者の一部には、より一層ドイツの国民的な利益を強調するものもあり、1925年にロカルノ条約でフランスの東部国境を承認はしたものの、ポーランドの領土を保障する準備はできておらず、ドイツ東部国境の厳密に平和的な修正を要求したものもいた。[205]

ポーランドとの関係で問題になったのは、国際連盟の常任理事国の席だけではない。大きな課題はシュレージエンをめぐる問題であった。北シュレースヴィヒ、ポーゼンの領土の喪失だけでなく、ポーランド回廊によってドイツから東プロイセンが切り離されたこと、つまりオーバーシュレージエンの豊かな工業地区をポーランドによって失ったことは、ドイツにとって予想できずショックなことであった。オーバーシュレージエンの将来は、ヴェルサイユ条約では人民投票で解決することが合意された。1921年３月に行われた人民投票では投票は分裂し、有権者の約５分の３がドイツ所属に投票した。ここではドイツ、ポーランド両国民が混在していたために、双方に受諾可能な国境線を引くことは不可能であった。この任務を引き受けた国際連盟の委員会は、ドイツとポーランドの双方によって、公平でないとして批難された。「ドイツ人は著しく失望した。というのは、主にドイツの都市であるカトヴィッツがポーランドに入り、かつ少なくとも石炭と鉄鋼地帯の４分の３がポーランド側に入ったからであった[206]」。ドイツとポーランドの緊張関係は、1931年３月のオーバーシュレージエンでの国民投票後、さらに厳しいものになった。この投票では60パーセントの人々がドイツへの帰属に投票したのであった。

『ヴェルトビューネ』と『ターゲ・ブーフ』の知識人のなかでは、トゥホルスキーの立場について触れておく必要があるだろう。トゥホルスキーは1920年7月、反ポーランドの風刺新聞『ピエロン』の編集を引き受け、一時期ここで働いている。この新聞を使って政府は、オーバーシュレージエンでの国民投票の際に政府の有利になるように影響を与えようとしていたのであった。[207)]

だがトゥホルスキーのこうした態度は（これはいずれにせよ一時的だったのだが)、少数派であったと言えよう。全体として言えば、『ヴェルトビューネ』と『ターゲ・ブーフ』の記事では、ヴェルサイユ条約で引かれたポーランドとの国境線を認めていたように読み取れる。両誌ではポーランド領に住むドイツ人少数住民の問題、つまりドイツ政府がポーランドでドイツ人が弾圧を受けているとして国際連盟に訴えたことに関しての記事が多く見られる。これに関して『ターゲ・ブーフ』では「ポーランドのドイツ人のためには、この隣国に対する*われわれの直接的な関係の修復*は、*間接的な関係の悪化*以上に多くのことをしてやれるだろう[208)]」と述べられている。

平和主義者たちは、むしろドイツとポーランドの少数住民をめぐる対立の背後にあるドイツの修正主義的な政策を警告していた1931年になっても、『ターゲ・ブーフ』ではポーランドのピウスツキ体制下で迫害されているのはドイツ人だけでなく、社会主義者もそうであると述べられたが、[209)]「ポーランドとの争いは、東部国境、回廊、そしてオーバーシュレージエンに関する争いであると感じられる[210)]」と書かれた。そしてオシエツキーも『ヴェルトビューネ』上で同様にドイツの修正主義的政策について触れている。

> 「ポーランドに対するドイツの非難は、軍部と国家主義者によって作られた演目であると位置付けられるだろう。つまり今日はまだ国際法的論拠から持ち出されるが、明日には隠しようのない戦争の脅威になっていく、修正キャンペーンのための第一歩である[211)]」。

ソヴィエト連邦とポーランドに関する『ヴェルトビューネ』と『ターゲ・ブーフ』記事からは、両国に対する見解よりもドイツの政策に対する批判が見える。ソ連との関係についてはドイツ国防軍の秘密再軍備が、そしてポーランドとの関係についてはドイツ政府の東部国境修正の政策が批判されていた。

第5節　東アジア問題

『ヴェルトビューネ』や『ターゲ・ブーフ』には、中国に関しても比較的多くの記事が見られる。とくに『ヴェルトビューネ』では、オットー・コールバッハやアジアティクス（ハインツ・グルクツィプのペンネーム）といった中国通が多くの記事を書いていた。オシエツキーもアジアについて大きな関心を寄せている。

『ヴェルトビューネ』と『ターゲ・ブーフ』のなかでの東アジアをめぐる議論は、大きく2つに分けられる。西洋列強（とくにイギリスとロシア）の中国への干渉とこれに端を発した中国の内戦、そしてもうひとつが日本の問題である。

帝国主義国の「餌食」としての中国

中国に関しては、ドイツとの関係というよりむしろヨーロッパとアジアの問題として、いわば「先進国」と「後進国」、帝国主義と植民地の問題として受け止められた。これまでに見てきたどの問題よりも『ヴェルトビューネ』と『ターゲ・ブーフ』の記事は人道主義的な観点からこれを論じている。『もうひとつのドイツ』で「われわれドイツ人はこのような犯罪に関して、かなりの程度同罪である[212]」と述べられているように、中国の内戦はヨーロッパ自身の問題として受け止められたのであった。

当時中国は常に騒乱状態にあったが、この発端にはアヘン戦争以来のイギリスをはじめとするヨーロッパの干渉があった。1911年の辛亥革命は297年続いた清朝支配を崩壊させた。翌年、アジア最初の共和国である中華民国が成立し、中華革命党の革命家孫文が初代臨時大総統に就任した。首都は南京に置かれ、主権在民、立法府の行政府に対する優位などを盛り込んだ臨時約法（憲法）が制定され、民主的な議会制に基づく共和国が目指された。

しかしこの目標は達成されなかった。孫文の次に臨時大総統に就任した袁世凱が北京に首都を移し、北洋軍閥と帝国主義列強を後ろ盾とした独裁体制を確立したためである。だがこうした袁のあからさまな反動に対して反袁闘争が起こり、一方でヨーロッパの帝国主義列強は帝制を延期させようとした。袁は

1915年に中華帝国を宣言するが、翌年にこの帝制は終わりを告げ、袁世凱は失意のうちに急死した。

袁の死後、段祺瑞が北京の政府の実権を握るものの、各軍閥はすでにそれぞれ力を蓄えており、中国を統一するのは不可能な状況にあった。とくに南に地盤を持つ非北洋系の軍閥は段の政府に対して反抗的であり、彼らは孫文と結び、段と対立した。ここから中国は南北に分かれて分裂することになった。

一方、北洋系の軍閥は段祺瑞の安徽派、馮国璋の直隷派、張作霖の奉天派などに分かれて権力闘争を行った。1920年7月には直隷派・奉天派の連合が安徽派をやぶり、22年4月には直隷派と奉天派がたたかって直隷派が勝利、24年9月には逆に奉天派が安徽派と同盟し、日本の支援と直隷派の馮玉祥の裏切りに助けられ、直隷派の支配をくつがえして当時の大総統曹錕を幽閉して北京を制圧するという、いわゆる首都革命を起こした。その後1926年まで段祺瑞が臨時執政となり、混乱期間を経て1927年に奉天派の張作霖が軍政府大元帥となった。

こうした北洋支配の混乱状態のなかで、孫文の中国国民党とソ連のような革命を目指す中国共産党による国共合作が議論されていた。しかし1925年に孫文が死去すると、中国の内戦はその特徴を変えることとなった。

孫文に対しては『ヴェルトビューネ』上にいくつか好意的な記事が見られる。『ヴェルトビューネ』、『ターゲ・ブーフ』上では中国の革命と内戦の問題を「解放戦争」と「階級闘争」と見なすことが多かった。そして孫文はそのリーダーとして評価されたのであった。また、ベアベル・ボルトはオシエツキーが中国の民衆、とくに労働者や農民の意識の目覚めについて希望をもっていたことを明らかにしている[213]。オシエツキー以外にも同様の記事が『ヴェルトビューネ』に見られる。

『ヴェルトビューネ』誌上では、アジアティクスなどの共産主義者が中国の内戦について詳しい報告をするなど、孫文の死後の国民党と共産党の闘争、とくに蒋介石の国民党勢力が軍閥と手を結んでの共産党弾圧について論文が多く掲載されている。

『ヴェルトビューネ』と『ターゲ・ブーフ』の知識人たちが興味を持ったことのひとつに、共産党が力を持つにしたがって予測された中国のボルジェヴィキ化があった。コールバッハの「中国はボルシェヴィキになるのか？」[214]という記事は、この例である。また『ターゲ・ブーフ』では、中国のボルジェヴィキ化を防ぐために国民党を支援すべきだというイギリス人ジャーナリストのJ・L・ガービンの見解が紹介されている。「ロシアのボルシェヴィキはまだ中国の支配者ではない。そして実際、決してそうはならないだろう。国民党が全国的な力と権限をもつようになればなるほど、この国でのボルシェヴィキの役割は小さくなる。『中国を中国人に』は、その言うとおりのことを実際意味しているのである。これは『中国をロシア人に』ではないのだ[215]」。

その後の北伐（北洋軍征伐）と蔣介石の活動、そして長征は、中国の状態をさらに混沌とさせた。1932年の時点でアジアティクスは中国の情勢について、中国の共和国はとうに名目上だけのものになっており、それぞれの派閥が多数の将軍を立てて分裂している。軍隊は教育されておらず、設備もなくモラルもないので、日本に対抗できないとしている[216]。

中国の内戦、そして共産党の勢力拡大の問題は、概してイギリスとソ連の間の勢力争い、あるいは日本とソ連の争いとして理解された。「すばらしい中国通」と『ターゲ・ブーフ』で紹介されたグスタフ・アマンは、同誌上でこう述べている。

「アジアでの暴動はすでにマレー半島とインドを通って小アジアを越え、エジプトにまで到達している。これらすべての国で、反乱は様々な形態と様々な方法を取っている。しかし至るところで目標は同じである。つまり植民地支配からの解放、経済的指示からの独立、そして国民的自治である。至るところでソ連がその背景にいるのである[217]」。

当初、中国に進出する日本の背後にはヨーロッパの帝国主義国の利益（つまりイギリスなど）があると理解されていた。『ヴェルトビューネ』と『ターゲ・ブーフ』では、中国の問題は一方で人道主義的な観点から、市民、農民への困窮状態への同情、そして勃興しつつある大衆の力への期待として書かれ、またもう一方で反帝国主義的な議論として展開された。なお、『ヴェルトビューネ』と『ターゲ・ブーフ』の知識人は、アジアと同様、アフリカにおけるヨーロッパ帝国主義にも憤りを感じていた。それは次のオシエツキーの文章から明らかになる。

「アフリカやアジアの地図の一部にヨーロッパの小さな旗が立てられること、このことは穏やかな享楽を意味してはいない。そうではなく、反乱、戦争、そしてまた戦争！（…）帝国主義は鉱脈や油田のことだけ考えていて、人間のことは考えていないのだ[218]」。

日本の中国侵略

中国のこのような内戦状態は、以前からアジアへ進出していたイギリス、フランスなどの帝国主義国家、そしてとくに第一次世界大戦によって本格的に帝国主義国家、つまり世界国家の仲間入りを果たした日本にとっていわば好都合な状態であった。

明治維新以降、急進的な近代化とヨーロッパ化を進めてきた日本は、アジア最初の帝国主義国となった。1910年に朝鮮を併合した後に日本が目指したのは中国、とくに満州の利権であった。第一次世界大戦において中国は連合国側に参戦して戦勝国の一員となっていたにもかかわらず、ヴェルサイユ条約でドイツの山東権益が日本に与えられた。これに対して1919年５月、五・四運動が起こる。この運動は勝利をおさめ、中国政府は対ドイツ講和条約への調印を拒否したが、1921年には「二十一か条の要求」が出され、中国は日本の衛星国家となった。

日本が満州に進出するにあたって大きな役割を担ったのは、オシエツキーによって「日本の利益の奉仕者[219]」と呼ばれた張作霖であった。『ヴェルトビューネ』には張と日本の関係について分析するコールバッハの記事がある[220]。満州事変後の日本のさらなる動きを止めるべく進出してきたのがアメリカとソ連であり、このうえにイギリス、フランスなど以前から中国進出を目指していた国々が加わって、まさに中国は「帝国主義の獲物[221]」となったのだった。日本や他の国の露骨な帝国主義的侵略に対しての解決策として出されたのが国際連盟の介入であったが、すでに国際連盟に関する記事の分析のところで述べたように、実際には中国問題に対して何もできない国際連盟について、『ヴェルトビューネ』と『ターゲ・ブーフ』両誌では失望観のほうが多く示された。ヴァルター・アベルは、日本が制裁を受けていないことについて「国際連盟の『終身』総監督、監察官、助言者」である事務総長サー・ジェームズ・エリック・ドラモンドの無能を批判し、大国の秘密条約によって中国が犠牲になっているが、それに対して国際連盟はなすすべがないと述べている。[222]

「国際連盟は戦争を予防するために設立された。日本は中国に対して［戦争を］行っている。国際連盟は何をしているのだ？レコードのように同じ事を繰り返しているだけだ」。[223]

『ヴェルトビューネ』の記事には、このように帝国主義を批判し、中国を擁護する記事が多く見られた。帝政からの解放戦争と同様、反帝国主義戦争としての中国人の闘争にも『ヴェルトビューネ』と『ターゲ・ブーフ』の知識人たちは大きな関心をむけ、期待をかけたのであった。

日本の満州侵略の背後には各国の利害が入り乱れていたが、『ヴェルトビューネ』ではフランスと日本との裏取引が示唆されている。W・コールペッパーはフランスと日本との関係を指摘し、フランスが満州事変に関して特別な抗議をしなかった裏には、日仏間の協定があると述べた。それは、インドシナの利権、軍縮会議で日本がフランスの有利になるように動くこと、日本はフランスから資金を借りること、であった。コールペッパーは、フランスが満州事変が起こることを事前に知っていたのではないかとしている。[224]

さらに中国問題の背後にあるドイツの利益に言及するものもいた。ドイツは第一次世界大戦の敗戦で植民地を失い、中国の山東省での利権も失っていて、直接的には中国の問題に関わらなかったと言える。しかし中国に対して武器を輸出しているという疑惑があらわれ、平和主義者たちはこの追及に尽力した。ルドルフ・ブラウネの記事では、中国への日本の進出がドイツの経済をうるおしていることが指摘されており、軍需産業の問題として受け止められている。彼はドイツが武器の輸出で利益を得ることについて批判したのであった。ブラウネはまた、日本のハルビンへの侵攻がソ連に対する攻撃と受け止められ、このことによって日本はヨーロッパ各国から共感を得るだろうと述べるものがいることに対して、「この『共感』という漠然とした言葉は、明確な商用語に翻訳するとこうなる。機関銃、ガス砲列、拒馬、塩素…」[225]と書いたのであった。

一方、日本におけるファシズムの高揚に対しても関心が払われている。ドイツのナチズムとの比較がなされたり、また日本政府による社会主義者の弾圧に対しても記事が書かれるなどした。そのなかでレードは日本のファシズムを分析し、日本の愛国主義の宗教的側面を指摘している。

「愛国主義は樹木のようなものであり、その枝はしばしば奇妙な花をつける。熱狂から愚考に至るまではわずかな一歩しかない。日本人に関して奇妙なのは、彼らが米を食べたり、ヨーロッパを旅行しながら学問を身につけたり、切腹をしたり、宣戦布告することなく戦争をしたりするのと全く同じ不気味な表情でこの一歩を進んでいることである。そして、彼らはその政治の目標に到達すると、上手な柔術使いで領土を征服して打ち負かした敵と心から握手をし、いつもの愛想よさでこう言うのである。『私たちは友人であらなければならないと、あなた方の国民に伝えてください』。

彼らの顔は仮面のようで、時々全く気が狂ったように振る舞い、そして根本的にはおそろしく合目的的である。彼らの愛国主義は、われわれ使い古されたヨーロッパのものとは違う。彼らの愛国主義はまだ常に宗教なのであり、そうである限りよいものではないのだ[226]」。

リヒャルト・ヒルゼンベックは、日本の満州侵略をボルシェヴィズムとの戦いという観点から説明している。彼は「日本の満州侵略は昨日今日始まったことではない」として、日露戦争から関係付けて説明し、そのうえで「日本人の行動はあまりにも典型的な資本主義・帝国主義的行動であるので、資本主義的なヨーロッパは——アメリカは言うまでもなく——そこに自らの心臓の鼓動を感じることになり、なんてけしからぬ卑劣な行為が始まったのだ、などとは言えないだろう[227]」として、資本主義の腐敗の問題として批判した。

また日本の軍国主義化が本格化した五・一五事件についても取り上げられている[228]。アジアティクスは「国本社の血痕のなかに」という記事で、右翼団体「国本社」と五・一五事件について言及し、国本社の国粋主義を平沼騏一郎、斉藤実、荒木貞夫などの名をあげて説明し、平沼らの勢力が大きくなっていることを指摘して、彼らが現在は日本の外交を取り仕切っていると述べた。そしてその外交とはまさに戦争に他ならないものであるとしている[229]。また、ケスラー伯も五・一五事件の翌日、日記にこう記している。

「ヴァン湖にヴィーラント・ヘルツフェルデを訪ねる。夫人も交えてコーヒーを飲む。彼の話では、今日のラジオは、日本の軍部の士官たちが首相犬養を殺害し、東京各所に爆弾を投じたというニュースを報じたそうだ。これは中国とロシアに対する戦争を強要する極右ナショナリストたちの陰謀なのである。東アジアには、先行きどうなるかわからぬ緊張の存在を示す恐ろしい徴候がある[230]」。

日本の右傾化を危惧する論調は『ヴェルトビューネ』『ターゲ・ブーフ』双方に見られた。A・F・シュルテスは『ヴェルトビューネ』に「日本とイタリア」という論文を掲載し、日本の多くの右翼団体、愛国団体の活動、政治家に対する暗殺や攻撃を紹介している。彼はこうした諸団体が政治家から資金援助を受けていると指摘し、日本の愛国団体の活動や目的をイタリア・ファシズムと比較して分析している。シュルテスによれば日本の愛国団体は「すべて伝統的な日本の家族制度と日本国民の特徴の保持を支持するためにある。彼らは国体と天皇家を守ろうとする。国体と天皇家は彼らにとっては、忠実さと畏敬の念という日本のふたつの主要な美徳を具現化するものなのである。彼らは社会主義と共産主義から、そして同時に資本主義の傲慢さからも国を守ろうとするのである[231]」。そして最後に、シュルテスは日本の批評家の言葉を引用して「にもかかわらず彼らの理想は、彼ら以外に誰にも理解できるものではないのである[232]」と述べたのだった。

東アジアの問題に関する『ヴェルトビューネ』『ターゲ・ブーフ』の記事からは、両誌の知識人の中国や日本の問題に対する関心の高さに加え、彼らがこれをヨーロッパとアジア、帝国主義とその犠牲、侵略国と被侵略国という図式で捉えていたことが明らかになる。なお、管見のかぎり朝鮮に対する日本の侵略に関する記事は見られなかった。

1） Marianne Brink, *Deutschlands Stellung zum Völkerbund in den Jahren 1918/19 bis 1922 unter besonderer Berücksichtigung der politischen Parteien und der Pazifisten-Vereinigungen*, Berlin 1968, S.186.

2） Lütgemeier-Davin, *Pazifismus zwischen Kooperation und Konfrontation*, S.29.

3） Günter Höhne, „Deutsche Liga für Völkerbund（DLfV）“, in: Dieter Fricke（Hrsg.）, *Lexikon zur Parteiengeschichte*, Bd.2, Köln 1984, S.9.

4） A. v. Borries, „Harry Graf Keßler“, in: Donat/Holl, *Die Friedensbewegung*, S.228, vgl. auch: Wolfgang Benz（Hrsg.）, *Pazifismus in Deutschland. Dokumente zur Friedensbewegung 1890-1939*, Frankfurt a. M. 1988, S.144-153.

5） „Das Kasseler Programm der DFG von 1919“, in: Appelius, *Zur Geschichte des kämpferischen*

Pazifismus, S.150.

6） Brink, *Deutschlands Stellung zum Völkerbund*, S.25f.

7） Lehmann-Russbüldt, *Der Kampf der Deutschen Liga für Menschenrechte*, S.94.

8） Ebenda, S.105.

9） Karl Holl, „Die deutsche Friedensbewegung in der Weimarer Republik und ihre Ideen und Initiativen für den Weltfrieden", in: Jacques Bariéty/Antoine Fleury（Hrsg.）, *Friedens-Bewegungen und-Anregungen in der internaitonale Politik*, Bern 1987, S.161, vgl. auch: Lütgemeier-Davin, *Pazifismus zwischen Kooperation und Konfrontation*, S.195.

10） Hellmut von Gerlach, *Ein Demokrat kommentiert Weimar. Die Berichte Hellmut von Gerlachs an die Carnegie-Friedensstiftung in New York 1922-1930*, Bremen 1973, S.141.

11） Gerlach, „Auswärtige Politik", in: Fabian/Lenz（Hrsg.）, *Die Friedensbewegung*, S.146.

12） Ebenda, S.148.

13） Hans Wehberg, „Die Völkerbundexekution und die Sicherung Frankreichs", in: *Friedens-Warte*, 24.Jg./1924, S.312f, zitiert aus: Grünewald, *Nieder die Waffen!*, S.101.

14） Kurt Hiller, „Sicherung durch militärische Gewalt", in: *Friedens-Warte*, 24.Jg/1924, S.315f, zitiert aus: Grünewald, *Nieder die Waffen!*, S.102. パルモーア卿はチャールズ・クリップスのこと。イギリスの国際連盟思想の支持者。

15） Krüger, *Die Außenpolitik der Republik von Weimar*, S.312.

16） Hans Natonek, „Vom Völkerbund", in: *WB*, I, 16.3.1926, S.406.

17） Heinz Pol, „Das Fiasko von Genf", in: *WB*, I, 23.3.1926, S.439.

18） Fr. W. Foerster, „Deutschland in Genf", in: *WB*, I, 30.3.1926, S.479-483.

19） Ludwig Quidde, „Deutschlands Rolle in Genf", in: *WB*, I, 6.4.1926, S.519-523.

20） C.v.O., „Vanity Fair", in: *WB*, II, 14.9.1926, S.401.

21） Felix Stössinger, „Englands Rolle in Genf", in: *WB*, I, 13.4.1926, S.559-563

22） Kurt Hiller, „Brief an einen „Kontinentalen"", in: *WB*, I, 20.4.1926, S.607.

23） Leopold Schwarzschild, „Genfer Geburtswehen", in: *TB*, 13.3.1926, S.400.

24） O.V., „Deutschland Mitglied des Völkerbundes", in: *AD*, 11.9.1926.

25） Ebenda.

26） Carl v. Ossietzky, „Genf – Stresemann – Clemenceau", in: *WB*, II, 17.8.1926, S.239f.

27） O.V., „Die Völkerbundstagung in Genf", in: *AD*, 17.9.1927, Nr.37.

28） C.v.O., „Vanity Fair", S.401.

29） O.V., „Die Völkerbundstagung in Genf".

30） C.v.O., „Vanity Fair", S.399.

31） O.V., „Tagebuch der Zeit", in: *TB*, 12.3.1927, S.406.

32） O.V., „Der japanisch-chinesische Konflikt. Der Völkerbund muß durchgreifen", in: *AD*, 26.9.1931.

33） Richard Kleineibst, „Der Völkerbund hat versagt. Was nun?", in: *AD*, 5.12.1931.

34） Carl v. Ossietzky, „Völkerbund ohne Völker", in: *WB*, II, 14.12.1926, S.907f.

35） O.V., „Die Völkerbundstagung in Genf".

36） Walther Rode, „Völkerbund April 1930", in: *WB*, I, 15.4.1930, S.605.

37) O.V., „Mussolini sabotiert den Völkerbund", in: *AD*, 3.12.1927.

38) Dr. Ludwig Bauer, „Gibt es einen Völkerbund?", in: *TB*, 20.9.1930, S.1505.

39) Ebenda, S.1507.

40) Ebenda, S.1511.

41) Prof. Dr. Hans Wehberg, „Verteidigung des Völkerbundes", in: *TB*, 11.10.1930, S.1633.

42) Dr. Hans Wehberg, „Der Völkerbund als radikaler Pazifist", in: *AD*, 31.7.1926.

43) Heinrich Ströbel, „Wie organisieren wir den Frieden?", in: *AD*, 8.10.1932.

44) Hans Natonek, „Vom Völkerbund", in: *WB*, I, 16.3.1926, S.406.

45) 不戦条約については、牧野雅彦『ロカルノ条約――シュトレーゼマンとヨーロッパの再建』中央公論新社、2012年、柳原正治「戦争の違法化と日本」国際法学会（編）『日本と国際法の100年　第10巻　安全保障』三省堂、2001年、274-279頁、河上暁弘『日本国憲法第９条成立の思想的淵源の研究――「戦争非合法化」論と日本国憲法の平和主義』専修大学出版局、2006年、三牧聖子「戦争違法化思想とアメリカ外交」『東京大学アメリカ太平洋研究』第13号、2013年３月、22-31頁を参照。

46) 日本語訳は歴史学研究会（編）『世界史史料10　二〇世紀の世界Ⅰ』岩波書店、2006年、154頁から引用。もともとの出典はForeign Office, *British and Foreign State Papers, 1928, Part I,* Vol. CXXVIII (London, 1932), pp.447-449.

47) 河上『日本国憲法第９条成立の思想的淵源の研究』、三牧「戦争違法化思想とアメリカ外交」を参照。

48) 牧野『ロカルノ条約』155-156頁を参照。

49) Carl von Ossietzky, „Wien, Wien, nur du allein...", in: *WB*, I, 31. 7. 1928, S.154.

50) Ebenda, S.155.

51) Ebenda.

52) Ebenda.

53) Rudolf Friedmann, „Stresemann in Paris", in: *WB*, II, 4.9.1928, S.382.

54) Arthur Goldstein, „Anglo-amerikanisches Duell", in: *WB*, II, 14.8.1928, S.239.

55) Gerhard Donath, „Rußland und der Friede", in: *WB*, II, 25.9.1928, S.472-476.

56) Gerhard Donath, „Die neue Entente", in: *WB*, II, 9.10.1928, S.543-547.

57) Carl v. Ossietzky, „Die pariser Niederlage", in: *WB*, II, 4.9.1928, S.347.

58) 三牧「戦争違法化思想とアメリカ外交」28頁。

59) Kurt Hiller, „Kelloggiana", in: *WB*, I, 12.3.1929, S.397.

60) Ebenda, S.398.

61) 高田敏／初宿正典（編訳）『ドイツ憲法集』第５版、信山社、2007年（初版1994年）、123頁。

62) Hiller, „Kellogiana", S.396.

63) Karl Holl, *Ludwig Quidde (1858-1941). Eine Biografie*, Düsseldorf 2007 S.416f.

64) 竹本真希子「来るべき戦争への警告――ヴァイマル共和国時代の平和論から」『専修史学』第40号、2006年３月、30-48頁。

65) Ignaz Wrobel (= Kurt Tucholsky), „Die großen Familien", in: *WB*, I, 27.3.1928, S.473.

66) Dietrich Harth, „Deutscher Pazifismus – Ein gescheiterter Emanzipationsversuch", in: Dietrich Harth/Dietrich Schubert/Ronald Michael Schmidt (Hrsg.), *Pazifismus zwischen den Weltkriegen. Deutsche Schriftsteller und Künstler gegen Krieg und Militarismus 1918–1933*, Heidelberg 1985, S.17.
67) Wolfram Wette, „Von Kellogg bis Hitler (1928–1933)", in: Karl Holl/Wolfram Wette (Hrsg.), *Pazifismus in der Weimarer Republik. Beiträge zur historischen Friedensforschung*, Paderborn 1981, S.171.
68) „Ossietzky spricht. Nach Notizen von Johannes Bückler", in: *WB*, II, 5.7.1932, S.9.
69) Ossietzky, „Völkerbund ohne Völker", S.907.
70) O.V., „Tagebuch der Zeit", in: *TB*, 17.10.1925, S.1548.
71) Ebenda, S.1545f.
72) Ebenda.
73) Jules Sauerwein, „Locarno", in: *WB*, II, 27.10.1925, S.630.
74) O.V., „Tagebuch der Zeit", in: *TB*, 7.11.1925, S.1657.
75) O.V., „Tagebuch der Zeit", in: *TB*, 31.10.1925, S.1621.
76) Morus, „Stresemann", in: *WB*, I, 27.3.1928, S.494.
77) Heinrich Ströbel, „Gustav Stresemann", in: *AD*, 12.10.1929.
78) Gerlach, *Ein Demokrat kommentiert Weimar*, S.90.
79) 野村彰「クルト・トゥホルスキーとワイマール時代」クルト・トゥホルスキー／ジョン・ハートフィールド、野村彰（訳）、平井正（解説）『ドイツ　世界に冠たるドイツ』ありな書房、1982年、290頁。
80) Behmer, *Von der Schwierigkeit, gegen Illusionen zu kämpfen*, S.253.
81) Leopold Schwarzschild, „Stresemann", in: *TB*, 12.5.1928, S.787.
82) Hanns-Erich Kaminski, „Stresemanns Vermächtnis", in: *WB*, I, 26.4.1932, S.620.
83) Ebenda, S.618.
84) Carl v. Ossietzky, „Die Kriegspartei", in: *WB*, I, 21.6.1927, S.968.
85) Carl v. Ossietzky, „Viribus unitis", in: *WB*, I, 22.3.1927, S.439.
86) Carl v. Ossietzky, „Kompromiß und Klarheit", in: *WB*, II, 7.12.1926, S.874.
87) O.V., „Tagebuch der Zeit", in: *TB*, 28.5.1932, S.816ff; *Montag Morgen*, 19.4.1926など。
88) Carl v. Ossietzky, „Die große Verwirrung", in: *WB*, II, 11.10.1927, S.547.
89) Dr. h. c. Freiherr v. Schoenaich, Generalmajor a. D., „Ist Stresemann Pazifist?", in: *AD*, 24.12.1926.
90) H. Ströbel, „Stresemanns Stahlhelm-Locarno", in: *AD*, 2.10.1926.
91) Berthold Jacob, „Stahlhelm und Stresemann", in: *WB*, II, 28.9.1926.
92) O.V., „Tagebuch der Zeit", in: *TB*, 18.12.1926, S.1928.
93) Barkeley, *Die Deutsche Friedensbewegung*, S.76.
94) O.V., „Foerster und Mertens im englischen Urteil" (Bemerkungen), in: *WB*, II, 27.9.1927, S.504.
95) Lehmann-Russbüldt, *Der Kampf der Deutschen Liga für Menschenrechte*, S.107.
96) O.V., „Tagebuch der Zeit", in: *TB*, 4.2.1928, S.172f.
97) Carl v. Ossietzky, „Freund Frankreich", in: *WB*, II, 28.9.1926, S.482.

98) Barkeley, *Die Deutsche Friedensbewegung*, S.95.

99) ハリー・ケスラー、松本道介（訳）『ワイマル日記』〈下〉冨山房、1994年、619頁。

100) Carl v. Ossietzky, „Abschied von Stresemann“, in: *WB*, II, 8.10.1929, S.537.

101) クーデンホーフ＝カレルギーについては、Reinhold Wagnleitner, „Richard N. Graf von Coudenhove-Kalergi“, in: Donat/Holl (Hrsg.), *Die Friedensbewegung*, S.68f; Rolf Italiaander, *Richard N. Coudenhove-Kalergi. Begründer der Paneuropa-Bewegung*, Freundenstadt 1969; Karl Holl, „Graf Coudenhove-Kalergi und „Paneuropa““, in: Heinz Duchhardt (Hrsg.), *Europäer des 20. Jahrhunderts. Wegbereiter und Gründer des »modernen« Europa*, Mainz 2002, S.11-37など。筆者のこれまでの論稿ではCoudenhove-Kalergiをドイツ語読みし、「クデンホーヴェ＝カレルギ」と記していたが、北村厚氏のクーデンホーフと発音するのが正確であるという指摘にならい「クーデンホーフ＝カレルギー」と記載することにする。北村厚『ヴァイマル共和国のヨーロッパ統合構想——中欧から拡大する道』ミネルヴァ書房、2014年、56頁。

102) 例えば、R. N. Graf Coudenhove-Kalergi, „Der neue Herrscher“, in: *TB*, 10.3.1928, S.392fなど。

103) Richard N. Graf von Coudenhove-Kalergi, *Paneuropa*, Wien/Leipzig 1923.（邦訳：リヒァルト・クーデンホーフ・カレルギー、鹿島守之助（訳編）、「パン・ヨーロッパ」『クーデンホーフ・カレルギー全集1　クーデンホーフ＝人・思想・行動』鹿島研究所出版会、1970年）。

104) 同書63頁および68頁。

105) Holl, „Graf Coudenhove-Kalergi und „Paneuropa““, S.20f.

106) クーデンホーフ・カレルギー「パン・ヨーロッパ」54-55頁。

107) 同書81頁。

108) 同書88頁。

109) デレック・ヒーター、田中俊郎（監訳）『統一ヨーロッパへの道——シャルルマーニュからEC統合へ』岩波書店、1994年、192頁。

110) Joachim Weinert, „Paneuropa-Bewegung 1922-1933“, in: Dieter Fricke, u.a. (Hrsg.), *Die bürgerlichen Parteien in Deutschland 1830-1945*, Bd. 2, Berlin 1970, S.466.

111) ヒーター『統一ヨーロッパへの道』193頁。

112) Weinert, „Paneuropa-Begegung“, S.467.

113) Holl, „Graf Coudenhove-Kalergi und “Paneuropa”“, S.25.

114) Thomas Mann, „Die Bäume im Garten. Rede für Pan-Europa“, in: ders., *Von Deutscher Republik. Politische Schriften und Reden in Deutschland*, Gesammelte Werke in Einzelbänden. Hrsg. von Peter de Mendelssohn, Frankfurt a.M. 1984, S.285-293.

115) Weinert, „Paneuropa-Bewegung“, S.467f.

116) ハイレについては、Karl Holl, „Europapolitik im Vorfeld der deutschen Regierungspolitik. Zur Tätigkeit proeuropäischer Organisationen in der Weimarer Republik“, in: *Historische Zeitschrift*, Band 219, 1974, S.33-94を参照のこと。

117) Lütgemeiner-Davin, *Pazifismus zwischen Kooperation und Konfrontation*, S.76-80.

118) Ebenda, S.79.

119) Carl H. Pegg, *Evolution of the European Idea 1914-1932*, Chapel Hill/London 1983, p.10.

120） Lehmann-Russbüldt, *Der Kampf der Deutschen Liga für Menschenrechte*, S.114.

121） Major Franz Carl Endres, „Europa stirbt ohne Frieden“, in: *AD*, 31.7.1926.

122） Ebenda.

123） Ebenda.

124） Ebenda.

125） Peter Bugge, „The nation supreme. The idea of Europe 1914–1945“, in: Kevin Wilson/Jan van der Dussen (Edited), *The History of the Idea of Europe*, London/New York 1993, p.105.

126） Arthur Eloesser, „Der Pan-Europäer“, in: *WB*, I, 12.6.1924, S.798.

127） O.V., „Tagebuch der Zeit“, in: *TB*, 9.10.1926, S.1499.

128） Ebenda, S.1499f.

129） C.v.O., „Zum 11. August“, in: *WB*, II, 10.8.1926, S.202.

130） C.v.O., „Die Pazifisten“, in: *TB*, 4.10.1924, S.1402.

131） C.v.O., „Coudenhove und Briand“, in: *WB*, I, 27.5.1930, S.784.

132） Lehmann-Russbüldt, *Der Kampf der Deutschen Liga für Menschenrechte*, S.114.

133） Heinrich Ströbel, „Paneuropa?“, in: *AD*, 17.5.1930.

134） Ebenda.

135） Heinrich Ströbel, „Wie organisieren wir den Frieden?“, in: *AD*, 8.10.1932.

136） ケスラー『ワイマル日記』〈下〉、741頁。

137） W. Ackermann, „Paneuropa – eine Gefahr!“, in: *WB*, II, 28.9.1926, S.499.

138） Ebenda.

139） Ebenda, S.500.

140） Ebenda, S.502.

141） Werner Ackermann, „Paneuropa und Erdstaat“, in: *WB*, I, 13.5.1930, S.711.

142） Ebenda, S.712.

143） Ebenda, S.711.

144） Siegfried v. Vegesack, „Paneuropäischer Kongreß“ (Bemerkungen), in: *WB*, II, 19.10.1926, S.631.

145） Emil Ludwig, „Die einen und die andern Vereinigten Staaten“, in: *TB*, 19.10.1929, S.1727.

146） Ebenda.

147） Ebenda, S.1725f.

148） Ebenda, S.1728.

149） Vegesack, „Paneuropäischer Kongreß“, S.630f.

150） Kurt Hiller, „Thesen zu Paneuropa“, in: *WB*, I, 18.1.1927, S.112.

151） Kurt Hiller, „Offener Brief an Coudenhove“, in: *WB*, II, 16.7.1929, S.86–90.

152） Ebenda.

153） Ebenda, S.88f.

154） Ebenda, S.90.

155） R. N. Coudenhove-Kalergi, „Offene Antwort an Kurt Hiller“, in: *WB*, II, 13.8.1929, S.232f.

156） Werner Ackermann, „Paneuropa oder Erdstaat“, in: *WB*, I, 13.5.1930, S.711.

157） C.v.O., „Nicht müde werden!“, in: *Nie wieder Krieg*, April 1921 (*OSS*, Bd.1, [155], S.386).

158) C.v.O., „Rif und Riffe", in: *WB*, I, 1.6.1926, S.834.

159) Otto Corbach, „Europa und die Angelsachsen", in: *WB*, II, 27.12.1927, S.956f.

160) Felix Stössinger, „Coudenhove blamiert Europa", in: *WB*, II, 8.12.1931, S.848.

161) Ebenda, S.849.

162) Ebenda, S.850.

163) Ossietzky, „Coudenhove und Briand", S.785.

164) H. F.（Paris）, „Ein Kampf um Europa in Genf. Parole: „Durchhalten!"" in: *AD*, 13.9.1930.

165) 木谷勤「欧州統合の理念と現実」『思想』489号、1965年３月、346頁。

166) O.V., „Tagebuch der Zeit", in: *TB*, 24.5.1930, S.803.

167) Heinrich Ströbel, „Schlechter Start Briands", in: *AD*, 24.5.1930.

168) O.V., „Tagebuch der Zeit", in: *TB*, 24.5.1930, S.803.

169) Ebenda, S.803f.

170) Ebenda, S.804.

171) Heinrich Ströbel, „Wie organisieren wir den Frieden?", in: *AD*, 8.10.1932.

172) Upton Sinclair, „Pan-Europa", in: *TB*, 17.8.1929, S.1344.

173) Carl v. Ossietzky, „Abschied von Briand", in: *WB*, I, 19.5.1931, S.711.

174) Hellmut v. Gerlach, „Briand", in: *WB*, I, 15.3.1932, S.392.

175) Ströbel, „Schlechter Start Briands".

176) Ian King, „Kurt Tucholsky as Prophet of European Unity", in: *German Life and Letters*, 54:2, April 2001, p.168.

177) Ignaz Wrobel, „Die Beamtenpest", in: *WB*, II, 23.10.1928, S.624f.

178) Theobald Tiger, „Europa", in: *WB*, I, 12.1.1932, S.73.

179) Ignaz Wrobel, „Liebe Schweiz!", in: *WB*, I, 10.5.1932, S.713.

180) Ignaz Wrobel, „Die großen Familien", in: *WB*, I, 27.3.1928, S.473.

181) King, „Kurt Tucholsky as Prophet of European Unity", pp.164-172.

182) Hanns-Erich Kaminski, „Ein Weißrusse", in: *WB*, II, 27.12.1932, S.954.

183) Lehmann-Russbüldt, *Der Kampf der Deutschen Liga für Menschenrechte*, S.110.

184) Axel Eggebrecht,（ohne Titel）, in: Eggebrecht/Pinkerneil, *Das Drama der Republik*, S.29.

185) ラパッロ条約については、清水正義「ラパッロ条約成立の一断面――独ソ交渉の展開を中心に」『現代史研究』第31号、1984年、37-47頁、田中美緒「ラパッロ条約締結期のドイツ外交に関する一考察」『史論』（東京女子大学）59、2006年、52-71頁、牧野『ロカルノ条約』を参照した。

186) O.V., „Tagebuch der Zeit", in: *TB*, 8.4.1922, S.521.

187) Ebenda, S.521-522.

188) O.V., „Tagebuch der Zeit", in: *TB*, 27.5.1922, S.781.

189) 中西治「戦後の独ソ接近　ラパッロ条約（一九二二年四月）」歴史学研究会（編）『世界史史料　二〇世紀の世界Ⅰ　ふたつの世界大戦』岩波書店、2006年、124-125頁。

190) O.V., „Tagebuch der Zeit", in: *TB*, 22.4.1922, S.601.

191) O.V., „Tagebuch der Wirtschaft", in: *TB*, 22.4.1922, S.623.

192) O.V., „Tagebuch der Wirtschaft", in: *TB*, 6.5.1922, S.691f.

193) Istvan Deak, *Weimarer Germany's Left-Wing Intellctuals. A Political History of the Weltbühne and Its Circle*, Berkeley/Los Angels 1968, p.97.

194) Leopold Schwarzschild, „Der Vertrag der Russen", in: *TB*, 1.5.1926, S.581.

195) Ebenda, S.587.

196) „Die Gruppe Revolutionärer Pazifisten"（Antworten）, in: *WB*, II, 9.8.1927, S.235.

197) Ossietzky, „Völkerbund ohne Völker", S.908.

198) O.V., „Deutsche Generäle in Rußland", in: *AD*, 15.2.1930.

199) Ebenda.

200) Gerlach, *Ein Demokrat kommentiert Weimar*, S.179.

201) Krüger, *Die Außenpolitik von Weimar*, S.468.

202) O.V., „Tagebuch der Zeit", in: *TB*, 17.9.1927, S.1497.

203) Ebenda, S.1498.

204) Lehmann-Russbüldt, *Der Kampf der Deutschen Liga für Menschenrechte*, S.113.

205) Grünewald, *Nieder die Waffen!*, S.78.

206) A.J.Ryder、高橋通敏（訳）『ドイツ政治・外交史　ビスマルクからブラントまで　Ⅱ』新有堂、1981年、46頁。

207) Hepp, *Kurt Tucholsky*, S.185.

208) O.V., „Tagebuch der Zeit", in: *TB*, 22.12.1928, S.2202.

209) O.V., „Tagebuch der Zeit", in: *TB*, 17.1.1931, S.89.

210) Ebenda, S.90.

211) Carl v. Ossietzky, „Nach Ostland", in: *WB*, I, 6.1.1931, S.3.

212) O.V., „Die weisse Schmach in China", in: *AD*, 26.2.1927.

213) Bärbel Boldt, „«Eine entscheidende Wende?» Ossietzkys Haltung zu den antikolonialen Freiheitsbewegungen", in: Gerhard Kraiker/Dirk Grathoff（Hrsg.）, *Carl von Ossietzky und die politische Kultur der Weimarer Republik. Symposion zum 100. Geburtstag*, Oldenburg 1991, S.53-79.

214) Otto Corbach, „Wird China bolschewistisch?", *WB*, I, 23.2.1926, S.308-311.

215) J.L.Garvin, „Chinas Große Revolution", in: *TB*, 17.12.1926, S.1876. ガービンはイギリスの『オブザーバー』紙の編集者。

216) Asiaticus, „Wer regiert in China?" in: *WB*, II, 27.12.1932, S.929ff.

217) Gustav Amann, „Weltgeschichte in Tsinanfu", in: *TB*, 19.5.1928, S.836.

218) Carl v. Ossietzky, „Die neue Entente", in: *WB*, I, 26.4.1927, S.648f.

219) Ossietzky, „Vanity Fair", S.399.

220) Otto Corbach, „Krieg, Handel und Piraterei im Fernen Osten", in: *WB*, I, 4.5.1926, S.707f.

221) Paul F. Langer, „Japan zwischen den Kriegen", in: Golo Mann（Hrsg.）, *Propyläen Weltgeschichte. Das zwanzigste Jahrhundert*. Bd.9, Frankfurt a. M./Berlin 1960, S.233.

222) Walter Abel, „Mandschrei", in: *WB*, I, 5.1.1932, S.6-7.

223) Ebenda, S.6.

224) W. Colepepper, „Schneider-Creusot", in: *WB*, I, 16.2.1932, S.240-242.

225) Rudolf Braune, „Blutige Konjunktur", in: *WB*, I, 5.4.1932, S.508.

226) Rhedo, „Patriotismus" (Bemerkungen), in: *WB*, II, 20.9.1932, S.442.

227) Richard Huelsenbeck, „Die mandschurische Republik", in: *WB*, I, 22.3.1932, S.438–441.

228) 『もうひとつのドイツ』でもこのことは報道されている。O.V., „Japans Ministerpräsident ermordet", in: *AD*, 21.5.1932.

229) Asiaticus, „In den Blutspuren der Kokuhonsha", in: *WB*, I, 31.5.1932, S.810–813.

230) ケスラー『ワイマル日記』〈下〉、701頁。

231) A. F. Schultes, „Japan und Italien", in: *WB*, II, 24.8.1926, S.284f.

232) Ebenda, S.282–285.

第3章　ヴァイマル共和国の崩壊と平和主義者

前章で見たように、ヴァイマル共和国期の平和主義者たちはドイツの外交をめぐって様々な議論を展開したが、その多くは外交問題を扱いながらもドイツの軍国主義や国境修正主義に警告をしようとするものであった。こうした彼らの平和主義はなぜ当時のドイツで聞き入れられなかったのか。本章ではヴァイマル共和国期の平和運動が抱えた問題と平和運動の衰退への道をたどる。

第1節　平和主義者と国家反逆罪裁判

平和主義者に対する暴力

今日の日本と異なり、ヴァイマル共和国期のドイツにおいては平和や平和主義を唱えることはたいへんに危険なものであったということを理解しなければならない。ヴァイマル共和国の社会はきわめて保守的で「匕首伝説」がまことしやかに通っていたし、極右と極左の暴力が激しく、共和国の15年間のほとんどの時期において政情は不安定であった。ヴァイマル共和国期のベルリンの政治文化を描いたフリードリクの『洪水の前』のなかで、リヒャルト・ローヴェンタール教授の証言として以下のようなことが書かれている。「専門家階級の大部分が、1945年に至るまで引き続き右翼だったという事実を実感するのでなければ、ドイツについて何も理解することはできません。法学教授、医者、弁護士と、彼らの圧倒的多数が右翼だったのです。デモクラシーは、知的には尊重に値するものとされていなかったのです。一般的な知的ムードとしては、ヴァイマル政府は軽蔑すべきものであったのです。このことは右にとっても左にとっても事実でしたが、とくに右側にとってそうだったのです[1)]」。同時に社会のなかの第一次世界大戦の敗戦に対する復讐心や戦勝国に対する不信感は根強く、共和国を擁護し、なおかつフランスやポーランドとの協調を唱えることは身の危険を意味した。

革命状態に置かれた共和国初期の段階で、まずは平和主義者や社会主義者、あるいはユダヤ人の政治家たちが暴力の標的となった。1920年にはハンス・パーシェが暗殺された。パーシェは軍人から平和主義者になった人物である。彼は1904年、海軍少尉として植民地であったドイツ領東アフリカ（現在のタンザニア）に渡った。翌年7月に現地の人々によるドイツ帝国に対する「マジマジ反乱」が起こった際に彼らが鎮圧される様子を見ると、1909年に退役し、平和運動に参加するようになった。第一次世界大戦が始まると海軍に戻るが、1916年には再びここを去り、新祖国同盟の執行部で参加するなどの活動を行った。その結果、1917年にラディカルな平和主義の呼びかけを広めたとして捕らわれの身になり、1920年のカップ一揆の直後、国防軍の兵士によって「逃走中」に射殺されたのである[2]。

パーシェの殺害以前にも社会主義者のクルト・アイスナー、アナキストのグスタフ・ランダウアー、共産党を設立したカール・リープクネヒトとローザ・ルクセンブルクが右翼ナショナリストによって殺害されている。さらに政治家であったフーゴ・ハーゼやマティアス・エルツベルガーも暗殺されており、シャイデマンやゲルラハに対する暗殺未遂事件も起こっていた。

そして1922年にはヴァルター・ラーテナウが殺害された。ヨーゼフ・ヴィルトによって始められた「履行政策」を引き継ぎ、ソ連とラパッロ条約を締結したラーテナウは、これに納得しない右翼の反感の的となった。さらに彼がユダヤ人であったため、彼に向かう憎悪は増幅したのであった。ラパッロ条約締結からわずか2ヶ月後の1922年6月24日、ラーテナウはベルリンのグリューネヴァルトで右翼の「コンズル団」に暗殺された[3]。

電機メーカーであるAEG（アーエーゲー）の創業者エミール・ラーテナウの息子であったラーテナウは、実業家であると同時に、技師、政治家、作家でもあった。シュテファン・グロースマンとラーテナウは第一次世界大戦の末期から親しくしており[4]、ラーテナウ自身『ターゲ・ブーフ』の寄稿者で、1920年1月の創刊号から彼の原稿が掲載されている[5]。グロースマンは後に自伝のなかでラーテナウの思い出を綴っているが、彼にとってラーテナウは「孤独な人間」であり、「生涯において、私はラーテナウほどいつも見通しの聞かない孤独の雲に取り囲まれているようなひとを見たことがない[6]」。とはいえグロースマンとの関係は良好だったようで、「『ターゲ・ブーフ』の幸運なスタートは、ラーテナウの協力と助言のおかげ[7]」だと、グロースマンは述べている。

ラーテナウ暗殺はドイツ社会を震撼させたが、グロースマンや『ターゲ・ブーフ』の同人にとってはよりいっそう衝撃的なものだったと思われる。1922年7月1日号の『ターゲ・ブーフ』はラーテナウ特集号とでも言うべきものあった。グロースマンは本名とヴェーリンというペンネームとで2本記事を書き、暗殺犯の卑劣さだけでなく、彼らの背後にいる自らの手を汚さない右翼団体のメンバーこそがより卑劣であると批判した[8]。さらにひとりの「愛国的な女性」から『ターゲ・ブーフ』に送られた公開書簡が掲載されている。これは陸軍元帥パウル・フォン・ヒンデンブルクに宛てたもので、ラーテナウ殺害に関して、ドイツの現状を憂い、ラーテナウの年老いた母やその前に暗殺されたエルツベルガーの未亡人、そしてエルツベルガー殺害後に国外に逃亡したハインリヒ・シュルツとハインリヒ・ティレッセンという息子を失った2人の母親たちに共感を示し、そしてヒンデンブルクに彼から軍人たちに声を上げてほしいと要望するものであった。「深い憂慮をもって未来を見つめるひとりのドイツ人女性として、私は自分の愛国的な悲しみからこのアピールのために勇気を出しました。切り刻まれ、傷つき、落ちぶれた祖国ドイツは、重病人のように安らぎと安定、そして内なる平和を必要としています」。「あなたはあらゆる殺人を認めない、そう私は信じています。殺人は軍人に似つかわしくありません。逃走を事前に準備した策謀に満ちた暗殺は、あなたのまっすぐな精神に反するものです」。「あなたのはっきりとしたお言葉がこの時代の暗闇を打ち砕き、明るくすることを[9]」。しかしこうした暴力はその後も収まることがなかった。ヴァイマル共和国末期にもテロ行為が増加し、1929年にはヴィースバーデンでトゥホルスキーに間違えられた医師が襲撃されて負傷するという事件も起きている[10]。

平和主義者と国家反逆者裁判

暴行や暗殺以外にも、平和主義者たちは言論弾圧という形で迫害を受けた。『ヴェルトビューネ』などに集った平和主義者たちにとって、最も危険で批判すべき相手は国防軍であった。共和国が誕生した際、革命的騒乱を軍事的に鎮圧したのが帝政期以来の将校団を中心とした義勇軍（フライコール）であったが、義勇軍はその後も解体されることなく、旧将校団はヴェルサイユ条約で大幅に削減された軍事力を補うものとして国防軍統帥部長官ゼークト将軍のもとで大きな役割を担うこととなった。ゼークトは政府によって軍が統制されることのない「国家のなかの国家」としての国防軍を構築し、さらにヴェルサイユ条約に違反する秘密再軍備を着々と進めていた。[11] 一方、ヴァイマル共和国期の平和主義者の間では、すでに明らかにしたように軍事力をどの程度まで認めるかという議論には様々な見解があったが、国防軍を「共和国化」して民兵などに編成替えするという目標は比較的広く受け入れられていた。とくにプロイセンの軍国主義とその拡張主義こそが第一次世界大戦勃発の原因であり、ヴァイマル共和国に依然として残存するその伝統が次の世界大戦を引き起こすものとなると考えていた急進派の平和主義者にとっては、軍備削減とヴェルサイユ条約違反の秘密再軍備阻止は重要な課題であった。このことは平和主義者と国防軍との間に頻繁に衝突をもたらし、国防軍は裁判によって彼らの言論を封じるという方法で対抗した。そして保守的なヴァイマル共和国期の司法は、こうした平和主義者による国防軍の秘密再軍備暴露の試みに対して、国家反逆罪や侮辱罪の判決を言い渡した。

「闇の国防軍」問題

国防軍の秘密再軍備に関する平和主義者の取り組みのひとつに、「闇の国防軍」（黒色国防軍とも訳される）問題がある。ドイツ国防軍はヴェルサイユ条約によって陸海軍の人員数をそれぞれ10万人と１万5000人に縮小され、潜水艦と軍用機を禁止されていた。ゼークトはこれを不十分だと見なし、国防省ゲスラーの承認を得て予備軍の創設に当たった。これが1921年、キュストリン市でブルーノ・ブーフルッカーによって組織された秘密結社「闇の国防軍」である。この組織には解散させられた義勇軍や右翼の反共和国グループの人々が集められ、「労働分遣隊」などの名称が付けられた。公には、彼らの任務は州に存在する管理不能な武器材料を調査収集し、ヴェルサイユ条約に従って破壊するために役所に運搬することとされたが、事実上はヴェルサイユ条約に違反する国防軍の予備軍であり、反乱鎮圧の武力団体であった。彼らと国防軍との関係は秘密にされたが、実際は闇の国防軍と国防軍とは指揮系統も一本化されていた。闇の国防軍に命令を下すのはパウル・シュルツ中尉であったが、そのシュルツに命令を下していたのはヴァルター・カイナー大尉をはじめとする国防軍管区司令部の幹部であった。闇の国防軍は1923年夏、ルール地方に派遣され、フランスへの抵抗の一翼を担った。しかし同年9月にルール闘争が中止されると、ブーフルッカーはこれを不満としてキュストリンの要塞を占領し一揆を起こした。その結果、ゼークトの指揮する国防軍によって鎮圧され、ブーフルッカーは降伏、彼やその部下は国家反逆罪で禁固刑に処せられ、闇の国防軍は解体した[12)]。

多くの平和主義者たちが、闇の国防軍と国防軍による秘密再軍備問題の解明に積極的に取り組んだ。1924年にはドイツ平和カルテルの代表であったクヴィッデが『月曜の世界』紙上に掲載された国防軍の違法な軍備拡張を示唆する記事により、バイエルン当局に拘留された。彼はイギリスの申し入れにより釈放され、彼に対する国家反逆罪での告訴は取り消されている[13)]。また、『もうひとつのドイツ』上でのベルトルト・ヤーコプとキュスターによる闇の国防軍暴露の取り組みも、国家反逆罪として訴えられた。両者とも9ヶ月の禁固刑の判決を受けたが、後に恩赦を受けている。これ以外にも、ドイツ人権同盟などの平和組織が闇の国防軍の解明に取り組んだ[14)]。

この闇の国防軍内では、内部の「裏切り者」に対する秘密裏の粛正、いわゆる「フェーメ殺人」が横行していた。「フェーメ」とは元々中世に行われた秘密裁判を意味する言葉である。闇の国防軍内では「上役のほんのわずかな不信でも、最小限の誤解でも機会をうかがっている野獣には噛みつくのに十分[15)]」であると言われるほど、多くの殺人が行われていた。

1925年8月、闇の国防軍の内情を暴露する匿名記事が『ヴェルトビューネ』に掲載される[16)]。筆者はカール・メルテンス[17)]である。彼は書籍商を営んでいたジャーナリストで、第一次世界大戦後すぐの時期には右翼団体や「闇の国防軍」に加入していたが脱退し、1925年にドイツ人権同盟に加盟した。彼はかつて自身が闇の国防軍に所属していた体験を明かしたのだった。「私がそこで見たのは、最低の信念と最も卑しい情熱の泥沼であり、殺人の欲望と冷笑的な態度からなる雰囲気であった。私は恐ろしくて逃げようとした[18]」と彼は述べている。闇の国防軍のなかでは、組織を抜けようとしたものは、それがただ家を恋しがっただけだとしてもフェーメの対象となる。メルテンスはこうした様子を次のように述べた。

「あのような厳格に指揮された組織の新入りであった私は、[組織の] 独自の裁きの方法についてなど何も知らなかった。ある晩、私は仲間の部屋に行った。すぐさまぴりぴりとした緊張感に襲われた。彼らはささやきながら、隊をなしてやってきた。分遣隊の指導者が側を走って通り過ぎた。粗野な傭兵のような顔立ちの彼は、嘲笑的ににやにやと笑っていたが、[同時に] 神経質そうな不安も見せていた。探るように彼は男たちを見渡した。

『誰だ』――おずおずと発せられたその問いは、普段なら楽しげで溌剌とした青年たちの列の間に震えて届いた。誰も声を出して答える勇気がなかった。それが自分自身であるという恐怖のために。

何が起きているのだろうか。奇妙な緊張感が私にも伝わってきた。一体何が起きているのか。そして私はそれを理解した――不安がざわざわと私を襲った。初めて私は気がついた。私が誤った祖国愛の犠牲者であるということに。初めて私は、私に巻きついたこの鎖から解き放たれることを望んだ[19]」。

メルテンスは「ドイツは死体と人殺しと埃まみれの裁判書類で汚されている[20]」と述べ、フェーメ殺人の解明を要求した。彼は警察の対応の遅さを非難し[21]、また内情を知るものとして、闇の国防軍の組織編制とその解体の事情を明らかにし、闇の国防軍をはじめとする愛国団体に資金提供を行っている政治家たちを批判した[22]。

メルテンスは個々のフェーメ殺人の例を『ヴェルトビューネ』で数回にわたり詳しく紹介した。彼の報告はフェーメ裁判の証拠書類として使用された[23]。『ヴェルトビューネ』での一連のフェーメ関連記事と、彼の著書『反逆者とフェーメ殺人者[24]』は大きな反響を呼び起こし、彼と『ヴェルトビューネ』を、ジャーナリズムによる闇の国防軍およびフェーメ殺人事件解明キャンペーンの最先端に置いた。『ターゲ・ブーフ』や『ベルリーナ・フォルクスツァイトゥング』のようなリベラルな新聞もこれに続いた[25]。しだいにドイツの社会でフェーメ殺人への関心が薄れていったが、しかしこうしたなかでもメルテンスは「ドイツの事情では、今もなおこの殺人の償いを要求しても無駄なのかもしれない。しかし繰り返し警告することが無駄であってはならない。闇の国防軍の大量殺人者たちに関しては、この状況を変えていこう」[26]と述べ、警告することの重要性を説き続けた。しかし彼はこれにより国家反逆罪で告訴され、亡命を余儀なくされた。オーストリア、スイスを経てパリでフェルスターとともに反軍国主義の言論活動を続けることになるのである。

メルテンスの闇の国防軍関連記事は、当時まだヤーコプゾーンが編集長であった時代の『ヴェルトビューネ』の反軍国主義の姿勢を周囲に知らしめた。オシエツキーが編集長になると、同誌の国防軍批判はさらに厳しいものになる。ここでは『ヴェルトビューネ』の多くの取り組みのうち、ふたつの例をあげる。

その１つが、ベルトルト・ヤーコプ[27]の記事をめぐるものである。ヤーコプは本名をベルトルト・ザーロモンといい、『ベルリーナー・フォルクスツァイトゥング』でオシエツキーとともに活動したジャーナリストだった。同紙の記者を中心として結成された「戦争はもうごめん」運動にも参加している。メルテンスとともに国防軍批判を展開していたヤーコプは、1927年３月22日『ヴェルトビューネ』に「シュルツのための弁明」[28]を掲載した。

この背景にはフェーメ殺人の実行犯だけでなく、「命令を下したもの」に対しても捜査の手がのび、その結果シュルツ中尉に対する裁判が開始されたことがある。シュルツはキュストリン蜂起後に逃走していたが、1925年３月に拘留され、1927年３月になって殺人教唆の罪で死刑判決を受けた。

「そう――われわれは悪名高い首領、シュルツ中尉を弁護する」[29]。「シュルツのための弁明」はこのように始まる。ヤーコプは、フェーメ殺人に対する審理が非公開のまま行われており、その司法処理に問題があることを指摘する。そしてシュルツに対する裁判が、国防軍による多くのフェーメ殺人を隠蔽するためのものであることを示唆し、シュルツに対する公正な裁判を要求したのであった。国防軍幹部を名指しで告発したのである。

> 「われわれは左翼の反対者に対する特別裁判を拒否するのと同様、フェーメ関係者に対する特別裁判にも異議を申し立てる。シュルツにはきちんとした裁判官を要求する権利がある。しかし［シュルツ］中尉はただ与えられた命令を実行しただけであり、

被告席には彼の隣に少なくともカイナー大尉と［フェードア・］フォン・ボック大佐、そしておそらくは［クルト・］フォン・シュライヒャー大佐と［ハンス・］フォン・ゼークト将軍も座るべきだということを、忘れてはならない[30]」。

国防相ゲスラーはこの記事が国防軍を中傷するものであるとして、執筆者のヤーコプと編集責任者のオシエツキーを告訴した。オシエツキーはヤーコプの記事が掲載された時点ではまだ編集長ではなかったが、罪に問われることとなった。裁判は1927年12月16日から21日にかけて、ベルリンのシャルロッテンブルク参審裁判所で行われた。そして侮辱罪によりヤーコプに禁固２ヶ月、オシエツキーに禁固１ヶ月の判決が言い渡されたのである[31]。裁判所は罰金刑ではなく、禁固刑を言い渡した。数々のフェーメ殺人に関する裁判で明らかにされているような国防省の道義的責任があるかどうかについては、裁判所は決定を保留にしたのであった[32]。

この判決に対するオシエツキーの反論が「フェーメ裁判[33]」である。彼はこのなかで裁判の様子を明らかにしている。それによると、裁判長ヴィルヘルム・クローネは、開廷後すぐにオシエツキーたち被告を恫喝し、彼らに発言を許さず、一方的に裁判を進めた。事情聴取はまともに行われなかった。オシエツキーはこのような裁判の不公正さを批判しつつ、それへの対決姿勢を示している。

「今日、明日、明後日にも、われわれに有罪の判決が下されるだろう。われわれはそれを受け入れるだろう。しかしそのためにわれわれの誇りが『改良される』などということはなく、［この誇りは］さら精力的で、鋭く、濃い、そしてより強靭なものになるだろう。そのためにわれわれジャーナリストは存在しているのであり、世の中のために働いているのである[34]」。

裁判所と国防軍が結びつき、司法による言論弾圧が厳しくなるなかで、オシエツキーは権力に屈しないジャーナリストの姿を示そうとしたと言える。また「東部国境に存在していた不法な国防部隊」、つまりかつての闇の国防軍の存在を、裁判所が隠蔽したまま審理を進めていったことも彼は鋭く批判したのである[35]。

この判決に対するオシエツキーらの申し立てにより、1928年４月にベルリン第3地方裁判所で控訴審が行われた。ここではヤーコプに1000マルク、オシエツキーに600マルクの罰金の判決が下された。[36] しかしこれは結局、恩赦によって執行されることはなかった。この背景には、国防軍とフェーメ殺人の判決に対する世論の批難の声の高まりがあった。

しかしこの一方で、フェーメ殺人事件で闇の国防軍の背後にあった国防軍幹部が刑事責任を追及されることはなかった。殺人の実行犯で死刑を宣告されていたものは恩赦によって終身刑に減刑され、さらに1928年7月14日には7年半の禁固刑に減刑され、そして結果的に多くが恩赦により釈放された。シュルツは1929年6月28日に健康上の理由で釈放され、フェーメ殺人に関する判決はほぼ無効となった。[37]

しかしながら、ドイツの左派ジャーナリズムとそして国防軍幹部を巻き込んだ『ヴェルトビューネ』の闇の国防軍とフェーメ殺人に対する取り組みは、同誌の反軍国主義的姿勢をヴァイマル共和国の社会に示すこととなった。そしてそれにより『ヴェルトビューネ』はよりいっそう国防軍の敵視の対象になり、国防軍による『ヴェルトビューネ』弾圧の試みは続いた。1927年には『ヴェルトビューネ』に掲載された記事「カナリスの秘密」[38]と「カナリス島の童話」[39]に対して、軍事機密漏洩の疑いのため調査が行われたが、これは漏洩の証拠がなく失敗している。

『ヴェルトビューネ』裁判

『ヴェルトビューネ』と国防軍との対決の頂点が「『ヴェルトビューネ』裁判」[40]である。裁判の契機となったのは、1929年3月12日に同誌に掲載されたヴァルター・クライザーの記事「ドイツ航空事業のあやしげな点」[41]であった。これはハインツ・イェーガーというペンネームで書かれた、航空問題専門のジャーナリスト、クライザーによる秘密軍備暴露の記事であった。

クライザーはこの記事のなかで、海軍からルフトハンザに資金が流れていることを指摘し、ルフトハンザの海外事業がドイツ国防軍の軍事力を強化するためのもので、秘密の戦闘訓練が外国の領空でも行われている可能性があることを示唆した。ルフトハンザの海軍航空部は海軍の諸組織を隠すための部門であり、ルフトハンザに存在する「M課」の「M」はMilitär、つまり「軍事」をあらわすイニシャルであると述べた。[42]

1929年8月からクライザーと編集責任者であるオシエツキーに対する軍事機密漏洩と国家反逆罪の訴訟準備が開始された。訴訟の準備には2年の年月がかけられた。その背景には、国防軍、外務省、司法の間の意見の対立がある。是が非でもオシエツキーらを有罪にしたいという意図を国防軍が持っていたのに対して、外務省にはドイツの秘密軍備に対して当時すでに起こっていた国際的批判を回避したいという意図があった。オシエツキーとクライザーを国家反逆罪および軍事機密漏洩の罪に問えば、クライザーの記事の内容を事実と認めたことになる。これはつまりドイツがヴェルサイユ条約違反の再軍備を秘密裏に行っているということを公的に認めることになるのである。1931年6月21日に予定されていた初公判が中止されたのは、外務次官ベルンハルト・ヴィルヘルム・フォン・ビューローの介入によるものであった。

これに対して積極的に裁判を進めようとしたのが国防軍の実力者であったクルト・フォン・シュライヒャーである。彼は、外務省と国防省が一丸となって国家反逆罪に対抗するようビューローに呼びかけた。シュライヒャーにはこの裁判を今後の軍事機密漏洩を防止するための先例にしたいという意図があった。[43]しかし外務省はそれでもなお外交政策への影響を考慮し、この裁判に対する明確な態度表明をすることができなかった。

裁判は「安全保障政策上の」理由から傍聴禁止で行われ、被告と弁護人には黙秘義務が課せられた。オシエツキーの弁護側の証人19人は、すべて拒否された。判決は1931年11月23日に下された。ライプツィヒ第4裁判所刑事部は、オシエツキーとクライザーの両名に対して禁固18ヶ月を言い渡したのであった。判決理由は「1914年7月3日の軍事機密漏洩に対する法律第1条第2項」違反、[44]国家反逆罪である。この法律は戦時のスパイ条項であった。是が非でもオシエツキーたちを有罪にするために、強引に持ち出された法律だったと言える。

オシエツキーと『ヴェルトビューネ』はこの判決に抗議の姿勢を見せた。『ヴェルトビューネ』誌上にはオシエツキーを支持し、裁判を批判する文章が多く掲載される。トゥホルスキーはこの裁判を「魔女狩り」[45]と呼んだ。さらに『ヴェルトビューネ』は判決後すぐに、ドイツ・ペンクラブやドイツ人権同盟と協力してオシエツキーの恩赦および減刑請求を呼びかけた。『ヴェルトビューネ』には数回にわたり署名運動のための名簿が入れられた。また抗議集会も行われた。1931年12月には大統領ヒンデンブルクに対して、オシエツキーのための減刑嘆願書が提出された。トーマス・マンら著名人もこれに名を連ねている。マンもトゥホルスキーと同様に、ライプツィヒ裁判所の判決を不当な政治弾圧であると抗議した[46)]。だが、ヒンデンブルクは1932年４月、恩赦の拒否を決定した。

1932年５月10日にオシエツキーがベルリンのテーゲル刑務所に入獄してからも、釈放を求める運動は続いた。ドイツ人権同盟などによる釈放要求の署名運動には7000の団体や協会、さらに４万3000の個人が参加し[47)]、再びヒンデンブルクへ恩赦が請願された。しかし、これも拒否された。これには1932年３月に行われた大統領選でのオシエツキーによるヒンデンブルク批判が影響していた。この選挙でオシエツキーは、ヒンデンブルクに投票することはヒトラーに投票することであるとし、共産党党首エルンスト・テールマンへの支持を呼びかけていた。これが反感をかったことは明らかであった。オシエツキー自身は、ヒンデンブルクの恩赦拒否の決定に対し、彼の態度はわからなくもないと皮肉を述べている[48)]。そしてさらに『ヴェルトビューネ』の国防軍批判は続いた。例えば同年５月17日には、去る５月12日まで内相と国防相を兼任していたが失脚したグレーナーに宛てた文章が掲載されている。ここでは「軍事政策の犠牲者、カール・フォン・オシエツキーの後ろで刑務所のドアが閉まったその２日後、あなたは、あなたの職場の野心的な将軍たちによって失脚させられました。私たちをあんなにも激しく迫害するかわりに、私たちの書いたものをもっと注意深く読んでいたほうがよかったのかもしれません[49)]」と皮肉たっぷりに書かれたのであった。

各新聞も判決後すぐにこの裁判に関する記事を掲載している。『ベルリーナ・フォルクスツァイトゥング』は、この判決を「恐ろしい判決」と呼び、この判決によって国防軍を批判する言論が今後容赦なく弾圧されることになるだろうと書いた[50)]。また『前進』も「ドイツにおける出版の自由の名のもとに、ドイツのあらゆる共和主義者の名のもとに」裁判所に対して抗議運動を行うと主張したのであった[51)]。しかし判決に抗議する新聞ばかりではなかった。『ドイッチェ・アルゲマイネ・ツァイトゥング』は、クライザーの記事は世間で言われているようなドイツ軍国主義批判の記事ではないとし、これは平和主義者たちの国家反逆罪にすぎないのだから、禁固1年半という厳しい判決は妥当であるとした。[52]

『ヴェルトビューネ』裁判はこのように左右両派を巻き込んだ。さらに反響はドイツ国内にとどまらなかった。イギリスの『タイムズ』紙は、この裁判が非常に厳しいものであり、ドイツの言論の自由が徐々に失われつつあるようだと指摘した。[53] またほかにも『マンチェスター・ガーディアン』紙や『ニューヨーク・タイムズ』紙をはじめ、イギリス、フランス、オランダ、スイス、オーストリア、チョコスロヴァキアなどの国々の新聞がこの判決を批判したとされている。[54]

オシエツキーは判決後まもなくの1931年12月、「『ヴェルトビューネ』裁判」という題の記事で次のように述べている。

> 「一年半の禁固刑。それほどひどくはない。というのも、そもそもドイツの自由がそれほどたいしたものではないからだ。拘禁されているものと拘禁されていないものとの間の違いは次第に無くなってきている。激動の時代に自らの信念に従うジャーナリストは誰でも、自分が危険にさらされて生きていることを知っているのだ[55]」。

そしてオシエツキーは1932年5月10日、『ヴェルトビューネ』に「弁明[56]」を掲載する。この日は彼がテーゲル刑務所へ入獄する日であった。「私は入獄しなければならない[57]」という文で始まるこの「弁明」は、彼の態度表明であり、彼を支援してくれる人々に対する返答である。

オシエツキーの「弁明」は、ヴァイマル共和国期末期の平和主義者が抱えていた諸問題を如実にあらわしている。それは、軍国主義とのたたかい、司法と国防軍による平和主義者に対する言論弾圧とのたたかい、週刊誌という舞台で活動する平和主義的ジャーナリストとしてのあり方、そして亡命の問題である。

1932年当時のドイツの状況は、平和主義者にはたいへん厳しいものであった。政府に対して、そして国防軍に対して容赦ない批判を繰り返していた『ヴェルトビューネ』は敵視されていた。当時の最も急進的な雑誌『ヴェルトビューネ』の編集長としてすでに名を知られていたオシエツキーは、以前から彼の身の危険を案じた友人たちから亡命を勧められていた。しかし彼は亡命するよりもあえて刑に服することが、むしろ裁判に対するより効果的な抗議となりうると考えていた。オシエツキーは「弁明」で、自分には亡命の意思がないことを表明し、それを彼に亡命を勧める友人たちに対する答えとしたのである。そして同時に、彼の考えるジャーナリストの義務を述べた。

「国境を越えてしまった反対者は、すぐ故国に呼びかけてもその声はうつろである。専ら政治的ジャーナリストとして生きるものは、すなわち長い間すべてのもの、つまり彼が反対するすべてのもの、賛成するすべてのものに関わらないでいると、どうしても異常な興奮状態や過ちに陥ってしまう。一国の汚染された精神と効果的に戦おうとするならば、その国の一般的な運命をともにしなければならない[58]」。

この言葉は、オシエツキーの生涯を語る際に必ずといってよいほど引用されるものである。彼はこの文章で、自分が刑務所に入っていくことの「弁明」をしようとした。自分は判決への服従心から刑務所に入るのではない。裁判所と判決に対抗するための抗議として刑務所に行くのである。自分のことを支援してくれる人々のためにも、また自分と同じように第4裁判所刑事部で有罪判決を受けたプロレタリアートの無名の犠牲者たちのためにも、この抗議はやりとげられなければならないのである[59]。彼は『ヴェルトビューネ』裁判に対してドイツ国内だけでなく諸外国からの注目が集まるなか、自身が刑務所での服役の日々を耐えることによって、反軍国主義キャンペーンを行おうとしたのであった。

オシエツキーはこうした信念から、フランスへ亡命したクライザーに対して批判的にならざるをえなかった。クライザーは『ヴェルトビューネ』裁判についての情報をフランスの国家主義的新聞『レコ・ドゥ・パリ』に提供し、ここからドイツ軍国主義に対する批判を行った。オシエツキーは、クライザーのように外国へ行ってしまっては「敵に逃亡した」と受け取られる。これでは「国家反逆罪」や「軍事機密漏洩罪」という罪を認めることになり、国防軍や裁判所の望みどおりになる。クライザーは『レコ・ドゥ・パリ』に書いたことで、結局はドイツの軍国主義に手を貸してしまったのであると批判したのであった[60]。

さらにオシエツキーはドイツの軍国主義に対する批判の手を緩めない。彼は

「軍事の優位に対するたたかいが共和国でいつかまた始まるときがくるだろう。いつなのか――今日はまだそのための地固めはできていない。(…) われわれはそれほど長く待つ必要はない。政治化した将校たちが持っている全能であるという意識を弱めさせること、これが、国家、つまりあるべき姿の国家やあればよいという（理想の）国家ではなく、あるがままの（現在の）国家の今日の課題である[61]」と述べている。この文章は翌週の『ヴェルトビューネ』に「今日の課題[62]」という題で再掲された。

オシエツキーが『ヴェルトビューネ』をめぐる裁判に関わり、あえて入獄したことはドイツ社会の関心を彼にむけさせることになった。そして他の平和主義者たちが徐々に亡命を始めるなかで、彼が亡命を拒否しドイツにとどまったことは、その是非を超えて、彼に反軍国主義の闘士という像を与えることとなった。抗議運動として刑務所に入ったオシエツキーは、この役割を十分自覚していたと言えよう。1932年5月10日の『ベルリーナ・フォルクスツァイトゥング』紙はオシエツキーを「自由のための闘士」と呼び、彼がその自覚を持って刑務所に入ると報道している。また彼の事件が国境を越えて人々の関心を引いているのを、彼自身が幸運と見なしているとも書いている[63]。オシエツキーはドイツ国内の平和主義者に対する言論弾圧が与える国際的な影響について十分意識していた。1932年7月、彼が『ヴェルトビューネ』の編集長として国家反逆罪に問われた「『ヴェルトビューネ』裁判」に続いて、トゥホルスキーに対しても裁判が起こされることになる。これはトゥホルスキーが1931年に『ヴェルトビューネ』で第一次世界大戦をテーマとしてその愚かさを述べ、「兵士は殺人者[64]」だと述べたことで、軍と兵士を侮辱するものであると訴えられたのであった。オシエツキーは証人としてこの裁判に出廷し、裁判と同時期の1932年2月2日から7月23日にジュネーヴで行われていた軍縮会議の例をあげて、次のように述べている。

「ここしばらくジュネーヴで会議が開かれており、そこでドイツ政府は軍縮にむけて[態度を] 決定しなければなりません。これはドイツの運命の転換点となりうるでしょう。そしてフーバーの軍縮提案がドイツにとって十分でないと、ドイツの代表者がジュネーヴで発言している一方で、故郷では検察側の代表者が軍人をただ賛美してればよいだけの裁判が行われているのです。私はこの裁判が外交上悪い結果につながることを恐れています。「『ヴェルトビューネ』裁判」での裁判所の判決によって生じた結果と同じようにです。この裁判は、[裁判そのものが] 得るもの以上にドイツの威信をひどく傷つけることになるかもしれません[65]」。

こうしたオシエツキーの態度は、必ずしもドイツの平和運動のなかで中心人物でなかったオシエツキーが後にノーベル平和賞を受賞し、第二次世界大戦後後に「平和の象徴」のように扱われる要因となる。オシエツキーがテーゲル刑務所に入った1932年ごろには、すでに組織平和運動は衰退にむかっていた。『ヴェルトビューネ』裁判をめぐるオシエツキーと同誌の平和主義者たちの取り組みは、ヴァイマル共和国期の平和運動史のなかで、最後の大きな活動と言うべきものであった。

1932年12月22日、オシエツキーはクリスマス恩赦によりテーゲル刑務所から出所した[66]。５日後の『ヴェルトビューネ』には、彼の文章「帰還[67]」が掲載された。オシエツキーが次に逮捕されたのは、1933年２月28日、国会議事堂の炎上事件の際であった。

第2節　平和運動の分裂と衰退

上述したような平和主義者に対する暴行や暗殺事件、そして右翼ナショナリストや国防軍からの攻撃だけでなく、平和運動内部にも衰退の原因があった。

ドイツ平和協会の分裂

ヴァイマル共和国期の平和運動の衰退の一要因としてあげられるのが、平和団体内での権力闘争とそれによる組織の分裂である。

すでに述べたように、第一次世界大戦以前の平和運動には、ズットナーらから始まるドイツ平和協会の運動と、社会主義者による反帝国主義反戦運動の２つの流れがあった。第一次世界大戦後、こうした運動の参加者がドイツ平和協会のような団体のなかでともに活動するようになる。

しかし前章でも見たように、ドイツ平和協会や『ヴェルトビューネ』上などでの議論からは、ひとことで平和運動と言ってもその路線の違いがあったことが読み取れる。穏健派と急進派の対立はすでに1919年の時点からあった。それはまずヴェルサイユ条約第231条の戦争責任問題をめぐってである。稳健派のクヴィッデはドイツ単独の戦争責任を認めず、全参加国の共同責任を主張し、1919年5月の時点でヴェルサイユ条約の調印を批判していた[68]。そして同年10月にカッセルで行われたドイツ平和協会の総会の場では、国際連盟の枠内での平和的方法によるヴェルサイユ条約の修正を要求した。一方、第一次世界大戦をドイツの拡張戦争と見なしていた急進派のニコライは、同じ総会の場でクヴィッデの態度を、クヴィッデが所属する民主党の利益を優先した平和に反する態度だと位置付けた。急進派はこのような人物を平和協会の代表者と見なすことはできないと厳しく批判したのであった[69]。さらに平和主義者の間を決定的に分けた武力の適用の問題は決して解決することはなく、路線の違いは組織上の分裂へとつながった。

1926年には急進派の平和主義者のなかからヒラーを代表とする革命的平和主義者グループが分派した。これによりドイツ平和協会は3つの派閥に分かれたが、勢力を増していったのが急進派であった。急進派の組織上指導的役割を担ったのが、キュスターである。キュスターの平和協会西部ドイツ支部には、本部であるベルリンをしのぐ勢いがあった。彼の編集した『もうひとつのドイツ』にはフェルスター、トゥホルスキーらが寄稿していたが、発行部数が最高で4万4000を数え[70]、平和協会の会員に大きな影響力を持った。急進派の要求する兵役拒否やゼネストを実現するためには、幅広い大衆、とくに工場労働者などの獲得が必須であり、キュスターはこの大衆動員のための宣伝を重要視し、平和協会会員に対して『もうひとつのドイツ』の購読義務化を図った。しかしこの購読義務化は批判を受けることとなった。

平和主義の傾向の違いから、また『もうひとつのドイツ』の購読義務化問題をはじめとする組織運営の点から、穏健派と急進派は平和協会内で権力闘争を引き起こすこととなる。これは1929年に穏健派でドイツの平和運動を代表するクヴィッデが平和協会会長の職を辞し、キュスターを中心とする急進派が指導部を受け継ぐという形で決着した。これにより平和協会から穏健派が排除されることとなり、結果として協会は結集力を失った。

ナチの台頭を防ぐことのできなかったヴァイマル共和国期の平和運動は、しばしば「失敗した」運動の歴史として書かれ、その「失敗」の原因はドイツ平和協会の急進化や組織の分裂に帰せられることが多い。ヴァイマル共和国期の平和運動史研究の第一人者で、とくにクヴィッデの研究に取り組んでいたカール・ホルは、ドイツ平和協会の活動をクヴィッデら穏健派とキュスターら「ハーゲン・グループ」すなわち急進派の対立を軸に説明した。ホルはその際、穏健派の外交上の努力を高く評価する一方で、「ハーゲン・グループ」の進めた急進的政策に対して、厳しい評価を示していた[71]。キュスター主導の平和協会は、穏健派を失う一方で、例えば1930年にヒラーを脱会させるなどして、一部の急進派の支持も失った。こうしたことも、厳しい評価を得る一因であった。一方、シュテファン・アペリウスは、ホルとは異なり、キュスターを中心としてドイツ平和協会の歴史を追っている[72]。

平和団体の組織上の分裂以外にも、左派の間の争いが平和運動の弱体化の要因となった。そのひとつの例が、装甲巡洋艦建造問題である。これはヘルマン・ミュラー内閣の危機や社会民主党の国防政策という観点から研究され、ヴァイマル共和国の政治の重要な点としてこれまでも多く論じられてきた[73]。そもそもの発端は、国防軍が老朽化した軍艦の代わりに新しい装甲巡洋艦の建造を要望したことにある。中央党、バイエルン人民党、人民党、国家人民党からなる第4次ヴィルヘルム・マルクス内閣は1927年、野党であった社会民主党と民主党の反対を押し切り、新しい装甲巡洋艦の建造を決定した。1928年5月20日に国会選挙が開催されると、「装甲巡洋艦A」の建造問題はその争点となり、社会民主党と共産党はともに建造反対を掲げた。その結果、両党とも議席を増やし、とくに社会民主党は「巡洋艦の代わりに児童給食を！」のスローガンで131議席から152に議席に躍進した。これにより、1928年6月28日にミュラーを首相とした大連合内閣が発足する。その結果、ミュラー内閣が1928年8月10日、社会民主党の大臣の賛成で、装甲巡洋艦Aの建造を決定することとなり、これに対して社会民主党自身が反対することとなった。このことは、内閣への信任と威信を失わせる結果となった。

これに反対したのが共産党であった。1928年8月に政府が建造を決定すると、共産党はこれに反対するために、国民投票を行うべきだというキャンペーンを開始した。国防軍の動きに普段から注意を払っていた『ヴェルトビューネ』に集った平和主義者たちは、はやくからこの問題を取り上げている。そして政府が装甲巡洋艦建造を認めると、平和団体も反対運動を始めた。しかしながら、共産党のイニシアチブによる人民投票のキャンペーンに加わるかについては、平和主義者の態度は様々であった。同様に共産党主導の運動に与するかどうかという問題は、『ヴェルトビューネ』の平和主義者が多く加盟していたいくつかの平和団体をも悩ませることとなった。例えばドイツ人権同盟は装甲巡洋艦Aの建造に明確に反対し、ミュラー政府が装甲巡洋艦建造を承認することを明らかにすると、1928年8月24日に集会を開き、社会民主党と民主党による選挙公約違反に対しての抗議運動を行っている。そして共産党による人民請願を支援した。しかしながら、その準備のために作られた委員会への参加は拒否したのである[74)]。

同様にドイツ平和協会も、装甲巡洋艦Aの建造には反対し、共産党による人民投票の呼びかけに参加するとしながらも、同時に共産党との組織的な結びつきなくこのことを進めるよう求めた[75)]。また共産党との関係だけでなく、ドイツ平和協会では社会民主党との関係も問題となった。協会内にはゲアハルト・ゼーガーなど、指導的役割を担った社会民主党の党員が会員として所属していた。装甲巡洋艦をめぐる問題で社会民主党のほうを支持した会員は、平和協会を離脱することとなった。また、社会民主党のほうからも、後に同党以外の組織に所属することを禁止する措置がとられ、平和協会に所属する社会民主党員の多くは協会を離脱することとなったのである。ドイツ平和協会の急進派には社会民主党に所属していたか、あるいはこれに近い立場をとっていた平和主義者が多く、装甲巡洋艦建造に反対する人民投票は、党との関連で難しいものとなっていた。1928年から1929年にかけてのこの時期は、平和協会内で急進派が民主党に近いクヴィッデらの穏健派の勢力を抑えて、協会執行部を握ろうとしていた時期だった。平和運動と社会民主党の間の亀裂は翌年、社会民主党がマグデブルク党大会で、党内の平和主義的グループと「階級闘争」グループの反対を押し切って「国防政策指針」を受け入れたとき、さらに大きくなったのである[76)]。

『ヴェルトビューネ』誌上では、共産党の人民投票を積極的に支持したのは、ソ連とドイツ共産党に最も近い立場をとっていた革命的平和主義者グループのリーダーであったヒラーであった。一方、オシエツキーは共産党と距離を置き、同党が「平和主義」を掲げることは批判していた。彼は『赤旗』とゲーテの『ファウスト』を引用しながら、共産党と平和主義者の間の関係について、皮肉混じりに述べている。

「共産主義者が非常に平和主義的な行動に騒いで［参加して］いる間に、彼らの雑誌にはいくつか、このような感じのものが掲載されている。
『いずれにせよ共産主義者は、彼らが平和主義者ではないかもしれないという疑いを決してほっておくことはない。…政治的方向としての平和主義は、労働者階級の盟友ではない。敵なのである。』
あるいは
『ドイツの平和主義者には2種類ある。ひとつは支配者たちを説き伏せる人たちである。…平和主義者のもう1種類は、一部は［彼ら］自身の組織として、一部は社会民主党のなかの世論［を代表するもの］として、仲裁裁判や［国際］協調、軍縮といった平和主義的努力を全力で支援しなければならないということを、労働者に納得させようとしているところにある。このような種類の平和主義も欺瞞である。幾人かの平和主義者、幾人かの「戦時兵役拒否者」は［これを］本気で言っていて、個人的には勇敢な男かもしれないのだが。』
それはどうもありがとう（Merci beaucoup）。だが私はここで質問したい。戦艦の建造を禁止するのは、軍縮ではないのですか。助言といってはなんですが皆さん、手始めに論理学を勉強することをおすすめしますよ[77]」。

同時にオシエツキーは、装甲巡洋艦問題に関しては、共産党が主導の人民投票に参加することに意義を見いだしてもいた。彼はその理由を、これが今なおドイツに根強く残る戦争崇拝を拒絶するいい機会であるからとしている。「装甲巡洋艦反対の人民投票は、ロカルノ条約や不戦条約への調印よりも、もっと強くドイツの平和主義を知らしめるもの」であり、装甲巡洋艦をめぐる闘争は、「ドイツがその軍事力の復活を望まないということ、そしてドイツがなんとか沈んだ栄光の復活を、ミニチュア版ですら望んでいないということを示す[78]」ものなのだと主張した。ドイツの軍国主義は第一次世界大戦終結から「10年にわたって、隠れた病気であり、共和国の脳にある腫瘍だったのだ。われわれはそれを何度も暴き、その策略を明らかにし、その術策を妨害してきた。われわれは何度もその退却を迫ってきたが、きちんと打撃を与えることは一度もなかった。初めてわれわれはその喉首近くにいる。躊躇するものがあるだろうか」[79]。オシエツキーはこのように述べたのである。

結果として、共産党による人民投票の運動は失敗に終わった。装甲巡洋艦建造問題は、社会民主党の危機を露呈し、同党の政策の転換点を意味したと同時に、平和運動のなかで民主党支持の傾向にあった穏健派と左派の急進派の間にだけでなく、急進派の内部でも社会民主党と共産党の支持者がお互いに距離があること、そして運動のなかで統一がとれていないことを明確にしたのであった。装甲巡洋艦Aは1931年5月「ドイッチュラント」と命名され、キール軍港に進水することになる。

装甲巡洋艦建造問題での意見の対立と同様、1929年にベルリンで起きた「血のメーデー事件」は社会民主党と共産党の関係を悪化させたが、これは同時に平和運動と共産党の対立と、その結果として平和主義者の分裂を招いた[80]。ドイツ平和カルテルは同年に分裂し、ドイツ平和協会も1930年ごろには弱体化した。一方でジュネーヴ軍縮会議が1935年まで行われたほか、ブリアンの「ヨーロッパ覚書」やロンドン会議など国際的な軍縮のための努力は続けられていた。ドイツはヒトラー政権下の1935年10月にジュネーヴ軍縮会議を退席し、国際連盟を脱退して、第二次世界大戦への道を進むことになるが、だがそれ以前に、ヒトラーによる再軍備や国際連盟脱退、そもそもヒトラーの権力掌握を待つまでもなく、不戦条約締結と同時期にドイツ国内において平和運動は機能不全となっていた。急進派の平和主義者だけでなく、クヴィッデやゲルラハら穏健派を代表する平和主義者もドイツ国内にとどまることができなくなり、ドイツ国内での平和運動は事実上、第二次世界大戦が終わるまで行われなくなるのである。

ヒトラーと平和主義者

ヴァイマル共和国期には比較的活発な平和運動がありながら、なぜヒトラーとナチズムを止めることができなかったのかと疑問に思うひともいるだろう。ヒトラーは選挙で選ばれた指導者であり、当時のドイツの人々は彼に熱狂した。ホロコーストにつながる反ユダヤ主義はナチ期のドイツで突然に起こったものではなく、ヨーロッパの文化に根深く存在するものであった。国民社会主義ドイツ労働者党という名は最初から矛盾を含んだものだったが、これは社会的不満をうまく取り込む仕掛けでもあった。

平和主義者のみならずヴァイマル共和国期の知識人がヒトラーを止めることができなかったことの理由のひとつは、左派の知識人たちがヒトラーとナチの運動を過小評価したということにあるとされる。これはドイツの歴史家によってもしばしば述べられるものである。ヒトラーの伝記を書いたイアン・カーショーは、オシエツキーを引用しながら以下のように述べている。「民主主義を積極的に擁護する発言で知られる平和主義者カール・フォン・オシエツキーは、選挙直前、自身が編集する急進的な雑誌ヴェルトビューネに、『この思想には理念も原理もなく、長くは続かないだろう』と書いた。『自党の唱える「社会主義」とは何かを定義できる国民社会主義者はいない。(…) そのため、アドルフ・ヒトラーにはドイツ国民を救う使命があるというなにやら奇妙な教義だけが残る』。『国民社会主義の理論めいたものは、指導性とよばれる個人への信仰だけだ。しかしこれは神秘主義である。神秘主義は人の目をしばし眩ますことはできても、人々の空腹を満たすことはできない』。ナチ・イデオロギーの理論の分析としては見事な洞察である。しかしこの判断は政治的には鋭さを欠いていた。ナチズムは死んだと考えたのはオシエツキーだけではなかったが、その判断は拙速であり、社会的統一と連帯の力による国民の救済というヒトラーのメッセージのもつアピール力、感情に訴える力、潜在的動員力をあまりにも過小評価していた[81)]」。

これはヒトラーに対してだけでなく、ナチ全体に対してもそうであった。1920年代のベルリンを「洪水の前」と記したフリードリクによれば、「大統領ヒンデンブルクは一目でこの小男を嫌悪したし、クルト・トゥホルスキーはまた、ナチスを批判することには何の意味もない、なぜなら『風刺には…下限がある。ドイツでは、それはファシストの勢力である。彼らを皮肉ることは引き合わない。そんな低劣なものを狙うわけには行かないからだ』と書いている[82)]」。知識人であるトゥホルスキーはドイツに対していわば「あきらめ」のような感情を持つこととなり、これは結果として彼がナチ・ドイツと世界の行く末を悲観し、自ら命を絶つことにつながったのかもしれない。他国の平和運動の歴史にも見られるように、左派の知識人はむしろ近い勢力との争いのほうに集中していて、より大きな敵を見逃してしまっていたと言える。そして個人主義的かつ啓蒙主義的な左翼知識人にとって、ヒトラーを受け入れる信条は理解できないものであった。

もちろん知識人たちは侮蔑とあきらめだけでヒトラーに対応したのではない。例えばオシエツキーはファシズムの台頭の分析を試み、ファシズムの興隆の原因を社会民主党などファシズムの対抗勢力である左派の弱さにあると捉えていた。[83)]そしてヴァイマル共和国末期には『ヴェルトビューネ』上で左派の円卓会議を呼びかけたのである。しかしすでに時は遅かった。1933年1月にはヒトラー政権が成立し、同年2月末にベルリンの国会議事堂が炎上する事件が起こると、多くの共産主義者、社会主義者たちが逮捕された。「国家反逆者」である平和主義者たちも逮捕されるか、あるいは亡命せざるをえない状況に追い込まれた。同年3月に全権受任法が採択されたことにより、ヴァイマル共和国はその終焉を迎えた。

第3節　亡命とヴァイマル知識人の抵抗運動

亡命の状況

ヴァイマル共和国期のドイツは、平和主義者や左派の知識人にとって決して居心地のよい場所ではなかった。当時平和主義者は「裏切り者」であり「非国民」であった。そして彼らが社会主義者やユダヤ人であるなら、それはなおさらであった。ヒトラーによる政権獲得以前から、迫害された知識人たちの亡命は始まっていた。「戦争はもうごめん」運動にも参加し、闇の国防軍の実態を暴いていたベルトルト・ヤーコプは平和主義的ジャーナリストして著名であったが、すでに1932年の時点でストラスブールに亡命している。1937年にはオシエツキーの伝記を出版したが、1941年にゲシュタポに逮捕され、強制収容所に送られた後、1944年に殺害された。

ドイツの知識人の主な亡命先となったのは、ヨーロッパではパリ、チューリッヒ、プラハ、あるいは北欧の都市などである。アメリカ合衆国や南米にもドイツの亡命者が多く向かった。トゥホルスキーはスウェーデンに亡命した。もともとベルリンに住むのを好まず、パリやデンマークなどあちこちを行き来していたトゥホルスキーであったが、亡命となるとそれまでの生活とは大きく違った。1935年、彼は自ら命を絶つことになる。それほど政治的な活動に熱心でなかったトーマス・マンもスイスに亡命し、その後アメリカに渡った。アインシュタインもアメリカに亡命した。1920年代からベルリンの「戦争はもうごめん」のような平和運動に関わっていたアインシュタインがアメリカ大統領フランクリン・ルーズヴェルトに原爆開発を促す手紙を書いたことでマンハッタン計画が進み、それが広島・長崎への原爆投下につながったことはよく知られている。アインシュタインにとってこれは痛烈な後悔を呼び起こすものとなった。彼は第二次世界大戦後にイギリスの哲学者バートランド・ラッセルとともにラッセル＝アインシュタイン宣言を出し、パグウォッシュ会議につながる科学者の原水爆禁止運動をリードすることとなる。

ひとことで亡命と言っても、活動の仕方は様々であった。トーマス・マンのようにノーベル文学賞を受賞した世界的な著名人は、亡命先でも講演や原稿の依頼がありなんとか生活することができた。彼らは反ナチ、民主主義のドイツのスポークスマンのような役割を担うこととなった。弟トーマスよりもはるかに政治的であり、左派知識人の代表格でもあったハインリヒ・マンも亡命したが、弟に比べて厳しい生活を強いられることとなった。ノルウェーに亡命したヴィリー・ブラントはノルウェー労働党とコンタクトをとり、その経済的支援のもとで生きながらえることができたと言われている[84)]。そのほかの多くの亡命者は地下にもぐることになり、苦しい状況に置かれた。そのようななかでも、クヴィッデらのジュネーヴでの活動など、亡命者の支援団体設立の動きがあった。

各地で亡命雑誌が発行され、これがドイツの知識人たちの新たな言論活動の舞台となった[85)]。シュヴァルツシルトはウィーンで『ヴィーナー・ターゲブーフ』を、プラハで『ノイエ・ターゲ・ブーフ』を発行し、亡命知識人の中心的な存在のひとりとなった。トーマス・マンの子どもであるエーリカとクラウスはアムステルダムで『ザムルング』を発行した。『ヴェルトビューネ』も亡命した。『ターゲ・ブーフ』の場合は、シュヴァルツシルト本人が引き続いて編集したが、『ノイエ・ヴェルトビューネ』はヘルマン・ブジスラフスキーという社会主義者によるもので、オシエツキーの頃とは政治的傾向や特徴が異なるものとなった。『ノイエ・ヴェルトビューネ』と『ヴィーナー・ヴェルトビューネ』がヤーコプゾーンやオシエツキーの『ヴェルトビューネ』の平和主義をどう引き継いでいたか、あるいは引き継がなかったについては改めて別の機会に分析したい。

一方で自らに身の危険が迫っているのを知りながらも、ドイツに残ったものがいた。そのひとりがオシエツキーであった。そしてドイツ平和協会の急進派のリーダーであったキュスターも1933年3月6日に逮捕され、プレッツェンゼーの収容所、そしてオラーニエンブルク、リヒテンブルク、ブーヘンヴァルトの強制収容所に収容された。その後、彼は平和運動を禁止されたまま戦中をドイツで過ごすこととなる。

エーリヒ・ケストナーもドイツに残ったひとりである。彼も『ヴェルトビューネ』の同人であり、1928年に子ども向けの作品『エミールと探偵たち』を出版した人気作家であった。ナチ期には執筆禁止を言い渡され、偽名で書くこととなるが、その後このことを後悔することになる。またケーテ・コルヴィッツもドイツに残っていた。彼女は人民戦線への支持を表明したが、これはヒトラーの怒りを買うことになる。彼女は芸術院での事情について、1933年2月に以下のように述べている。「ハインリヒ・マンとわたしとが、左翼政党統一の提唱に署名したために、アカデミーから退かなければなりません。アカデミーではそれを非常に不快に感じております。(…) 今、わたしはアカデミーの幹部に対して、辞表を出さなければなりません。もしそうしなければ、全アカデミーは吹き飛ばされる危険に遭遇するでしょう。わたしがそうするのは当然のことです。ハインリヒ・マンも同様です[86]」。コルヴィッツは同年9月に芸術院を退会させられ、作品を発表できなくなり、公には沈黙せざるをえなくなった。彼女は第二次世界大戦終結間近の1945年4月22日にその生涯を終えることとなる。

社会主義や民主主義の作家やジャーナリストに対するヒトラーとナチの嫌悪がいかに凄まじいものだったかは、1933年5月10日の「焚書」事件によくあらわれている。ベルリンのオペラ広場をはじめとして、ドイツ各地で「すべての平和主義的、敗北主義的および左翼的傾向の文学」、つまりナチ的なものにそぐわないと考えられた出版物が燃やされた。学生たちによって火に投げ込まれた書物のなかには、トゥホルスキー、ブレヒト、アルフレート・デーブリン、フォイヒトヴァンガー、ヴァルター・ハーゼンクレーヴァー、エーゴン・エルヴィンキッシュ、ハインリヒ・マン、クラウス・マン、ルートヴィヒ・レン、エルンスト・トラー、ケストナー、アーノルト・ツヴァイクら『ヴェルトビューネ』や『ターゲ・ブーフ』に集った知識人たちの作品があった。さらにバルビュスやエーリヒ・マリア・レマルク、シュテファン・ツヴァイクなどもここに含まれた。ヴァイマル共和国期よりもさらに過酷な言論弾圧が行われたのである。現在は「ベーベル広場」と名付けられた旧歌劇場広場の焚書の跡地では、ガラスを通して地下に置かれた空の図書館を見ることができる。これは「本を焼く」ということに対する抗議であると同時に、「本を焼やすものは、終には人を燃やすことになる」という詩人ハインリヒ・ハイネの言葉が添えられ、人間を焼いたナチ体制に対する警告のモニュメントとなっている。[87)]

文学者の反ファシズム運動

亡命期における知識人たちの反ファシズムの運動のひとつが、1935年に開催された「パリ国際作家大会」である。ここではすでに強制収容所のなかで死亡したドイツ共産党のエーリヒ・ミューザムに対する追悼の言葉が述べられている。そしてナチによって逮捕されているオシエツキーとルートヴィヒ・レンを救うべきだという呼びかけが出された。[88)] また1936年2月には「ドイツ人民戦線の準備委員会」が作られた。これは社会民主主義者や共産主義者などからなるもので、118名の署名によるものであった。ここにはヴィリー・ブラントやフォイヒトヴァンガー、トラー、アーノルド・ツヴァイク、ハインリヒ・マンなどの名もあった。この委員会からはアピールも出されていた。こうした活動はペンクラブを中心にいくつも行われた。[89)]

これとは別に、活動を制限されていたドイツからの亡命者たちが参加した初期の反ファシズム運動のひとつが、オシエツキーに対するノーベル平和賞受賞キャンペーン[90)]である。このキャンペーンは、強制収容所にいるオシエツキーの置かれた状況を心配した友人たちが、まず各国のジャーナリズムにオシエツキーや強制収容所の問題を論じさせ、政治家や文化人の有力者の支持を取り付けることでドイツに圧力をかけ、オシエツキーを釈放させようとして始まったものであった。運動といっても組織化されたわけではなく、亡命者たちはそれぞれにオシエツキーの状況について知らせる手紙を書くという活動を続けた。そしてこうした亡命者たちの活動は、しだいに各国の知識人も取りこんだ大きな流れとなり、オシエツキーにノーベル平和賞を受賞させて、彼を釈放させるための世論を形成するというノーベル平和賞キャンペーンにつながった。中心となったのはゲルラハやクヴィッデらドイツ著名な平和主義者であり、またほかにもイギリスに亡命していたエルンスト・トラーや後に西ドイツ首相となる若きヴィリー・ブラントも亡命先のノルウェーのジャーナリズムをオシエツキー側につけることに貢献したのであった。またフランスではロマン・ロランが、アメリカではアインシュタインが運動の中心となった。

こうした運動はナチとその囚人であるオシエツキーに対して国際的な関心が向くことにつながり、国際赤十字の代表が強制収容所に赴いてオシエツキーの健康状態について報告することとなった。そして強制収容所内で行われている拷問などの非人道的行為を指摘し、批判したのであった。ナチはこれに対抗して、オシエツキーの健康状態は問題なく、収容所でも不当な扱いを受けていないと宣伝した。さらに彼が過去に国家反逆罪の有罪判決を受けた人間であるということを強調した。そのためオシエツキーへのノーベル平和賞の授賞は、一度は拒否された。一方、オシエツキーに平和賞を授賞させるキャンペーンが始まった当初、これに参加した平和主義者の側からも一部批判があった。それはひとつには「強制収容所にいる平和主義者はオシエツキーだけではないのに、なぜ彼だけ特別に取り上げるのか」という疑問であり、もうひとつはオシエツキーが注目をあびることで見せしめとして命を狙われると心配するものであった。

1936年11月1日までに、ノーベル平和賞の提案の権利を持つ約1000人がオシエツキーを推薦したとされる[91]。このなかには、チェコスロヴァキアやスウェーデン、イギリス、フランス、スイス、ノルウェーなどの政治家の推薦もあった。そして11月23日、最終的にオシエツキーのノーベル平和賞受賞が決定し、前年に受賞者なしと決められた1935年度の受賞者となったのである。

ヒトラーはこの知らせに激怒し、今後全ドイツ国民にノーベル賞の受賞を禁止するという政令を発布した。オシエツキー自身は、ノーベル賞受賞を辞退せよというナチスによる脅しに屈せず、この賞を受けることを決意した。彼自身、亡命ドイツ人によるこうしたキャンペーンの意味を理解し、反ナチの姿勢を示すことになると考えたのである。しかしオシエツキーは受賞式に参加することが許されず、また賞金はオシエツキーの代理を名乗るものに詐取されてしまった。その後、強制収容所から病院に移されることになるが、そのときにはすでに結核を患っており、その結果1938年５月４日にベルリンの病院で死去した。

オシエツキーのノーベル平和賞受賞とそのためのキャンペーンは、もともと友人たちがオシエツキーの命を救うために始めた運動であったが、亡命知識人たちの活動により国際的な広がりを見せ、当時ナチ・ドイツにあえて異を唱えることをしなかったヨーロッパ各国に一石を投じることになった。このことはナチズムの一時的な敗北と受け止められた。そして、当時まだよく知られていなかったナチの強制収容所の囚人の状態を示し、ナチ・ドイツの非人道性を明らかにする点でも重要な役割を担ったのであった。またオシエツキーのためのキャンペーンは、ドイツ国内で平和運動が機能しなくなっていた時代に、ナチに抵抗する可能性のひとつだったと言えよう。

1）　フリードリク『洪水の前』228-229頁。
2）　パーシェについては、Hans Paasche, *„Ändert Euren Sinn!“ Schriften eines Revolutionärs*, Bremen 1992 および三宅立「ドイツ帝国海軍士官ハンス・パーシェのアフリカ体験」『駿台史学』99号、1996年12月、45-70頁。
3）　コンズル団とラーテナウ暗殺については、山田義顕「ヴァイマル共和国初期の政治的暗殺（Ⅰ）——秘密結社〈コンズル団〉」『大阪府立大学紀要』（人文・社会科学）50、2002年、57-69頁および「ヴァイマル共和国初期の政治的暗殺（Ⅱ）——〈コンズル団〉と政府・司法」『大阪府立大学紀要』（人文・社会科学）51、2003年、1-14頁。
4）　Großmann, *Ich war begeistert*, S.293.
5）　Walther Rathenau, „Konnten wir Frieden schließen, als es Zeit war?“, in: *TB*, 10.1.1920, S.7-10.
6）　Großmann, *Ich war begeistert*, S.293.
7）　Ebenda, S.297.
8）　Thomas Wehrin, „Verfall der Mörder“, in: *TB*, 1.7.1922, S.949f.
9）　Helene von Böhler, „Appell an Hindenburg“, in: *TB*, 1.7.1922, S.951f.
10）　山下肇『ドイツ文学とその時代』259頁。
11）　望田幸男「第一次世界大戦から第二次世界大戦——二つの総力戦とドイツ」三宅正樹（他編）『ドイツ史と戦争　「軍事史」と「戦争史」』彩流社、2011年、69頁。
12）　闇の国防軍とフェーメ殺人およびその裁判については、清水誠（編）『ファシズムへの

道　ワイマール裁判物語』日本評論社、1978年、45-60頁を参照。

13) Karl Holl, „Quidde", in: Donat/Holl (Hrsg.), *Die Friedensbewegung*, S.317.

14) Lehmann-Russbüldt, *Der Kampf der Deutschen Liga für Menschenrechte vormals Bund Neues Vaterland für den Weltfrieden 1914-1927*, S.115ff.

15) *** (= Carl Mertens), „Die Vaterländischen Verbände", in: *WB*, II, 18.8.1925, S.256.

16) Mertens, „Die Vaterländischen Verbände".

17) メルテンスについては、Helmut Donat, „Carl Mertens", in: Donat/Holl (Hrsg.), *Die Friedensbewegung*, S.271f. メルテンスの記事は最初の寄稿からしばらくの間、「＊＊＊（三ツ星）」で名を伏せられて掲載された。1926年３月に「三ツ星」筆者がメルテンスであることが明かされた。Carl Mertens (***), „Der Rattenkönig", in: *WB*, I, 2.3.1926.

18) Mertens, „Die Vaterländischen Verbände", S.239.

19) Ebenda, S.256f.

20) *** (=Carl Mertens), „Ein vergessener Mord", in: *WB*, I, 5.1.1926, S.17.

21) *** (=Carl Mertens), „Von den Fememorden", in: *WB*, I, 19.1.1926, S.87.

22) *** (=Carl Mertens), „Feme-Ausschuß", in: *WB*, I, 2.3.1926, S.353.

23) Mertens, „Die Vaterländischen Verbände", S.258.

24) Carl Mertens, *Verschwörer und Fememörder*, Charlottenburg 1926.

25) Oswalt, *Siegfried Jacobsohn*, S.190.

26) Mertens, „Ein vergessener Mord", S.18.

27) Berthold Jacob, *Weltbürger Ossietzky*, Paris 1937. ヤーコプについては、Reinhold Lütgemeier-Davin, „Berthold Jacob", in: Donat/Holl, *Die Friedensbewegung*, S.204f および、Ruth Greuner, *Gegenspieler. Profile linksbürgerlicher Publizisten aus Kaiserreich und Weimarer Republik*, Berlin (DDR) 1969, S.313-343を参照。

28) Berthold Jacob, „Plaidoyer [sic!] für Schulz", in: *WB*, I, 22.3.1927.

29) Ebenda, S.446.

30) Ebenda, S.449f.

31) „Urteil zum «Femeprozeß», 20.12.1927", in: *OSS*, Bd.VII, [D205], S.250および清水『ファシズムへの道』59頁。

32) Raimund Koplin, *Carl von Ossietzky als politischer Publizist*, Berlin/Frankfurt a. M. 1964, S.121.

33) Carl v. Ossietzky, „Der Femeprozeß", in: *WB*, II, 27.12.1927.

34) Ebenda, S.953.

35) Ebenda, S.952.

36) O.V., „Antworten", in: *WB*, I, 24.4.1928, S.658.

37) 清水『ファシズムへの道』60頁。

38) Oliver, „Das Geheimnis Canaris", in: *WB*, II, 23.8.1927, S.285-289.

39) O.V., „Das Märchen von den Canarischen Inseln", in: *WB*, II, 22.11.1927, S.775-777.

40) 「『ヴェルトビューネ』裁判」はオシエツキーの伝記のなかで比較的よく扱われるものである。Kraiker/Suhr, Carl von Ossietzky、加藤善夫『カール・フォン・オシエツキーの生涯』晃洋書房、1996年など。

41）　Heinz Jäger（= Walter Kreiser）, „Windiges aus der deutschen Luftfahrt", in: *WB*, I, 12.3.1929.
42）　Ebenda, S.402–407.
43）　„Generalmajor von Schleicher an von Bülow, 9.7.1931", in: *OSS*, Bd.7, [D261], S.323f.
44）　„Urteil im «Weltbühnen-Prozeß», 25.11.1931", in: *OSS*, Bd.7, [D269], S.345.
45）　Kurt Tucholsky, „Für Carl v. Ossietzky. General-Quittung", in: *WB*, I, 17.5.1932, S.734.
46）　O.V., „Eingabe an den Herren Justizminister von Max Alsberg", in: *WB*, I, 17.5.1932, S.741f.
47）　Karol Fiedor, *Carl von Ossietzky und die Friedensbewegung. Die deutschen Pazifisten im Kampf gegen Wiederaufrüstung und Kriegsgefahr*, Wrocław 1985, S.78.
48）　Carl v. Ossietzky, „Rechenschaft", in: *WB*, I, 10.5.1932, S.689.
49）　O.V., „Antworten（General Groener）", in: *WB*, I, 17.5.1932, S.761.
50）　„Die «Berliner Volks-Zeitung» zum Urteil im «Weltbühne-Prozeß», 23.11.1931, M", in: *OSS*, Bd.VII, [D272], S.360.
51）　„Der «Vorwärts» zum Urteil im «Weltbühnen-Prozeß», 25.11.1931", in: *OSS*, Bd.VII, [D279], S.370.
52）　„Die «Deutsche Allgemeine Zeitung» zum Urteil im «Weltbühnen-Prozeß», 23.11.1931", in: *OSS*, Bd.VII, [D270], S.358f.
53）　*The Times*, November 24, 1931.
54）　Grossmann, *Ossietzky*, S.203.
55）　„Carl von Ossietzky, „Der Weltbühnen-Prozeß"", in: *WB*, II, 1.12.1931, S.805.
56）　Carl v. Ossietzky, „Rechenschaft".
57）　Ebenda, S.689.
58）　Ebenda, S.691.
59）　Ebenda, S.690f.
60）　Ebenda, S.692–696.
61）　Ebenda, S.703f.
62）　Carl v. Ossietzky, „Die aktuelle Aufgabe", in: *WB*, I, 24.5.1932, S.766.
63）　„Die «Berliner Volks-Zeitung» zum Strafantritt, 10.5.1932, A", in: *OSS*, Bd.VII, [D329], S.438.
64）　「兵士は殺人者」裁判については、本書第1章注37で説明している。
65）　„Ossietzky spricht. Nach Notizen von Johannes Bückler", in: *WB*, II, 5.7.1932, S.8f.
66）　オシエツキーのテーゲル刑務所での日々に関しては、Stefan Berkholz（Hrsg.）, *Carl von Ossietzky. 227 Tage im Gefängnis. Briefe, Dokumente, Texte*, Darmstadt 1988.
67）　Carl v. Ossietzky, „Rückkehr", in: *WB*, II, 27.12.1932, S.925f.
68）　Riesenberger, *Geschichte der Friedensbewegung in Deutschland*, S.149.
69）　C.v.O., „Die Kasseler Generalversammlung [II]（Schluß）", in: *Der Völker–Friede*, Dezember 1919（*OSS*, Bd.1, [47], S.159）.
70）　Helmut Donat, „Das Andere Deutschland", in: Donat/Holl, *Die Friedensbewegung*, S.26.
71）　ホルのこうした評価は彼の研究に一貫して見られる。Karl Holl, „Ludwig Quidde und die deutsche Friedensbewegung in der Weimarer Republik", in: Jost Dülffer/Gerd Krumeich（Hrsg.）, *Der verlorene Frieden. Politik und Kriegskultur nach 1918*, Essen 2002, S.273–285など。ここでホ

ルはアペリウスの研究を、「盲目的なキュスター擁護」によって特徴付けられた記述であると評価している。Ebenda, S.282, Anm.18.

72) Appelius, *Zur Geschichte des kämpferischen Pazifismus.*

73) 装甲巡洋艦A建造問題については、山田義顕「ヴァイマル共和国と海軍——装甲艦〈A〉への道」『歴史研究』(大阪府立大学)、37号、1999年6月、43-61頁および平島健司『ワイマール共和国の崩壊』東京大学出版会、1991年、61-69頁を参照。

74) Werner Fritsch, „Deutsche Liga für Menschenrechte", in: Fricke (Hrsg.), *Lexikon zur Parteiengeschichte* Bd.1, S.754.

75) Guido Grünewald, „Stimme der Völkerverständigung und der Humanität: Die Deutsche Friedensgesellschaft 1892-1933", in: Reiner Steinweg (Red.), *Friedensanalysen. Für Theorie und Praxis 10. Schwerpunkt: Bildungsarbeit. Vierteljahresschrift für Erziehung, Politik und Wissenschaft.* Herausgegeben von der Hessischen Stiftung Friedens- und Konfliktforschung (HSFK) in Zusammenarbeit mit der Arbeitsgemeinschaft für Friedens- und Konfliktforschung (AFK), mit Unterstützung der Berghof-Stiftung für Konfliktforschung, Frankfurt am Main 1979, S.190f.

76) Lothar Wieland, „Sozialdemokratie und Pazifismus", in: Donat/Holl (Hrsg.), *Die Friedensbewegung*, S.368f.

77) Carl v. Ossietzky, „Volksentscheid", in: *WB*, II, 11.9.1928, S.387. 「皆さん…おすすめしますよ」が、ゲーテの『ファウスト』の文章をもじったもの。邦訳はゲーテ、池内紀(訳)『ファウスト　第一部』集英社、1999年、88頁を参考にした。

78) Carl v. Ossietzky, „Volksentscheid", S.389.

79) Ebenda.

80) 斎藤/八林/鎗田(編)『20世紀ドイツの光と影』105頁。

81) イアン・カーショー、川喜田敦子(訳)『ヒトラー〈上〉1889-1936　傲慢』白水社、2016年、357頁。

82) フリードリク『洪水の前』、200頁。

83) Werner Boldt, *Carl von Ossietzky. Vorkämpfer der Demokratie*, Hannover 2013, S.670.

84) グレゴーア・ショレゲン、岡田浩平(訳)『ヴィリー・ブラントの生涯』三元社、2015年、46頁。

85) 『ザムルング』をはじめとする亡命雑誌については、山口知三『ドイツを追われた人びと　反ナチス亡命者の系譜』人文書院、1991年が詳しい。

86) コルヴィッツ『ケーテ・コルヴィッツの日記』、265-266頁。

87) 松本彰『記念碑に刻まれたドイツ——戦争・革命・統一』東京大学出版会、2012年、254頁。

88) A・ジッド/A・マルロー/L・アラゴン(他)、相磯佳正/五十嵐敏夫/石黒英男/高橋治男(編訳)『文化の擁護　1935年パリ国際作家大会』法政大学出版局、1997年、482頁。

89) ペンクラブをはじめとする文学者の反ファシズム運動については、長橋芙美子『言葉の力で　ドイツの反ファシズムの作家たち』新日本出版社、1982年など。

90) オシエツキーのためのノーベル平和賞キャンペーンについては、Willy Brandt, *Die Nobelpreiskampagne für Carl von Ossietzky. Mit den Briefen an Konrad Reisner und Hilde Walter,*

Oldenburg 1988; Charimian Brinson/Marian Malet（Hrsg.）, *Rettet Ossietzky! Dokumente aus dem Nachlaß von Rudolf Olden*, Oldenburg 1990; Christoph Schottes, *Die Friedensnobelpreiskampagne von Carl von Ossietzky in Schweden*, Oldenburg 1997および前述のオシエツキーの伝記を参照。

91）　Suhr, *Carl von Ossietzky*, S.241.

第4章　第二次世界大戦後の平和運動

1930年代初頭を境に機能不全となった平和運動が再開されたのは、第二次世界大戦後のことであった。本章では第二次世界大戦後の西ドイツにおける平和運動の歴史を1980年代まで追いながら、平和運動がどのように展開したのか、そしてそれ以前の平和運動とどういった違いがあるのかについて検討し、歴史的変化を明らかにしたい。

第1節　冷戦期におけるドイツの「平和」

「平和」の意味やその解釈は時代あるいは国ごとに異なるが、第二次世界大戦はその転換点として大きなものであったと言えるであろう。ナチによるホロコーストは人類の非道や残虐性を思い知らせることとなり、人権や人道主義、そして民主主義の価値はそれまで以上に重視されることになった。また日本の憲法9条に見られるように、非戦あるいは不戦を主張する平和主義が国によって唱えられるようになった。

1945年5月8日の敗戦の後、ドイツは英・仏・米・ソの四ヶ国の占領下に置かれることとなった。西側三ヶ国とソ連との対立からそれぞれの占領地区が分断され、1949年にドイツ連邦共和国（西ドイツ）とドイツ民主共和国（東ドイツ）というふたつの国として再出発することになった。両ドイツは米ソ冷戦の前哨地となり、冷戦というイデオロギー対立はドイツのアイデンティティにも影響することになった。反ナチ抵抗運動である「レジスタンス」の経験は、東であれ西であれ、第二次世界大戦後のヨーロッパの重要な思想的根拠となったが、社会主義の国として新しく生まれた東ドイツはナチズムと決別した国であることをより強く主張した。一方でドイツの歴史と文化を引き継いだ形となった西ドイツでも、ナチとの決別をいかに成し遂げるかということが重要な課題となった。ナチの過去との取り組みである「過去の克服」は西ドイツの政治文化を決定付ける言葉となり、同時に西ドイツはヨーロッパの平和構築を独仏協調、そしてヨーロッパ統合という形で進めていった。平和運動はこうした東西対立のなかで戦前とは異なる意味を持って再登場することになる。

さらに核時代の到来は1945年以前と以後の平和運動の特徴を大きく変えることとなった。広島・長崎の情報はドイツにも伝わって衝撃を与え、アウシュヴィッツとともにヒロシマは非人道性の象徴として捉えられるようになった。1945年はヒトラーとナチの終焉だけでなく、世界史的にもうひとつの重要な年となったのである。ドイツ語圏ではカール・ヤスパース、ギュンター・アンダース、ロベルト・ユンクら多くの哲学者やジャーナリストが核時代到来の意味について考察した。そして反核運動は1950年代以降、西ドイツの平和運動の最重要テーマとして展開していくこととなる。

ヴァイマル共和国期の平和主義者の戦後

すでに述べたように、ナチ期には平和主義者の多くは国籍を剥奪されて亡命するか、さもなければ強制収容所に入れられ、命の危険に脅かされる状態であった。

ナチ体制が崩壊し、第二次世界大戦が終わったといっても、すぐに平和運動が活発になったわけではなかった。1945年以前と以後では、人的な断絶が大きかった。オシエツキーが逮捕された際に『ヴェルトビューネ』を支えたヘルムート・フォン・ゲルラハは1935年にパリで、ヴァイマル共和国期ドイツの平和運動の顔とも言うべきノーベル平和賞受賞者ルートヴィヒ・クヴィッデは1941年にジュネーブで死亡した。トゥホルスキーはすでに1935年にスウェーデンの亡命先で服毒自殺していた。ヴァルター・ベンヤミンはフランスに亡命した後、アメリカへ渡ろうとしたがかなわず、スペイン国境で服毒自殺した。平和主義者で女性解放運動家としても知られるヘレーネ・シュテッカーは、1938年にチューリヒに亡命した後、ロンドンを経由してストックホルムに渡った。そしてその後ソ連と日本（横浜）を経由して1941年にアメリカに渡り、この地で1943年に死去した。1938年にオシエツキーの伝記を書いたベルトルト・ヤーコプは1944年に殺害された。また若いころに『ヴェルトビューネ』に寄稿していたクラウス・マンは、1945年を生き延びたが、ドイツに戻ることなく1949年にカンヌで命を絶った。著名な作家を失ったのはドイツだけでなくオーストリアも同じであった。ウィーンやザルツブルクで暮らし、『ターゲ・ブーフ』にも寄稿していたシュテファン・ツヴァイクはユダヤ系だったこともあり、オーストリアを出てイギリスに亡命し、その後アメリカ、ブラジルへと渡った。そして1942年、世界の行く末を悲観した彼は『昨日の世界』を遺作として、自ら命を絶った。

『ヴェルトビューネ』や『ターゲ・ブーフ』の同人をはじめとして著名な知識人たちが第二次世界大戦中に死亡したことは、戦後のドイツの平和運動に断絶を生むことになった。同時に西と東のどちらのドイツで暮らすかということにしても、それは簡単なことではなかった。

第二次世界大戦後を西側で過ごしたのはキュスターとヒラーである。彼らはともに50年代もそれぞれの平和運動を続けた。ナチ期に活動を停止した平和団体のうち、1946年にドイツ平和協会、ドイツ人権同盟、ドイツカトリック平和同盟をはじめとするいくつかの団体が西側占領地区で再建された。ドイツ平和協会ははじめにイギリス占領地区で、最終的にはフランス占領地区で許可を得た。会長はシェーナイヒが務めたが、キュスターは引き続き平和協会で指導的役割を担った。その後のドイツ平和協会は反ナチ抵抗運動を行っていた牧師マルティン・ニーメラーら新たなアクターを中心に活動することとなる。

『ヴェルトビューネ』は復刊されたものの、その特徴を変えることとなった。第二次世界大戦後の『ヴェルトビューネ』は東西のイデオロギー対立に巻き込まれたと言ってよい。東ドイツ版『ヴェルトビューネ』の誕生には、複雑な事情があった。敗戦後、イギリス、フランス、アメリカ、ソ連の四ヶ国によって占領されていたドイツでは、出版物を刊行する際、それぞれの占領地区で許可証が必要であった。オシエツキーの妻であるモード・フォン・オシエツキーはインド系のイギリス人で、夫の遺産とも言える『ヴェルトビューネ』をベルリンのイギリス占領地区で発行したいと考えていた。一度は許可証を得ることに成功したものの、『ノイエ・ヴェルトビューネ』を出版していたブジスラフスキーらとの権利をめぐる争いの結果、ソ連占領下の東ベルリンで出版することとなった。[1)]その結果、東ドイツ版『ヴェルトビューネ』はヴァイマル共和国期の知識人の議論を継承し、オシエツキーの頃の姿勢を受け継ごうとしながらも、その鋭い切り口と社会批判、自由な精神、そして平和主義を長く維持することはできなかった。東ドイツの『ヴェルトビューネ』で27年に渡り編集長を務めたウルズラ・マドラッシュ＝グローショップは『ヴェルトビューネ』を概観するエッセー[2)]を出版しているが、この本のなかで彼女は、東ドイツ版の『ヴェルトビューネ』がヤーコプゾーンと、そしてとくにオシエツキーの『ヴェルトビューネ』の後継者であると描いた。しかし東ドイツ版『ヴェルトビューネ』は、実際にはヴァイマル共和国期の『ヴェルトビューネ』とはすっかり異なった特徴を持っていたし、東ドイツ版『ヴェルトビューネ』がオシエツキーの後継者を自認したことは、オシエツキーという人物の像を本来とは異なったものにしてしまっていたという面もあった。東ドイツでは、オシエツキーの文章は国家の方針に沿うように取捨選択されて用いられ、またブルーノ・フライによって書かれた伝記では、オシエツキーは東ドイツの理想、「人民戦線の闘士」として描かれたのである[3)]。『ヴェルトビューネ』はしだいに東ドイツの「国策ジャーナリズム」の一端を担うようになっていった。東ドイツ版『ヴェルトビューネ』については別の分析が必要だが、全体として見れば、ヴァイマル共和国期に比べると東ドイツ文化史のなかでそれほど重要な位置を占めているとは言えないだろう。

西ドイツでは『ヴェルトビューネ』がソヴィエト占領地区で出版されたこともあり、オシエツキーと『ヴェルトビューネ』がまさにその表紙のように「赤い」ものとして受け止められた時期があったが、その一方で『ヴェルトビューネ』はとくに左派の知識人に対して、ヴァイマル文化に対するノスタルジーを起こさせるものでもあった。西ドイツでも1970年代にオシエツキーの名が見直されることになった。きっかけとなったのが、西ドイツのニーダーザクセン州にあるオルデンブルク市に設立された大学の命名をめぐる問題である。ヘッセン州のフランクフルト・アム・マインにある大学が「ゲーテ大学」と名乗ったり、イェーナ大学が「シラー大学」と名乗ったりするように、ドイツでは大学にその町や地域にゆかりのある著名人を大学の名前に付けることがある。オルデンブルクでは1970年代後半に新しく大学を設立する際に、学生たちが近郊のパーペンブルクにあるエスターヴェーゲン強制収容所に収容され、その結果命を落としたオシエツキーの名を付けて、これにより民主主義的な大学を目指そうという運動を起こした。この背景には共産党の援助があったとも言われるが[4]、実際に活動している学生たちにはあまりその意識はなかったとされる。しかしオシエツキーの名はあまりにもラディカルに響き、大学にオシエツキーの名の入った看板を掲げようとする学生と、それを阻止しようとする大学当局との間で揉めることとなり、警察が介入する騒ぎとなった。しかし最終的にはオシエツキーの名が付けられることになり、オルデンブルク大学はその後、冷戦終結後の90年代になって正式にオシエツキーの名を大学名としている。ここにはオシエツキーの一人娘であるロザリンデ・フォン・オシエツキーから寄贈された資料をもとにオシエツキー文書館が設立され、トゥホルスキー研究所とともにこの両者や『ヴェルトビューネ』研究の中心地となった。このようにして『ヴェルトビューネ』の遺産は受け継がれていくことになったのである。

このほかにも、ヴァイマル共和国期の平和運動から戦後に引き継がれたものがいくつかある。1930年代にトゥホルスキーが述べた「兵士は殺人者」という言葉は、第二次世界大戦後、西ドイツの再軍備反対運動など平和運動のデモで使われるスローガンとなった。またオシエツキーらによる「戦争はもうごめん」運動で使われたケーテ・コルヴィッツによる反戦ポスターも平和運動のデモで現在でも見かけられるものである。なお、この図版は2014年に第一次世界大戦開戦100周年を記念してドイツで発行された切手にも使われた。

「もうひとつのドイツ」の評価

西ドイツにおいては、ヴァイマル共和国期の文化の遺産とも言える平和運動よりも、ヒトラーとナチに対する抵抗運動の経験のほうが重要視されることとなった。ナチ期にはヒトラー暗殺の計画・未遂が40件余りあったと言われるが[5]、日本において反ナチの抵抗運動としてとくに有名なのが、「白バラ」グループの活動と1944年の「七月二〇日事件」である。前者はミュンヘン大学の学生が「打倒ヒトラー」のビラを撒くなどしたもので、後者は国防軍の将校を中心としたエリートによるヒトラー暗殺未遂事件であった。戦後すぐの西ドイツでは、反ナチ抵抗運動は評価されたわけではなく、むしろ彼らはヒトラーとドイツに対する裏切りものと見なされていた。

こうした「七月二〇日事件」やクライザウ・サークルらを中心とする抵抗運動は「もうひとつのドイツ」と呼ばれることがある。たしかに亡命者たちや反ヒトラーの人々は「ナチとは違うドイツ」を求めた「もうひとつのドイツ」であった。しかしながら本書でもすでに取り上げたように、「もうひとつのドイツ」という言葉はもともとキュスターらが平和運動のなかで用いていたものであり、主に国防軍を中心とした軍国主義的ドイツに対する「もうひとつのドイツ」として使われていたものであった。この言葉が反ナチ抵抗運動の脈絡のなかでより広まった背景には、西ドイツが反ファシズムをアイデンティティとするなかで、「ナチとは違うドイツ人」を示す言葉として用いられたという側面が指摘できるだろう。戦後しばらくはヒトラーに歯向かった「裏切り者」として批判されたものの、現在では反ナチ抵抗運動は市民的勇気「ツィヴィールクラージュ」(Zivilcourage)の例として評価されている。また西ドイツが基本法(憲法にあたる)で兵役拒否を権利として認める際に「抵抗権」が重要視されたが、その根底にもこうした抵抗運動の経験がある。それと同時に、ナチへの抵抗=「レジスタンス」が第二次世界大戦後のヨーロッパのアイデンティティになっていくなかで、反ナチ抵抗運動の人々よりも前にヒトラーやドイツの軍国主義に反対していた平和主義者や左派の知識人を中心とした初期の抵抗運動については忘れられることとなった。これには、東西冷戦下のイデオロギー対決が影響しているのである。

この意味では、亡命した知識人たちの扱いも同じであった。亡命者は多くの場合、国を捨てた「裏切りもの」だと見なされ、また亡命した側もドイツを到底信用することはできそうになかった。左派の知識人に対しては、東ドイツに帰国したものも多かったため、なおさら西ドイツでは受け入れられない状況にあった。

平和運動の断絶と再開

西ドイツにおける平和運動は、再軍備に反対する1950年の「オーネ・ミッヒ」(私なしで、私はごめんだ)と呼ばれる運動や、ドイツの東西ブロックへの参入に対して抗議し、中立化を求めた1955年の「パウロ教会運動」などが知られている。パウロ教会運動の担い手は社会民主党、ドイツ労働組合総同盟、自由民主党、そして平和主義者たちであった。しかし1955年2月にパリ条約が締結され、西ドイツのNATO加盟と再軍備が決定すると、こうした運動は力を失った。戦後すぐの西ドイツでは中立化も模索され、キュスターや後に大統領となるグスタフ・ハイネマンらがその中心的な論者となった。

西ドイツの平和運動のなかで盛んになったのが、兵役拒否である。西ドイツでは連邦軍を創設する際に徴兵制を導入したが、基本法には良心的兵役拒否を認める条項が入れられた。平和団体は青年たちの兵役拒否のための書類作りや手続きに手を貸した。とくに70年代には兵役拒否が活発になり、ドイツ平和協会は1974年に兵役拒否者協会と統合して「ドイツ平和協会・兵役拒否者協会」と名称を変更した[6)]。第二次世界大戦後もドイツ平和協会は戦前からの歴史を引き継いで活動したが、ヴァイマル共和国期ほど大きな影響力を持つことはなかった。知識人や平和団体が平和運動の大衆化を目指していたにもかかわらず、それが達成されなかったヴァイマル共和国期と違って、むしろ西ドイツの平和運動は再軍備への反対をはじめとして、市民の自発的な行動によるものとなり、核となる組織を持たない運動として始まった。そして50年代の議会外野党の運動や68年の学生運動の経験を経て、抗議文化のひとつとしてさらに発展するのである[7)]。

第2節　西ドイツの反核平和運動

1945年以降、西ドイツの平和運動の中心は反核運動であった。以下ではその始まりから1980年代までを振り返り、反核運動がどのようにドイツの平和運動の特徴を変えたか考察する。

NATOの核と西ドイツ

1949年の建国後、西ドイツはNATOへの加盟により西側の軍事ブロックの一員となることで主権回復と再軍備を達成した。初代首相のコンラート・アデナウアーは自国の核武装に意欲を示していたが、NATO加盟への交渉過程で「核、化学、生物兵器を製造せず、誘導ミサイルや3000トン以上の軍艦、戦略爆撃機を、ブリュッセル理事会の3分の2以上の多数の賛成と、NATO最高司令官の推奨なしには製造しない」という宣言をし、この制限をブリュッセル条約の機関によって行うことに同意していた。[8)]

ソ連が1949年に核実験を成功させたことはアメリカに危機感を抱かせ、さらなる核実験と水爆の製造にむかわせた。また連邦軍の設立後は、アメリカの核のドイツへの配備が始まった。またアメリカはこの時期、各国に積極的に原子力の「平和利用」を宣伝した。西ドイツでも原子力の「平和利用」は、多くの人々の関心を集めた。1954年９月と10月にベルリンで、55年にはフランクフルト、ハンブルク、ケルン、ハノーファー、ミュンヒェン、シュトゥットガルトで開催された「原子力平和利用展」は100万人以上の観客を集め、かなり好意的に受け止められた。この成功を受けてアメリカが教科書会社と協力して、シュレースヴィヒ・ホルシュタイン州の7000名の生徒に対して「核エネルギーの平和利用」をテーマに懸賞論文を出したとも言われている。[9)]

一方、核戦争の恐怖が西ドイツの国民に意識されたのは、50年代のことであった。1953年秋のドイツへの核兵器配備の開始や多くの国々に影響を与えた1954年のビキニ環礁の水爆実験、そしてそれに結びついた「フォール・アウト・ヒステリー」（放射性降下物に対するヒステリー）や、NATOの核演習の死亡者数シミュレーション（1954年）によって、西ドイツの市民は突然核時代の恐怖と向き合うことになったのである。[10)] しかし、アメリカでさかんに宣伝されていた核戦争に対する「ダック・アンド・カバー」（「伏せて隠れる」）と呼ばれる民間防衛は、アメリカの市民の核に対する意識には大きな影響を与えたと言われるが、東西ドイツでは必ずしも受け入れられなかった。第二次世界大戦で空爆の被害を有する両ドイツでは、民間防空に対する疑念が広く行き渡っていたためである。西ドイツでは政府が1950年末以来民間防空の計画を進めていたが、ほとんど病的なほどにおびえた市民への心理的な影響に気を配ったという。[11)] ドイツの人々は、原爆によって攻撃されれば、もはやどうにもならず、運命に身を任せるしかないと受け止めていたと言えるだろう。

マルティン・ニーメラーもこの時期に「核の恐怖」を意識したひとりであった。牧師であったニーメラーはナチへの抵抗運動で知られた人物であった。彼は1954年６月にオットー・ハーンやカール・フリードリヒ・フォン・ヴァイツゼッカーら科学者との会合を持ち、原水爆の引き起こす影響について講義を受けた。それまで反核武装、反軍備だったが、根本的に平和主義者ではなかったニーメラーは、このとき初めて平和主義者になったと言われている[12)]。ニーメラーはドイツ平和協会の会長となり、1950年代からの平和運動を代表する人物となった。彼は後に1980年代の反核運動でも大きな役割を果たすこととなる。

西ドイツで本格的な反核運動が始まったのは1957年のことである。この年の4月5日に、アデナウアー首相が西ドイツの核武装の意志を示し、原爆も通常兵器と変わらないと発言をしたことが、ドイツの核戦争の危機をより現実的なものにした。これに対して出されたのが、ゲッティンゲン宣言である。これはハーンやマックス・ボルン、フォン・ヴァイツゼッカーら18人の科学者によるもので、西ドイツの核武装への反対と核保有に向けた一切の研究への関与を拒否すると宣言したものであった。日本の代表的な物理学者25名がただちにゲッティンゲン宣言支持声明を発表し、またソ連の科学者も支持を表明したとされている[13)]。ただしゲッティンゲン宣言は原子力の「平和利用」に反対するものではなかった。

さらにゲッティンゲン宣言に続いて行われたのが、社会民主党による「反原爆死キャンペーン」(原爆死反対闘争)である。労働組合総同盟と協力して行われたこの運動は高まりを見せたが、社会民主党は路線転換により、しだいに平和運動と距離をとるようになった。この頃の西ドイツの反共主義は根強く、東ドイツがソ連流の「平和政策」を掲げていたこともあって、平和運動に参加するものは「共産主義の手先」と見なされる傾向にあった。著名なジャーナリストで、すでに1952年の『未来はすでに始まった』でアメリカの核実験を扱っていたロベルト・ユンクも、西ドイツ政府の圧力により「共産主義の秘密の同盟者」と中傷されたことが明らかになっている[14)]。平和運動に対するこのような評価は、80年代まで続くことになる。

核不拡散体制の開始

1949年のソ連の核実験や西ドイツへのアメリカの核の配備のみならず、1952年のイギリスや1960年のフランス、そして1964年の中国の核実験成功などを経て核拡散がさらに進むと、原子力のコントロールが課題となり、核不拡散の交渉が開始され、1968年に核不拡散条約 (NPT) が成立した (発効は1970年)。現在まで続くNPT体制は、条約成立以前から核兵器を保有していたアメリカ、ソ連、イギリス、フランス、中国の5ヶ国を「核兵器保有国」、それ以外の国々を「非核兵器保有国」として区別し、それぞれに核不拡散と核軍縮の義務を課すシステムである。条約の参加国を、核兵器を持つ国と、条約を守るかぎりは永遠に持つことのできない「非核兵器保有国」に区分するNPTの構造は、差別的な性質だと理解される。この差別性を緩和するために、非核兵器国にも原子力の「平和利用」の権利を承認し、援助の可能性を定めることと、核兵器国が核軍縮のために誠実に交渉を継続すると約束することが決められている。そして非核兵器国は、原子力の「平和利用」が核兵器に転用される危険があるため、その「平和利用」が悪用されていないことを検証することとなっている。これは国際原子力機関（IAEA）の「保障措置」と呼ばれ、非核兵器国が自国のすべての核物質の情報をIAEAに提供し、査察を含めて主として施設ごとにいくらの核物質がいつ出入りしたかという計量管理を行って、それが違法に使用されないことを確保する検認制度である[15]。核兵器保有の能力と可能性がある国として見なされていた西ドイツは、こうしたNPTの差別的性質に異議を唱え、条約の締結に躊躇していたが、社会民主党のヴィリー・ブラントが首相を務めた1969年に、NATOによる安全保障が引き続き与えられるとの条件のもとでNPTに「非核兵器国」として署名した。これはつまり西ドイツが「核兵器の取得を自主的に放棄した国」として位置付けられることを意味した。しかし同時に西ドイツは冷戦期を通じて、自国の利益が危険にさらされると判断される場合には、自衛権を楯に条約離脱の自由を有するとの考えを表明していた[16]。

NPTの交渉がなされていた60年代には、西ドイツの反核運動は「復活祭行進」を中心として行われた。これはバートランド・ラッセルらによって1958年に始められたイギリスの核軍縮キャンペーン（CND）を手本として始まったものである。復活祭行進は議会外野党（APO）の運動の起源のひとつとなった。50年代の運動とは異なり、最初から既成政党・組織から独立したネットワーク運動を目指した。60年代半ば以降は左派の反核運動家を吸収して、運動の政治色をしだいに強めていった。そして世界的なベトナム反戦運動の高揚とともに拡大し、30万人を超える規模となった[17]。平和運動は環境運動、女性解放運動とともに「新しい社会運動」として発展した。しかし「68年運動」の衰退とともに沈静化する。復活祭行進が復活したのは1980年代であり、それ以降今日でも行われている。

デタントから新冷戦へ

ポーランドとの和解に象徴されるブラントの「東方外交」は、東西の緊張緩和（デタント）をもたらした。ソ連との関係も改善し、1970年にソ連ドイツ武力不行使条約、翌71年にベルリン協定が結ばれ、73年には全欧州安全保障協力会議が開催されるなど、東西間の協力が進んだ。また米ソの間には1972年に米ソ第一次戦略兵器削減条約（SALT-I）が締結され、核兵器の国際的な管理が進展するかのように思われた。

東西の緊張緩和を受けて核戦争の危険が減ったように思われたこともあり、この時期には大きな反核兵器の運動はあまり見られなかった。その代わりに70年代には反原発の運動が登場した。1972年の連邦環境保護市民イニシアチブの創設、1975年のヴィールにおける農家や環境保護活動家らによる原発建設予定地での反対運動、1979年３月末のゴアレーベンでの再処理計画反対のデモ等は、80年代初頭に起こる文字通りの「反核」運動の兆しであった。

70年代末になると、米ソの関係は再び緊張状態に入る。1977年にアメリカが中性子爆弾の生産配備計画を発表した。また、ソ連が中距離核ミサイルSS20の東欧諸国への配備を開始し、アフガニスタン問題も浮上した。NATOはこれに対抗する形で、1979年12月に、83年までにヨーロッパの中距離核の制限に関する米ソ交渉にソ連が応じなければ、SS20に対抗するために、イギリス、西ドイツ、イタリア、オランダ、ベルギー５ヶ国へ巡航ミサイル464基を、さらに西ドイツに中距離核ミサイル・パーシングⅡ型108基を配備すると決定した。軍縮交渉と核ミサイル配備という軍拡がセットになったこの決定は、NATO「二重決定」と呼ばれた（あるいは「追加軍備」とも呼ばれる）。さらにロナルド・レーガンが米大統領に就任すると対ソ強硬路線が強まり、また1981年には限定核戦争に言及するなど、東西の核戦争の危機は目前であるように思われた。そのため、ヨーロッパを中心にNATOとアメリカへの強い反発が生じ、これが1980年代初頭の世界的な反核平和運動の波となった。新型兵器配備の予定地であるヨーロッパ５ヶ国のみならず、日本やアメリカでも大規模な平和運動が行われた。

1980年代初頭におけるヨーロッパ反核平和運動の高揚とドイツ

NATO「二重決定」によって高まった核戦争の恐怖に対抗して生じた反核平和運動は、70年代後半の反原発運動と、同時期に活発化した教会の平和運動を取り込んだ形で西ヨーロッパの国々で発展した。

80年代の世界的な平和運動の波を作ったのは、イギリスとオランダの反核運動であった。イギリスには、上述したドイツの復活祭行進のモデルとなった核軍縮キャンペーンが50年代に登場したが、60年代から70年代にかけては影響力を失っていた。しかし70年代末に、中性子爆弾反対運動やサッチャー政権下の軍拡政策に対しての批判などを通して、再び活発な反核運動を行うようになっていた。

オランダの反核運動は、「教会間平和評議会」(IVK)により組織されていた。教会間平和評議会は、プロテスタントとカトリック両教会によって平和問題などを扱うプロジェクトとして1966年に設立された組織であった。1977年から「世界から核を廃絶しよう——まずオランダから」というスローガンを掲げ、反核運動を行っていた。この影響は大きく、当時国民の半数がオランダの核兵器すべてに反対し、3分の2がNATOの新型兵器に反対したという[18]。こうしたオランダの反核運動は「オランダ病」と名付けられ、西ドイツ、イタリア、ベルギー、そして日本へと広がった。後に西ドイツのボンで演説を行ったオランダ人の平和運動家は、「オランダにいる私たちは、世界にとってこれほど重要な"病気"に私たちの名がつけられていることを誇りに思います。この病気は、本当は軍拡の狂気に対する薬なのですが、かつてのペストのように感染力が強く、そしていま私が目にしているようにこの菌は今やあなたがたドイツ人のところにまで届いているのです[19]」と述べている。

この時期にはヨーロッパを中心に各地で「反二重決定」を中心とした平和デモが行われ、1983年までの間にロンドン、ブリュッセル、ローマ、パリ、マドリッドなどで数十万人規模の大規模なものになった。また各地で署名運動やハンストなどによる抗議が行われた。

西ドイツでの展開

こうしたヨーロッパの反核平和のうねりのなかで、西ドイツの運動は最も規模が大きく、参加者の層が広いものとして知られている。すでに述べたように、ドイツの場合は国家の分断によって東西の対立の前哨地になっていたのであり、限定核戦争が起きればその戦場はまさにドイツに他ならないという危機感は他国より強かった。

西ドイツで「二重決定」への抗議運動が高揚する直接的な契機となったのは、1980年11月16日の「クレーフェルト宣言」である。これは1980年11月15日と16日、ノルトライン・ヴェストファーレン州のクレーフェルトで「クレーフェルト・フォーラム」と呼ばれる集会が開かれた後、前述のニーメラー（牧師）、ペトラ・ケリー、ゲルト・バスティアン（ともに緑の党）、ヘルムート・リッダー（法学者）、ヨーゼフ・ヴェーバー（西ドイツ連邦軍退役大佐）らが連名で出したものであった。この宣言は、ドイツ連邦共和国政府に宛てたものであり、「パーシングⅡ型ミサイルおよび巡航ミサイルの中部ヨーロッパへの配備に対する同意を撤回すること」、そして「同盟国との関係において、今後、わが国がとくにヨーロッパを危険にさらす新たな核軍拡競争の先達者たらんとしているといった疑いを長期にわたってかけられないような態度をとること」を要求している。さらに西ドイツのすべての国民が、「アメリカ合衆国の核兵器基地のためになされる中部ヨーロッパの軍拡を許さないこと」「抑止よりも軍縮をより重要であると考えること」「連邦軍の展開をこの目標に向けること」[20]などのアピールを支持することを訴えた。

この宣言はおよそ400万人を超える署名を得たと言われ[21]、これ以降、西ドイツの運動は高揚することになる。とくにオランダの教会間平和評議会と西ドイツのプロテスタント系団体である「行動・償いの印・平和奉仕」（以下、「償いの印」と略。「贖いの証し行動＝平和奉仕」と訳されることもある）が協力し、1981年10月10日にボンで行ったデモには30万人以上の市民が参加し、歴史的な平和デモとなった。「核の脅威とともに立ち向かおう――ヨーロッパの軍縮と緊張緩和のために」と名付けられたこのデモでは、「核なきヨーロッパ」が呼びかけられた。

さらに翌82年６月10日には、NATO頂上会議にあわせて「平和のために立ちあがれ」と題した集会が開催された。このときの準備委員会は前年10月のボンの「30万人デモ」とは異なり、カトリック・プロテスタント両派および社会主義の学生グループや、女性団体、緑の党、連邦環境保護市民イニシアチブ、ドイツ平和協会・兵役拒否者協会、「平和・軍縮・協力のための委員会」(KOFAZ)などによって組織されたものであった。「6月10日デモ」の報告集によれば、デモの2日前である1982年6月8日までに、彼らの呼びかけに対して国内外から1831の署名が集まったという[22]。そしてデモの当日には、40万人以上の人々がボンに集まった。また、二重決定で予定されたパーシングⅡ型の配備が始まる83年には運動が激化し、「熱い秋」(Heißer Herbst)と呼ばれたこの時期には、パーシングⅡ型の配備予定地であるムートランゲンで封鎖行動が行われ、ユンク、ケリー、バスティアンらに加え、社会民主党のエアハルト・エップラーやオスカー・ラフォンテーヌ、神学者ヘルムート・ゴルヴィツァー、作家ハインリヒ・ベルやギュンター・グラスらが参加した[23]。

上記の例に限らずこの時期の平和集会は、キリスト教団体、環境保護団体、平和団体、政党、あるいはその他の諸団体など広範な層によって組織されたもので、多くの場合、クレーフェルト宣言で書かれているようなNATO二重決定への批判とアメリカの新型兵器撤回の要求に加えて、すでにドイツおよびヨーロッパに配備されている中距離核の撤去や、東西の軍拡の凍結ならびに軍縮の開始が主張された。しかしそれだけではなく、核軍縮に加えて、環境問題、労働問題等も扱われていた。

クレーフェルト宣言をはじめとして、80年代初頭の平和運動についてしばしば指摘されるのが、その反アメリカ主義と西ドイツ共産党の影響である。すでに当時からクレーフェルト宣言については「ソ連寄り」との批判があり、そのためNATOの二重決定には反対しながらも、当初はクレーフェルト・フォーラムの運動と距離を置くものもあった。冷戦終結後もクレーフェルト宣言や当時の運動がどの程度「ソ連に操縦されたものだったか」が議論の的となっている[24]。しかし70年代後半、つまり二重決定以前からのイギリスやオランダの運動の影響や教会の平和運動、そして反原発の運動の影響を考慮すれば、80年代初頭の反核兵器の運動を「ソ連寄りかどうか」だけで評価することはできない。この時期の運動は、何十万人もの思想・信条を超えた広範な人々の参加によって成り立っていたのであり、70年代後半から高まった「核」に対する恐怖とそれへの抗議が市民の「不服従」の平和運動を促したのであり、「核の文化」によって支えられた冷戦と東西のイデオロギー対立を超える運動へ発展したと見るべきであろう。

エップラーは2008年に80年代初頭の反核平和運動を振り返り、こう述べている。

「追加軍備［NATO二重決定のこと］は歴史の教科書にその名をとどめてもよいであろう。それは当時生きるか死ぬかの問題だったからではなく、ミサイルをめぐる論争がドイツ史のなかで強力な平和運動へと発展したからである。1981年10月10日にボンのホーフガルテンに押し寄せた、あるいは南西部で何キロメートルもの長さとなる平和の鎖を作った数十万の人々は、ほとんどが原理主義的な平和主義者ではない。彼らはまた反アメリカ主義者でもない。彼らは単にこう感じたのだ。もううんざりだ。この種の軍備はもはや意味を持たない。どちらの側も、自分のしていることは追加軍備で、他方のしていることは予備軍備だと認識している。それがうまくいくはずがない。もうたくさんだ、と[25)]」。

80年代初頭の運動は、すでに70年代から見られた反原発運動とともに、市民の「核はもうたくさんだ」という声に支えられたものであった。そしてそれは、戦後の冷戦構造で生まれた平和運動に対する偏見を超える力となったのである。

1980年代初頭の反核平和運動の特徴

1980年代初頭の反核平和運動については、すでに当時からそれまでの運動と異なる「新しい平和運動」であることが意識され、その成果や問題点について議論が重ねられていた。こうした評価を踏まえ、この時期の運動の大きな特徴をあげておきたい。

① 草の根の運動としての平和運動

すでに見てきたように、1980年代初頭の反核平和運動のデモには多くの団体・個人が関わっていた。クレーフェルト集会に影響を与えたと言われるドイツ共産党以外にも、伝統的に平和運動の担い手であった社会民主党や労働組合もこの運動に与することになる。

50年代の反原爆死キャンペーンを担った社会民主党は、二重決定時に首相であったヘルムート・シュミットを擁したこともあり、高揚する平和運動を前に難しい立場に立たされていたが、とくに党内左派のエップラーやラフォンテーヌは反核平和運動に積極的に関与した。1982年には自由民主党の連立離脱によりシュミット政権からキリスト教民主同盟のヘルムート・コール政権への政権交代が行われ、二重決定で予定された新型兵器はコール政権のもとで配備されることとなった。コール政権はベルリンの壁の崩壊と東西ドイツ統一を経て、1998年まで続く長期政権となった。

労働組合総同盟はクレーフェルト宣言とは距離を置き、また執行部は1981年10月10日のボンにも参加しないとの決議を行ったが、しかし実際には多くの組合員が個人としてそれぞれデモに参加していた。1983年には「平和運動準備委員会」の代表者と労働組合総同盟が協力のための会合を持ち、同年6月のボンでのデモで初めて組織として参加した。[26)]

こうした左派勢力や緑の党のほかに、ドイツ平和協会・兵役拒否者協会などの平和団体、連邦環境保護市民イニシアチブなどの環境保護団体、パックス・クリスティ、償いの印、キリスト教平和奉仕会などのキリスト教団体、医師、薬剤師、建築家、農家、兵士など多数の職業別グループ、女性団体、学生団体などがそれぞれの立場からパーシングⅡおよび巡航ミサイルの配備、そして核戦争への反対を表明した。[27)] 医師は放射性降下物の危険性や白血病発症のリスクを明らかにし、「医師は核戦争を警告する」と題したアピールや核戦争防止国際医師会議（IPPNW）西ドイツ支部による「フランクフルト宣言」などで、薬剤師は「原爆が爆発した場合、ほとんどの薬剤師が犠牲になるだろうし、薬の在庫は失われ、薬剤の製造と配布のあらゆる可能性がなくなるであろう[28)]」と述べた「ドイツ連邦議会議員に向けた公開書簡」で、また建築家は「核攻撃のための防空壕建設に反対するドイツ建築家連盟理事会によるマニフェスト」などで、核軍拡への抗議を行った。NATO軍の兵士のなかからも核軍拡に対する抗議の声があがり、緑の党のバスティアンのように抗議の意志を示して軍を退職したものもあった。ほかにもゲッティンゲン宣言のときのような科学者のアピールや、教師、法律家等々の訴えがなされ、また地区単位、学校単位など幅広い領域で抗議運動や平和集会が行われた。また団体として参加し、宣言文を起草したこれらの人々のほかに、多くの個々人がデモに参加したことを見逃してはならない。

イギリスやオランダの運動とドイツの運動の最も大きな違いは、前者がすでに述べたように核軍縮キャンペーンや教会間平和評議会といった組織を中心とした運動であったのに対して、ドイツではひとつの運動が核になったわけではなく、非常に分散的な特徴を持ったということであった。平和運動がまさしく「草の根」の運動として発展し、党派イデオロギーを超えて平和や反核を語る基盤ができたと言える。クレーフェルト宣言が得た400万の署名や、ボンでの30万人、40万人の集いは、いずれかひとつの党や派閥のみで集められるものではない。

1980年代初頭の反核平和運動が草の根の運動となり、多数の団体がデモの準備委員会を構成してデモを組織したことは、今日のドイツの平和・反核・反原発NGOの連携のもととなっている。例えば80年代に組織された「準備委員会」は現在でも「ドイツ平和運動ネットワーク」と名を変えて活動を続けている[29]。また平和団体だけでなく、80年代には平和研究の進展が市民を啓蒙し、草の根の運動を支える役割を担ったことも指摘しておくべきであろう[30]。

② 環境保護運動および脱原発運動と緑の党の躍進

ドイツの平和運動史を振り返るとき、1980年代初頭の運動に最も特徴的なのが、平和運動と環境保護運動の結び付きと、そこから生まれた緑の党の存在である。

すでに述べたように、西ドイツでは1950年代後半にゲッティンゲン宣言や反原爆死キャンペーンがあり、60年代には復活祭行進などの反核運動があったが、これらはもっぱら核の軍事利用である核兵器に対する抗議運動であり、「平和利用」である原発と核兵器がともに議論されることは少なかった。

しかし1980年代初頭の平和運動では、連邦環境保護市民イニシアチブの活動が顕著であった。すでに二重決定がなされる以前の1979年10月27日と28日、連邦環境保護市民イニシアチブと「兵役代替遂行のための自己組織」、そしてドイツ平和協会・兵役拒否者協会が「エコロジーと平和運動」と題した会議をカッセルで開催しているが、これがエコロジー運動と平和運動の最初の共同行動であったと言われている[31]。

その後のボンのデモなどにも、環境保護団体のメンバーは積極的に関与した。1982年6月10日デモの準備委員会の責任者のひとりが、連邦環境保護市民イニシアチブを代表するヨー・ライネンである。彼は「イニシアチブ」のメンバーであると同時に社会民主党の議員を務めた人物であった。ライネンは「平和運動の先駆者はエコロジー運動だった。多くの市民イニシアチブと環境保護グループは、過去数年間、環境破壊と自然破壊がかなりの程度軍事行動に由来するということを見逃さず、積極的に平和運動に参加してきた[32]」と述べ、環境保護運動と平和運動の連携を強調した。

そしてこの時期の平和運動にとって重要だったのが、緑の党の登場であった。緑の党は反アメリカ主義、中立主義、非暴力を唱えて平和運動に参加して支持層を増やし、これを追い風にして、1983年3月に連邦議会への進出を果たした。緑の党を代表するのがペトラ・ケリーである。彼女は連邦環境保護市民イニシアチブのメンバーでもあった。妹をガンで亡くしていたケリーは、「私の勇敢な妹の生と死を見てからというもの、私は西ドイツの冷たい小児病院にいる慢性疾患と癌を患う子どもたちのために尽力してきたし、同時に『治療行為の際に用いられる放射線』を含めて、核エネルギーのいわゆる『平和』利用と軍事利用に対して、非常に批判的な態度を持つようになった[33]」と述べ、原子力の軍事利用と「平和利用」の双方、さらに言えば放射線治療を含むあらゆる核エネルギーの使用、そしてその人間や環境への影響を問題視していたのである。彼女はバスティアンとともにクレーフェルト宣言の提案者となったのをはじめ、主要なデモで演説をし、反核平和を呼びかけた。

緑の党の登場の意義は、反原発と反核兵器の運動を結び付けただけではない。平和運動が出す要求を政策決定の舞台、つまり国会へもたらす役割を担ったことは重要であった。1892年のドイツ平和協会の設立以降、平和運動の指導者たちは彼らの要求を政策の場に反映させることに苦心していた。ヴァイマル共和国期にはオシエツキーらの共和党のように平和主義者独自の政党設立の試みもあったが失敗した。しかし80年代になって平和主義を掲げる緑の党が連邦議会に進出したことで、これが達成されたのである。バスティアンの「平和運動は、望ましい変化はたしかに議会外で準備されるべきだが、これはもっぱら議会のなかで実行されうるのだということを認識し、それに適応しなければならない。なぜなら、これまでの誤った決定と現在取られている路線を議会外で訂正するというあらゆる考えは、新たなそして同じように致命的な誤りを導きかねないからである[34]」という言葉は、こうした問題意識を示すものであると言えるだろう。

③ キリスト教団体・教会の役割の重要性

緑の党の躍進と同様、1980年代初頭の反核平和運動のなかで顕著であったのがキリスト教団体および教会の活動である。とくに50年代からの西ドイツの平和運動で指導的役割を担ったニーメラーをはじめとして、カトリック系のパックス・クリスティ、プロテスタント系の償いの印などに属する人々が反核平和運動に積極的に参加した。上述したように償いの印がオランダの教会間平和評議会と協力して1981年のボン集会を組織したり、82年６月のデモの準備委員会にカトリック・プロテスタントの両学生団体が名を連ねるなど、環境保護団体と並んで1980年代初頭の反核運動で大きな役割を担った。また教会を中心とした信徒大会や平和週間は、若者を中心に平和を議論する場を提供し、国境を越えて東ドイツの平和運動と連携する機会を作った。

さらに償いの印をはじめ、キリスト教平和奉仕会やマルティン・ニーメラー記念館平和センターなど、多くの団体から構成された平和奉仕活動共同体も、戦後の平和運動の担い手として重要な位置にあった[35]。

④ 東ドイツの平和運動との連携

1980年代初頭の平和運動の大きな特徴のもうひとつは、東ドイツの運動との連携である。上述の教会を中心とした「平和週間」などの活動に加え、80年代には東ドイツの反体制派の平和運動も見られるようになっていた。また西ドイツと同様、東ドイツでもエコロジーへの意識が高まりつつあり、これが平和運動と結びついていたほか、平和の実現と民主主義との関連性が議論されるようになっていった[36]。

東ドイツの平和運動でよく知られているのが、ロベルト・ハーヴェマンとライナー・エッペルマンによる活動である。1982年１月25日、両者はベルリン・アピールを発表し、ヨーロッパの非核地帯化や「武器なき平和」を呼びかけた。エッペルマンは後にベルリンの壁の開放とドイツ統一を導いた「平和革命」でも大きな役割を担った人物として知られている。彼らが用いた「武器なき平和」というスローガンは、1970年代から東西ドイツ双方に広まったもので、当時はこのほかに聖書の「剣を鋤に」という言葉を用いた兵役拒否や軍縮を主張する平和運動も注目を浴びていた。「剣を鋤に」のシンボルマークは東西両国の平和運動で多く用いられた。ケリーはこうした東ドイツの運動に共感を示し、1982年にこう書いている。

「東ドイツで『剣を鋤に』の印を付けることは、新しい意識の表明であり、同時に下からの平和運動が西ドイツと同じように成長し、繁栄していることを示すことである。このことをわれわれは歓迎するのみである。なぜならこのことは、軍事ブロックという異常な論理のなかで人々が下から立ち上がり、戦争と軍事化に立ち向かっていることを示しているからである[37]」。

ケリーはまた1982年４月のハーヴェマンの死に際しても、バスティアンとともに声明を出し、「ロベルト・ハーヴェマンの死は、われわれを深い悲しみで一杯にしただけではない。彼はわれわれに、ともに始めた仕事を完成させ、両ドイツで同じように成長している平和運動のために、われわれの力をすべて投入するという義務を課しているのである。絶えず軍備拡張している２つの軍事ブロックに分割されたヨーロッパの双方の側で、武力での抑止を軍縮に替え、剣を鋤に鋳なおし、軍事ブロックの解消によって、平和が可能な、軍備と核兵器のないヨーロッパをつくろうという目的を持った両ドイツの平和運動のために[38]」と述べ、東ドイツの平和運動との連携を表明している。東ドイツの運動は、西ドイツでも反響を呼び起こしたのだった。

東西ドイツの平和運動の発展と相互交流は、西ドイツ市民のなかに東ドイツの反体制勢力に対する関心を呼び起こし、東欧の民主化について考える機会を提供した。とくに緑の党は、東ドイツの反体制勢力との接触に尽力していた。そして80年代後半になると東ドイツでも人権・環境グループの運動が大きく展開され、とくにチェルノブイリの原発事故以降、東ドイツの市民の環境に対する意識が高まることとなり、1986年にシオン教会内に設立された「環境文庫」は環境運動のなかだけでなく、反体制運動のなかで重要な役割を担った。二重決定を契機に高まった「核戦争からドイツを守る」というナショナルな意識やアメリカへの抗議は、ドイツの統一に関する議論にも影響を与え、ゴルバチョフのペレストロイカ以降、東ドイツの民主化運動を加速させる基盤となった。

80年代の「東西のブロックを超えよ」という呼びかけは、ベルリンの壁の崩壊へとつながったのである。

⑤ ヨーロッパの核戦場化への抗議と日本への影響

戦後ヨーロッパの反核運動でよく使われたスローガンのひとつが「ノー・ユーロシマ」（ドイツ語で「カイン・オイロシマ」）である。「ユーロシマ」（「オイロシマ」）は「ヨーロッパ」（「オイローパ」）と「ヒロシマ」を合わせた造語で、「ヨーロッパの核戦場化＝ヒロシマ化」の意味で使われた。

この時期の日本と西ドイツの平和運動家の交流は活発であった。ドイツ平和協会・兵役拒否者協会が「二重決定」に先立つ1979年の４月と５月、広島と長崎の被爆者を西ドイツに招待し、80年代を通して被爆者の証言活動を企画していた[39]ほか、ドイツのみならずヨーロッパ各地の平和デモで演説をする被爆者の姿が見られた。また被爆証言の出版も多くなされた。ケリーとバスティアンが広島を訪れたのに加えて、広島の原水禁運動を代表する運動家であった森瀧市郎が緑の党の招待でクレーフェルト宣言の１周年を記念する集会に参加し、「ノーモア・ヒロシマ、ノーモア・ユーロシマ」を訴えている[40]。森瀧は西ヨーロッパだけでなく、東ヨーロッパの運動との連携についても触れている。

> 「西ヨーロッパの人々の恐怖は同じように東ヨーロッパの人々の恐怖であるに相違ない。81年11月21日西独ドルトムントの集会で、『ヨーロッパはユーロシマになってはならない』と叫んだ私はその翌22日ボンの集会に出た。そこには東ヨーロッパの代表も困難を押して参加していた。民衆の恐怖と憂慮と反核行動に於ては西欧も東欧もひとつなのである。
>
> 私が帰国してまもない頃、東独の平和団体から届いた印刷物にホーネッカー首相の演説が載っていた。その標題は『ヨーロッパはユーロシマになる必要はない』となっていた。
>
> ヨーロッパ全土にまきおこる民衆の反核行動はさすがに米ソを動かしてジュネーヴで戦域核削減交渉に入らずにはおれないところまでは追い込んだ。更に82年６月の国連軍縮特別総会にどれだけの迫力をもって影響を与えることができるか。思えば連帯して進むべき大きな反核平和の友軍である[41]」。

日本との関係で言えば、むしろこの時期の西ドイツの平和運動は、「オランダ病」とともに日本の反核平和運動を刺激するものであったと言えるだろう。西ドイツやオランダの運動に呼応する形で、日本でも国連総会にあわせて「30

万人デモ」が行われた。また、中野孝次や大江健三郎を中心とした文学者によって、核兵器の廃絶と軍拡競争の中止、非核三原則の厳守などを呼びかけた「核戦争の危機を訴える文学者の声明」が出されて反響を呼ぶなど、平和運動の高揚が見られた[42)]。ただし日本の場合、1980年代初頭の反核運動はドイツのように反原発運動を取り込むことはなかった[43)]。

⑥ 反核兵器以外のテーマへの広がり

1980年代初頭の反核平和運動に参加した多くの人々の関心の中心にあったのは核兵器であり、この時期の平和運動は大きく見れば「反二重決定」をコンセンサスとして成り立っていた。しかしこの時期には、核兵器の問題以外にも多くの問題が議論されていた。すでに述べたような東西間の緊張緩和や東ドイツの民主化に加え、通常兵器の削減や第三世界の問題や労働問題、貧困、教育や生活スタイルなど、幅広いテーマが扱われている。例えばケリーは1981年に、核兵器に加えて生物化学兵器の危険性について次のように述べている。

> 「われわれはいま、ヨーロッパの他の場所と同じように、西ドイツの広範で自立的な平和運動のなかで追加配備の危険に対して集中しているが、しかしだからといって、平和運動が新しい兵器の配備を妨害することだけに限定されてもよいというわけではない。なぜなら、そうすると今日の状況が平和的であるという幻想が起こるからである。西ドイツはすでに通常兵器、核兵器、生物兵器、化学兵器で一杯になっている。(…) たとえ追加のミサイル、つまりアメリカの核ミサイルが配備されなかったとしても、そしてたとえすべてが今のままであったとしても、われわれはいつでも核兵器、生物兵器、化学兵器によるホロコーストが起こりうる危険のなかに生きているのである[44)]」。

平和運動におけるこのような議論の広がりは、「平和」に対する意識の広がりを意味する。つまり平和運動が戦争や軍事行為に反対するだけでなく、より安全で恐怖心を感じない生活を求める運動に発展したということである。こうした平和運動の経験は、後のチェルノブイリ事故後の反原発運動、1989年の東欧の民主化運動とドイツ統一への運動、イラク戦争反対運動などへの市民参加にもつながっていくのである。

1980年代初頭の平和運動の影響

1980年代初頭の反核平和運動は広範な範囲の人々を取り組んだ運動であり、ドイツが冷戦、つまり東西ブロックの対立を超える道筋を作った。この運動は市民がそれまでの平和運動への偏見を取り払い、平和に関して議論するきっかけを与えた。そして市民の原子力に対する不服従の運動、抗議運動として発展したのである。そして平和運動はこの時期に環境保護運動の要素を取り込むことになった。環境保護という観点はヴァイマル共和国期の平和運動には見られないものである。平和運動と環境保護運動、反原発運動と反核兵器運動の結び付きは、その後、今日までのドイツの原子力政策に対しても大きな意味を持つことになる。この時期の運動は「核兵器に対する反対運動から、核エネルギー一般からの脱却の方向を求める運動への発展[45]」となり、チェルノブイリ事故の際にこれがさらに進展することになるのである。それは70年代後半からの反原発の運動を踏まえて成り立ったものであり、こうした意味でホルガー・ネーリングとベンヤミン・ツィーマンが「1980年代初頭の反核平和運動を『反二重決定の運動』としてのみ位置付けることはできない[46]」と述べたのは説得力を持つ。また、反原発と反核兵器が結び付いたこの時期の平和運動は、「非戦」「反戦」あるいは「反軍事」といった従来の議論の枠組みやイデオロギー対立を超えて、「核の恐怖」のない、安全で安心な生活を求める運動へと発展していった。ドイツの平和運動は知識人の運動から草の根の運動へと広がっていったのである。平和運動が政治運動から生活運動へとその特徴を変えたと言える。この時期には伝統的な平和運動の後継者である「平和主義者」を主張したのはドイツ平和協会のみであった。この時期の平和運動は、むしろ「反対」「抵抗」「不服従」の運動であり[47]、そしてそれは「感情的な当事者意識[48]」によるものとも位置付けられるのである。

1990年代以降、東西格差をはじめ、統一ドイツが抱える問題は多い。ドイツは3.11の福島での事故以降脱原発を決定したが、核兵器廃絶運動について関心が払われているようには思われない。またコソボ空爆など90年代以降のNATOでの軍事行動の是非は緑の党の存在意義を揺るがすものにもなった。加えて昨今では難民問題やイスラム国によるテロがドイツの平和と安全を阻害する深刻な問題となってきている。こうした要因が今後平和運動の特徴をさらに変化させる可能性もあるだろう。

1） Fritz Klein, „Die Neugründung der «Weltbühne» in der Sowjetischen Besatzungszone“, in: études réunies par Michael Grunewald en collab. avec Hans Manfred Bock, *Le milieu intellctuel de gauche en Allemagne, sa presse et ses réseaux (1890–1960) = Das linke Intellektuellenmilieu in Deutschland, seine Presse und seine Netzwerke (1890–1960)*, Bern/Berlin/Bruxelles/Frankfurt a. M./New York/Oxford/Wien 2002, S.560.
2） Ursula Madrasch-Groschopp, *Die Weltbühne. Porträt einer Zeitschrift*, Berlin (DDR) 1983, Frankfurt a. M./Berlin/Wien 1985.
3） ブルーノ・フライは次のように述べている。「オシエツキーのライフワークをヴァイマル共和国の歴史のなかに組み入れようという本書の試みは、ドイツ労働者階級がドイツ人民の国民的な利益の一貫した擁護者であったという歴史的経験に基づくものである。オシエツキーという人物を労働者階級の立場から評価することは、彼をドイツ人民とその生活における利益という点から評価するということを意味する。ドイツ人民の生活における利益――誰がそれに意義を唱えることができるだろうか――は、人類の平和的発展という高い目標と重なるのである」。「この意味で、本書は党派的である」。Bruno Frei, *Carl v. Ossietzky. Eine politische Biographie. Das Arsenal*, 2. veränderte und erweiterte Auflage, Berlin (DDR) 1978, S.13.
4） オシエツキー大学の命名問題については、Rainer Rheude, *Kalter Krieg um Ossietzky. Ein Namensstreit in Oldenburg*, Bremen 2009など。
5） 對馬達雄『ヒトラーに抵抗した人々　反ナチ市民の勇気とは何か』中央公論社、2015年、i頁。
6） 竹本真希子「平和運動――東西対立を越えて」石田勇治／福永美和子（編）『現代ドイツへの視座――歴史学的アプローチ1　想起の文化とグローバル市民社会』勉誠出版、2016年、343頁。一部組織名を改めた。
7） 抗議運動としての西ドイツの平和運動については、井関正久『戦後ドイツの抗議運動「成熟した市民社会」への模索』岩波書店、2016年。
8） 岩間陽子『ドイツ再軍備』中央公論社、1993年、263頁。
9） Frank Schumacher, „Leben mit der Bombe. Kernwaffen und Kalter Krieg, 1945–1962“, in: *Der Kalte Krieg*. Hrsg. in Zusammenarbeit mit *DAMALS – Das Magazin für Geschichte und Kultur*, Darmstadt 2010, S.31.
10） Ebenda, S.30.
11） Ebenda, S.28–29.
12） Wolfram Wette, „Seiner Zeit voraus. Matin Niemöllers Friedensinitiativen (1945–1955)“, in: Detlef Bald/Wolfram Wette (Hrsg.), *Friedensinitiativen in der Frühzeit des Kalten Krieges 1945–1955*, Essen 2010, S.238–239.
13） 長崎正幸『核問題入門　歴史から本質を探る』勁草書房、1998年、102頁。
14） 若尾祐司「世界に広がる記憶『広島』――一九五〇年代のドイツ語圏から」若尾祐司／和田光弘（編）『歴史の場――史跡・記念碑・記憶』ミネルヴァ書房、2010年、343頁。

15） 黒澤満『核軍縮入門』信山社、2011年、44-46頁。

16） 加藤雅彦（他編）『事典　現代のドイツ』大修館書店、1998年、225-226頁。

17） 井関正久「六〇年代の旧東西ドイツ――異なる体制下における抗議運動の展開」『国際政治』第126号「冷戦の終焉と六〇年代性」、日本国際政治学会、2001年２月、171頁。さらに復活祭行進については、井関『戦後ドイツの抗議運動』32-35頁。

18） 近藤和子／福田誠之郎（編）『ヨーロッパ反核79-82　生きるための選択』野草社、1982年、67-69頁。

19） Greetje Witte-Rang, „Die »holländische Krankheit« - eine ansteckende Gesundheit“, in: Aktion Sühnezeichen/Friedensdienste / Aktionsgemeinschaft Dienst für den Frieden, *Bonn 10.10.81. Friedensdemonstration für Abrüstung und Entspannung in Europa. Reden, Fotos ...*, Bornheim 1981, S.91-93, hier S.91.

20） Matthias Hoppe (Hrsg.), *München April ,82. Ostermärsche. SPD-Parteitag. Demonstrationen.* Mit einem Vorwort von Dieter Lattmann, Olching bei München 1982, S.89. クレーフェルト宣言の邦訳は水島朝穂『ベルリン・ヒロシマ通り（シュトラーセ）　平和憲法を考える旅』中国新聞社、1994年、94-95頁から引用。同書ではクレーフェルト集会の詳細についても読むことができる。

21） Andreas Buro, „Friedensbewegung“, in: Roland Roth/Dieter Rucht (Hrsg.), *Die sozialen Bewegungen in Deutschland seit 1945. Ein Handbuch*, Frankfurt a. M./New York 2008, S.275.

22） Koordinierungsausschuß der Friedensorganisationen (Hrsg.), *Aufstehen! Für den Frieden. Friedensdemonstration anläßlich der NATO-Gipfelkonferenz in Bonn am 10.6.1982*, Bornheim-Merten 1982, S.14.

23） 仲井斌『緑の党――その実験と展望』岩波書店、1986年、113頁。

24） 80年代初頭の評価をめぐる議論については、Patrick Bahners/Alexander Cammann (Hrsg.), *Bundesrepublik und DDR. Die Debatte um Hans-Ulrich Wehlers «Deutsche Gesellschaftsgeschichte»*, München 2009, Holger Nehring/Benjamin Ziemann, „Führen alle Wege nach Moskau? Die Friedensbewegungen der achtziger Jahre und der Kommunismus“, in: *Vierteljahrshefte für Zeitgeschichte* 59, 2011, S.80-100など。

25） Erhard Eppler, „Schach der Strategen“, in: *Spiegel Special Geschichte* (Der Kalte Krieg. Wie die Welt das Wettrüsten überlebte), Nr.3, 2008, S.125.

26） Dieter Schulte, „Friedenspolitik aus gewerkschaftlicher Sicht. Rückblick und Perspektive“, in: *Wissenschaft & Frieden*, 2/95, 12. Jahrgang, Juli 1995, S.88.

27） こうした様々なグループのアピールは、Klaus Gerosa/Michael Linkersdörfer, „Bürger den Frieden. Eine Zusammenstellung der wichtigsten Friedensinitiativen“, in: Klaus Gerosa (Hrsg.), *Große Schritte wagen. Über die Zukunft der Friedensbewegung*, München 1984, S.103-192で紹介されている。

28） Ebenda, S.113.

29） http://www.friedenskooperative.de/netzwerk/history.htm（最終閲覧日2016年７月30日）。

30） 永井清彦「'81西ドイツ平和運動（その２）」『総合研究所報』（桃山学院大学）8 (2)、1982年12月、23頁。

31） Grünewald (Hrsg.), *Nieder die Waffen!*, S.209.

32) Jo Leinen, „Die Zukunft der Friedensbewegung“, in: Gerosa (Hrsg.), *Große Schritte wagen*, S.71.

33) Petra K. Kelly, *Um Hoffnung kämpfen. Gewaltfrei in eine grüne Zukunft*, Bornheim-Merten 1983, S.155f. 本書での引用は以下の邦訳を参考に、翻訳しなおしたものである。ペトラ・ケリー、高尾利数／菊池悦朗／田村光影（訳）『希望のために闘う』春秋社、1985年。

34) Gert Bastian, Neue Allianzen schaffen! in: Gerosa (Hrsg.), *Große Schritte wagen*, S.17f.

35) キリスト教団体の平和運動について詳しくは、河島幸夫『ドイツ現代史とキリスト教 ナチズムから冷戦体制へ』新教出版社、2011年、203-237頁。

36) Karlheinz Lipp/Reinhold Lütgemeier-Davin/Holger Nehring, „Frieden als Herausforderung für die deutsche Geschichte“, in: Dies. (Hrsg.), *Frieden und Friedensbewegungen in Deutschland 1892-1992. Ein Lesebuch*, Essen 2010, S.9-41, hier S.38f.

37) Kelly, *Um Hoffnung kämpfen*, S.94.

38) Ebenda, S.99.

39) Grünewald, *Nieder die Waffen!*, S.209.

40) 近藤／福田『ヨーロッパ反核79-82』4頁。

41) 森瀧市郎「核戦争の危機と世界民衆の連帯」近藤／福田『ヨーロッパ反核79-82』5頁。

42) この時期の日本の運動については、生島治郎ほか（編）『反核――私たちは読み訴える 核戦争の危機を訴える文学者の声明』岩波書店、1982年、および服部学監修・国際教育フォーラム（編）『反核・軍縮宣言集　一九八二年の証言』新時代社、1983年など。

43) Makiko Takemoto, “Nuclear Politics, Past and Present: Comparison of German and Japanese Anti-Nuclear Peace Movements”, in: *Asian Journal of Peacebuilding*. A Journal of the Institute for Peace and Unification Studies Seoul National University, Vol.3, No.1, May 2015, pp.87-101.

44) Kelly, *Um Hoffnung kämpfen*, S.83.

45) 水島『ベルリン・ヒロシマ通り（シュトラーセ）』、99頁。

46) Nehring/Ziemann, „Führen alle Wege nach Moskau?“, S.84.

47) 竹本「平和運動――東西対立を越えて」、352頁。

48) 井関『戦後ドイツの抗議運動』、89頁。

終　章　平和運動の変化と現在

ドイツの平和運動の歴史的変化

本書はドイツの平和主義と平和運動の歴史を、ヴァイマル共和国期の左派知識人の言説を中心に振り返った。その上で1980年代までの西ドイツの平和運動を概観し、平和運動の変化を明らかにした。

ドイツの平和運動は、19世紀末におけるヨーロッパ各国の軍備拡張や植民地政策、そして科学の発達による兵器類の「進歩」などにより戦争への気運が高まるなかで本格的に始まった。担い手となったのは、国際協調の運動を通して戦争を防ごうとする自由主義者のエリートと、反戦反帝国主義を訴えた社会主義者たちであった。両者は第一次世界大戦までは別々に活動したが、第一次世界大戦の総力戦と大量殺戮の経験の後、手を取り合うこととなる。平和運動は裾野を広げてそれまでより広範な人々を捉える運動となり、ドイツ平和協会のような組織で自由主義者から共産主義者まで多くの人々が平和について議論することとなった。これによりヴァイマル共和国期には、国際連盟や仲裁裁判制度の設立、戦争の違法化への努力といった従来の平和運動のテーマに加えて、ストライキや兵役拒否など社会主義的なテーマも平和団体のなかで議論されることとなった。また教育や文化、内政問題などより広いテーマが「平和」の問題として意識された。つまりこの頃には「平和」は、「国家間の争いである戦争のない状態」をはるかに超えて議論されていたのである。

ヴァイマル共和国期の平和主義者にとって「平和」とは、自由や平等、人権の擁護を意味していたと言ってよいであろう。そしてそれは自律した人間による共和国という土台があってこそ、達成されるものであった。そのため、まずはヴィルヘルム期の軍国主義から人々が解放されねばならないと考えた平和主義者たちは、平和のための「精神的改革」を求め、平和運動を大衆運動に変えようとした。『ヴェルトビューネ』や『ターゲ・ブーフ』の同人は、無党派左翼のインテリとして平和主義者であることを自覚し、記事を書き続けた。ディートリヒ・ピンカーナイルは『ヴェルトビューネ』を「『より良い』反ヴィルヘルム的ドイツという像を永続的に表現し、歴史的な連続性においては18世紀の共和主義的・啓蒙主義的思想に結びついた雑誌だった[1]」と位置付けているが、こうした特徴は彼らの平和主義にも表れていたと言えるであろう。

しかしヴァイマル共和国期の社会は、このような平和主義や反軍国主義を受け入れるものではなかった。ヴェルサイユ条約の重荷は人々に戦勝国への復讐心をもたらし、共和国の政治はなかなか安定せず、民主主義の基盤は弱かった。かつての敵国との協調を求めた平和主義者はユダヤ人や社会主義者と並んで「国家反逆者」と見なされ、暴力が横行したヴァイマル共和国期の社会のなかで、彼らは右翼ナショナリストの標的になり、何人もが殺害されたのである。ヴァイマル共和国期の平和主義について、歴史家ジョージ・モッセは次のように述べている。

> 「平和主義は、左翼知識人やそのジャーナリズムの間に生き残った。カール・フォン・オシエツキーやクルト・トゥホルスキーなどは運動に光輝をもたらし、運動を政治的言説(ディスコース)空間の中に息づかせようとした。だが、政治的な関連といえば、せいぜい帝国国防軍の密かな再軍備を暴露したことくらいである――その暴露もたいした事件にはならなかった。そして、彼らは右翼ナショナリストにとって格好の標的となってしまったのである。ドイツ平和主義の失敗は、無能な指導陣や絶えざる内部抗争と分裂のせいだけではない。こうした事柄はセクト主義の徴候であり、実際、ドイツ平和主義はセクトの一つという位置を余儀なくされていた。平和主義は最初から、敗北して面目を失った国民国家においてハンディを負っていた。こうした国では、戦争の罪責という問題は、あらゆる政治運動が避けて通れぬ感情的な係争点となるのである。そしてとりわけ、政治的右翼が共和国の政治言説を支配するにつれ、対抗者は守勢に追いやられた。ヴァイマル期を通じて次第に、国民的な係争点はナショナリストの要求へと摩り替わり、平和主義は有効な政治的支援を奪われてしまった[2]」。

平和や民主主義、共和国のための意識改革といった平和主義者の要求は、ドイツの強力なナショナリズムと軍国主義に対抗することができなかった。こうしたなかで平和主義者たちは、国防軍やヒトラーだけでなく、自らに近い層である左派の人々とも対立し、同時に平和主義者の内部でも権力闘争が起きることになった。平和運動の衰退がヒトラーの政権獲得以前に起こっているということは、注目に値する。ヒトラーがドイツの指導者となった頃には、平和主義者たちはすでに敵である国防軍や右派と、そして味方であるはずの平和主義者内部での争いに疲弊していたのである。彼らの多くはもはやドイツに残ることができず、亡命したのであった。

亡命先での生活は誰にとってもたいへんに厳しいものであったが、そのようななかでも平和主義者たちはできるかぎりの活動を続けた。それまでのような平和運動は成り立たなかったが、亡命雑誌の発行や亡命者支援団体の設立、反ファシズムのアピールなどという形で彼らはナチとたたかおうとした。こうした活動は1930年代前半の世界にヒトラーとナチ党がドイツのなかで何をしているのかについて知らせるきっかけとなった。オシエツキーのためのノーベル平和賞キャンペーンはその例のひとつである。しかしオシエツキーをはじめとして、ナチ期には多くの平和主義者がこの世を去り、ドイツは平和運動の重要な担い手を失うこととなった。

第二次世界大戦後の平和運動は、それまでとは異なる展開を見せることとなる。冷戦下のイデオロギー対立は平和運動にも影を落とした。東ドイツはナチズムに対する抵抗勢力から生まれた新しい社会主義の国家としてソ連流の平和政策を強調し、オシエツキーらヴァイマル共和国期の左派の知識人を東ドイツの理念を体現するものとして高く評価した。同時にズットナーやクヴィッデらの平和運動は「ブルジョア的」だとして批判された。そしてその一方で、西ドイツでは平和運動はもっぱら「左派」のものとして見なされ、どちらかといえば敬遠されることとなった。

したがって再軍備反対運動などの第二次世界大戦後の平和運動は、ヴァイマル共和国期を直接引き継ぐ運動として行われたわけではない。そうではなくて悲惨な戦争体験をもう二度としたくない、やるならば「私はぬきで」と主張する個々人の厭戦による運動であった。

1980年代の反核運動は、こうした西ドイツの平和運動のあり方をさらに変化させるものとなった。1960年代以降の「新しい社会運動」のひとつとして平和運動は環境保護運動とも結びつき、この時期の「反核」運動は、核兵器に対してだけでなく原発に対する反対運動をも含むものとなった。そして平和運動は戦争や核兵器だけでなくあらゆる不安のない、安全で安心な生活を求める市民の運動となった。安全な生活を阻害するものに対する市民の抗議運動として平和運動が成り立っていたのである。この時期には平和運動は文字通り草の根の運動として展開されることとなり、オシエツキーらが共和党設立の際に求めた平和運動の大衆運動化や平和運動の議題を国政の場にもたらすという課題は、1980年代になって達成されることとなったのである。そして平和運動は世界規模の運動として各国で連動して行われることとなった。

ヴァイマル共和国期の平和運動と現在

ヴァイマル共和国期の平和運動を、今日どのように位置付けることができるだろうか。

当時の平和運動はたしかに「失敗」した運動であった。個人主義的な知識人であった平和主義者は平和運動のなかでも論争にあけくれ、平和主義者同士あるいは左派同士の対立はほとんど近親憎悪とも言うべきものであった。挙句の果てには平和団体内部での権力闘争を引き起こし、運動を弱体化させたと、このように振り返ることもできるだろう。こうした「失敗」はドイツにのみ見られるものではない。その意味では、ヴァイマル共和国期の平和運動の失敗は、今日のわれわれにとって教訓となっている。

だが失敗の歴史だけでなく、彼らの啓蒙主義的平和運動からわれわれが学ぶものがある。それは「平和」の問題が、国家と個人がどう関わるのか、どのようにして個人の生きる権利を守る国家をつくることができるのか、そしてどうやって生きていくのかを自ら考えることを促すものであるべきとして議論されたということである。「積極的平和」の概念が浸透するはるか前から、「平和」は「戦争の不在」を超えるものであった。ドイツの人々の間に平和思想を根付かせるための啓蒙運動がいかに重要な意味を持ったかは、第2章で見たような平和主義者の「精神的革命」の要求からも明らかになるだろう。これはキュスターにとっても、またオシエツキーにもフェルスターにも大きな課題であった。平和主義とは、個人の解放や自由、とくに精神の自由の問題であり、そのためヒラーが述べたように「戦争を望みそれに加わる人間は野蛮であるが、矛盾はしていない。戦争を望まないがそれに加わる人間は矛盾しており弱虫である。無条件に国家に忠実な平和主義ほどあさましいものはない[3)]」のである。この意味では、国家の利益を追求するための平和主義は平和主義とは言えないだろう。

21世紀の今日、平和運動はヴァイマル共和国期と比べてはるかに規模を大きくしているが、はたして彼らが求めたような運動になっているであろうか。今日のわれわれはトゥホルスキーの言う「ぼんやりしたまま扇動された状態」から脱したと言えるであろうか。あるいはそうなるべく個々人を解放するものとなっているであろうか。そして感情に寄らず平和をつくることができるほどの理性を持ち合わせているのだろうか。

ゲルラハはこう述べる。「確かに戦争はいつも存在する。しかしこのことはこれがいつも存在しなければならないということを意味しない。理性の進歩によって戦争は食人習俗や魔女裁判、寡婦焚死そして奴隷制と同じようになくなっていくことができるだろう。確固たるものは自然法則だけである。だが人間を相互に虐殺させるような自然法則は存在しないのだ[4)]」。戦争や紛争だけでなく、宗教対立やテロ、内戦、そして核汚染や環境破壊といった現在の様々な危機のなかで、われわれはしばしば「平和など達成されない」と絶望的な気持ちになる。しかし平和運動が啓蒙主義を由来とするものであるなら、自由な精神を忘れず少しでも多くの人が目を見開くことができるように運動を続けなければならないだろう。そうすれば再び理性の進歩を信じることができるのかもしれない。

1）Dietrich Pinkerneil, „Anmerkungen zur Weltbühne", in: Axel Eggebrecht/Dietrich Pinkerneil, *Das Drama der Republik. Zum Neudruck der Weltbühne*, Königstein（Ts.）1979, S.109f.

2）ジョージ・L・モッセ、宮武実知子（訳）『英霊　創られた世界大戦の記憶』柏書房、2002年、199-200頁。

3）Kurt Hiller, „Aus meinem Kalikobuch", in: *WB*, II, 4.9.1928, S.361.

4）Gerlach, „Auswärtige Politik", S.148.

おわりに

ドイツの平和主義と平和運動の歴史を研究しようと思ったのは、どちらかといえば成り行きのようなものであった。学部では考古学を学んでいたが、段々と現代史や思想史に興味を持つようになっていった。そして第二外国語でドイツ語を履修していたことから語学研修でドイツに行き、しだいに日独をテーマとして学びたいと思うようになった。修士課程に入ってドイツ史を学び始め、ナチやホロコーストについて勉強すると、人間の非道さだけでなく、もっと前向きになれる、人間を信じることができるテーマを扱いたいと考えた。そしてヒトラーの登場以前からドイツ社会のなかで平和を訴えていたヴァイマル共和国期の平和主義者にたどり着いたのである。だがもちろん平和運動の歴史はつねに困難をともなうものであり、平和運動自体も決して理想主義的なものではない。平和運動内部の権力闘争もあるし、平和運動とはたいへん攻撃的なものでもある。しかし人権や平和、人道といった問題に取り組む人々の姿は、人間が必ずしも争い続けるだけのものではないということ、そして少しずつではあるが平和の問題が広く浸透するようになったことを示している。

本書では『ヴェルトビューネ』と『ターゲ・ブーフ』を中心に取り上げた。両誌の記事は膨大な量であり、到底ひとりでは分析できない量である。またオシエツキーやトゥホルスキーの著作も全集が出版されているが、彼らの文章は時事問題がほとんどな上に、とてもシニカルで、当時の社会的背景を知った上で言語に対する鋭い感覚がなければ捉えられないものである。そのため本書で彼らの言論を十分に伝えられたとは言えないが、彼らがその文章で鋭く社会をつき、より良い世界を作ろうとしていたことを少しでも示せたなら幸いである。もちろんこうした分析では足りない点も多く、今後他の雑誌や新聞等も含めて分析が必要である。同時に、本文にも書いた通り、亡命期以降の『ヴェルトビューネ』や『ターゲ・ブーフ』についても明らかにする必要があるだろう。また第二次世界大戦後は草の根の運動が主体であったとはいえ、知識人の平和主義者の言説を追う必要もある。これらについては今後の課題としたい。

本書は筆者がこれまでに発表したドイツの平和主義と平和運動についての論稿を大幅に加筆・修正したものである。主に2007年ドイツのカール・フォン・オシエツキー大学に提出した博士論文を軸としている。各論稿の初出は以下の通りである。

・「カール・フォン・オシエツキーの平和主義」『歴史学研究』第786号、2004年３月、18-33頁
・「パンヨーロッパ運動と『ヴェルトビューネ』」『専修史学』第36号、2004年３月、15-34頁
・「ヴァイマル共和国期平和主義的知識人とシュトレーゼマン――週刊誌『ヴェルトビューネ』と『ターゲ・ブーフ』の記事から」西川正雄／青木美智男（監修）『近代社会の諸相――個・地域・国家』ゆまに書房、2005年、51-81頁
・「来るべき戦争への警告――ヴァイマル共和国時代の平和論から」『専修史学』第40号、2006年３月、30-48頁
・「ドイツにおける平和主義と民主主義――ヴァイマル共和国の例から」『*Journal of Humanities and Social Sciences Studies*』（韓国・湖南大学人文社会研究所）第14号、2006年９月、207-224頁
・Die Außenpolitik und der Pazifismus der Weimarer Intellektuellen im Umkreis der Zeitschriften der Weltbühne und des Tage-Buchs in der Zeit 1926-1933, Dissertation der Carl von Ossietzky Universität Oldenburg, 2007
・「ヴァイマル共和国末期の平和運動の諸問題――オシエツキーと『ヴェルトビューネ』をめぐる裁判から」『専修史学』第45号、2008年11月、1-19頁
・「一九八〇年代初頭の反核平和運動――『ユーロシマ』の危機に抗して」若尾祐司（編）『反核から脱原発へ　ドイツとヨーロッパ諸国の選択』昭和堂、2012年、155-184頁
・「ヴァイマル共和国期の急進的平和主義者にとっての軍縮と平和――『ヴェルトビューネ』の記事から」『専修史学』第56号、2014年３月、14-31頁
・「ヴァイマル共和国初期における週刊誌『ターゲ・ブーフ』――1922年を中心に」『専修史学』第58号、2015年３月、62-76頁
・「第一次世界大戦後のドイツの平和運動」広島市立大学広島平和研究所企画委員会（編集）『ふたつの世界大戦と現代世界』広島平和研究所ブックレットVol.2、2015年12月、69-91頁

また以下の論稿も本書と同様、ドイツの平和主義と平和運動に対する関心のもとで書かれたものであり、その一部はドイツと日本の平和運動との比較の試

みである。参考までにあげておきたい。

- 「平和運動――東西対立を越えて」石田勇治／福永美和子（編）『現代ドイツへの視座――歴史学的アプローチ　第1巻　想起の文化とグローバル市民社会』勉誠出版、2016年、337-356頁
- "Peace, Pacifism and Peace Movements in Germany during the First Half of the 20th Century", Carol Rinnert/Omar Farouk/Yasuhiro Inoue (eds.), *Hiroshima & Peace*, Hiroshima 2010, pp.192-201
- "Nuclear Politics, Past and Present: Comparison of German and Japanese Anti-Nuclear Peace Movements", in: *Asian Journal of Peacebuilding*. A Journal of the Institute for Peace and Unification Studies Seoul National University, Vol.3, No.1, May 2015, pp.87-101
- "Hiroshima and Auschwitz: Analyzing from the Perspective of Peace Movements and Pacifism", in: Urs Heftlich, Robert Jacobs, Bettina Kaibach and Karoline Thaidigsmann (eds.), *Images of Rupture between East and West: The Perception of Auschwitz and Hiroshima in Eastern European Arts and Media*, Heidelberg 2016, S.65-81

2010年から本書の執筆までに、科学研究費や広島市立大学の学内研究費など多くの研究費をいただいた。感謝して以下に記したい。本書はこれらの直接あるいは間接的な成果の一部である。

- 「1980年代初頭のドイツの平和運動と平和観」（広島市立大学広島平和研究所ミニプロジェクト、2010年3月、単独・代表）
- 「第一次世界大戦の経験とドイツの平和主義――1918年から1925年を中心に」（広島市立大学平和関連研究費研究課題、2011年度～2012年度、単独・代表）
- 「グローバル・ヒストリーとしての平和研究にむけて――アウシュヴィッツとヒロシマの記憶」（科学研究費補助金基盤研究（B）一般、23320161、2011年度～2013年度、共同・代表）
- 「平和博物館から見る自治体の『平和』とヒバク情報」（広島市立大学平和関連研究費研究課題、2012年度～2013年度、共同・代表）
- 「広島からの平和学の発信と平和事典作成のための基礎調査」（広島市立大学平和関連研究費研究課題、2013年度～2015年度、共同・代表）
- 「核のない平和で安全な世界にむけての広島からの提言のための包括的研究」（広島市立大学平和関連研究費研究課題、2014年度～2015年度、共同・分担、代表者：ナラヤナン・ガネサン（広島平和研究所））
- 「冷戦期欧米における『核の平和利用』の表象に関する研究」（科学研究費補助金基盤研究（B）一般JP15H03257、2015年度～2017年度、共同・分担、代表者：木戸衛一（大

阪大学））
・「歴史・平和教育と平和博物館論の課題――『歴史・平和教育プログラム』調査を中心に」（科学研究費補助金基盤研究（C）一般、JP15K02817、2015年度～2017年度、共同・分担、代表者：河上暁弘（広島市立大学））
・「20世紀ドイツのジャーナリズムによる平和主義世論の形成に関する研究」（科学研究費補助金基盤研究（C）一般、JP16K03119、2016年度～2018年度、単独・代表）

博士論文を提出してから９年もたってしまった。とうの昔に本書を書き終えていなければならなかったはずなのに、筆者の怠慢のために遅くなってしまった。この間、生来の飽きっぽさと野次馬根性ゆえに、ヴァイマル共和国期をほったらかしにして、第二次世界大戦後の歴史や広島に関する研究に手を出していた。そのため時間はかかったが、結果としてヴァイマル共和国期だけでなく、少し広く平和の問題を捉えることができたのではないかと思う。

本書は筆者にとって初の単著である。専修大学文学部で歴史研究に足を踏み入れて以来、多くの方々にお世話になった。修士課程入学を期に、ドイツ史に専門を変更してから西川正雄先生にご指導いただいたことが現在の自分をつくっていると思っている。西川先生には生前何度も「最初の単著は重厚なものを出しなさい」と言っていただいていた。本書が先生の思われたようなものになっているかどうかはわからない。まずはひとつ完成しましたとお伝えできないのが残念である。

筆者を育ててくれたもうひとりの恩師が、専修大学の加藤克己先生である。加藤先生には学部時代からドイツ語だけでなく、学問の仕方や本の読み方を教えていただいた。オシエツキーの伝記をくださったのが加藤先生であり、ヴァイマル共和国期を扱うようになったのも、日本とドイツの思想史を比較しようと思ったのも、知識人や文学者について先生が教えてくださったことがきっかけとなっている。

学部、大学院と、専修大学の歴史学専攻の先生方にたいへんお世話になった。ドイツ留学から戻ってすぐに、設立されたばかりの大学院社会知性開発研究センター・歴史学研究センターで任期制助手として雇っていただいた。初代センター長は西川先生であった。２代目センター長の青木美智男先生には、頑張って一人前の研究者になりなさいと叱咤激励していただいた。そして専修大学の歴史学専攻では、専門の国や地域、時代を越えて先生方や院生の仲間と酒を飲みながら一緒に議論させていただいた。楽しい思い出であると同時に、世界史的な視野を学べるすばらしい場であった。

またこれまで多くのドイツ史研究者にご指導いただいた。大学院時代は青山学院大学の伊藤定良先生、東京大学の石田勇治先生のゼミに、助手時代は専修大学の日暮美奈子先生のゼミに参加させていただいた。芝健介先生、田村栄子先生、武田昌之先生をはじめ、現代史研究会や西日本ドイツ史研究会といった場も含めて、多くの先生方にご教示いただいた。お名前をあげられない方もたくさんいるが、この場を借りてお礼を申し上げたい。若尾祐司先生、木戸衛一先生、北村陽子先生には、ドイツ出身のユダヤ人ジャーナリストであるロベルト・ユンクと広島に関する科研費のプロジェクトから、引き続いてお世話になっている。若尾先生、北村先生には、お忙しいなか拙稿をお読みいただき、貴重なアドバイスをいただいた。この点についてもお礼を申し上げる。

オルデンブルク大学では、オシエツキーやトゥホルスキーの全集を編纂されたゲアハルト・クライカー先生にご指導いただいた。どうしてもドイツでオシエツキーについて学びたくて、クライカー先生に手紙を書いて押しかける形で留学したが、学問的なことだけでなく、学生寮の手配なども含めて面倒を見ていただいた。博士論文を書き終えてからもオルデンブルクに行く度にお目にかかったが、日本での研究生活がうまくいっているか、いつも気にかけていただいた。「博士論文の日本語版はいつ出るの」と聞いてくださっていたのに、昨年他界され、やはり本書をお見せすることができなかった。日独の指導教官のどちらにも本書をお見せできなかったのは、ひとえに筆者の怠慢ゆえであり、残念でならない。

オルデンブルクでは、オシエツキー研究の専門家であるヴェルナー・ボルト先生にもお世話になった。また博士論文のドイツ語を何度も添削してくれたディーテ・リーバークネヒトと、いつも支えてくれた友人チャン・リーチェンにもお礼を言いたい。彼女たちのおかげでオルデンブルクでの生活は楽しいものとなった。国境を越えてこれほど親しくなれる友人ができたことは、人間同士が信頼し平和を築くことに対する希望と確信につながっている。またオルデンブルク大学では図書館やカール・フォン・オシエツキー文書館でもたくさんの方にお世話になった。

2005年には広島市立大学広島平和研究所で職を得るという幸運を得た。核問題をはじめ国際関係論などこれまでに学んでこなかった分野の研究者に接する機会を得て、おおいに刺激を受けている。所長・吉川元先生、副所長・水本和実先生、前所長・浅井基文先生をはじめ、同僚の先生方、事務スタッフの皆さんにお礼を申し上げたい。なかなか原稿を書き終わらない筆者に、「今年はカープが頑張っているのだから、負けずに頑張れ」と叱咤激励していただき、ようやくここまでたどり着いた。平和研究をするのにこれ以上ない環境にいられることに感謝したい。広島平和研究所赴任以前、歴史や平和を専門とする者として、多少なりとも広島のことは勉強してきたつもりではあったが、実際に見るもの、聞くことは想像をはるかに超えるものであった。広島での多様な議論や広島が置かれた問題点を知るにつけ、平和運動の現実や難しさについても実感するようになった。そして平和運動の歴史を共有することの必要性も痛感した。筆者ができることはわずかではあるが、ドイツ史研究の立場から広島や日本の平和に関する議論の発展に少しでも貢献できればと考えている。

本書の出版にあたっては、広島平和研究所編『平和と安全保障を考える事典』に引き続いて法律文化社の小西英央さん、上田哲平さんにお世話になった。またNPO法人「音楽は平和を運ぶ」(松尾康二理事長)から助成金をいただいた。戦争や平和に関する学術研究に対する深いご理解とあたたかいご支援にお礼を申し上げる。

最後に、父・靖博、母・愛子、妹・美咲に本書を捧げたい。筆者を好きな道に進ませ、いつも支えてくれていることに感謝している。

2016年12月　広島にて

竹本真希子

文献目録

1　ヴァイマル共和国期の新聞・雑誌

Das Tage-Buch. Geleitet von Stefan Großmann und Leopold Schwarzschild, Berlin 1920-1933, rpt. Königstein/Ts. 1981.

Die Weltbühne. Wochenschrift für Politik, Kunst, Wirtschaft, Hrsg. Siegfried Jacobsohn, später Carl von Ossietzky und Kurt Tucholsky, Berlin 1918-1933, rpt. Königstein/Ts. 1979.

Das Andere Deutschland. Unabhängige Zeitung für entschiedene republikanische Politik. Hrsg. von Fritz Küster, Hagen/Berlin 1921-1933.

Der Friedens-Warte. Blätter für internationale Verständigung und zwischenstaatliche Organisation. Hrsg. von Alfred Hermann Fried; 1922-1923 von Rudolf Goldscheid; seit 1924 von Hans Wehberg in Verbindung mit anderen. Berlin/Wien/Leipzig u.a. 1899-1949; Basel 1950-1961/66; seit 1974 Berlin.

Der Montag Morgen. Gegr. und Hrsg. von Stefan Großmann, Berlin 1923-1933.

Die Welt am Montag. Wochenschrift in der Nacht vom Sonntag auf Montag. Redaktionsleitung: Hellmut von Gerlach, Berlin 1895-1933.

2　主要欧文史料・文献（全集、回想録、伝記、書簡、史料集を含む）

Aktion Sühnezeichen/Friedensdienste/Aktionsgemeinschaft Dienst für den Frieden: *Bonn 10.10.81. Friedensdemonstration für Abrüstung und Entspannung in Europa, Reden, Fotos...*, Bornheim 1981.

Alemann, Ulrich von/Cepl-Kaufmann, Gertrude/Hecker, Hans/Witte, Bernd (Hrsg.): *Intellektuelle und Sozialdemokratie*. Unter Mitarbeit von Dietmar Lieser und Tanja Reinlein, Opladen 2000.

Appelius, Stefan: *Zur Geschichte des kämpferischen Pazifismus. Die programmatische Entwicklung der Deutschen Friedensgesellschaft 1929-1956*, Oldenburg 1988.

Appelius, Stefan; *Pazifismus in Westdeutschland – Die Deutsche Friedensgesellschaft 1945-1968*, 2Bde., Aachen 1999.

Appelius, Stefan/Wieland, Lothar: *Reden zur Eröffnung des Fritz Küster-Archivs*, Oldenburg 1989.

Austermann, Anton: *Kurt Tucholsky. Der Journalist und sein Publikum*, München 1985.

Bahners, Patrick/Cammann, Alexander (Hrsg.): *Bundesrepublik und DDR. Die Debatte um Hans-Ulrich Wehlers «Deutsche Gesellschaftsgeschichte»*, München 2009.

Bald, Detlef/Wette, Wolfram (Hrsg.): *Friedensinitiativen in der Frühenzeit des Kalten Krieges 1945-1955*, Essen 2010.

Barkeley, Richard: *Die deutsche Friedensbewegung 1870-1933*, Hamburg 1948.

Baumer, Franz: *Carl von Ossietzky*, Berlin 1984.

Becker, Sabina/Maack, Ute (Hrsg.): *Kurt Tucholsky. Sein literarisches und publizistisches Werk*, Darmstadt

2002.

Behmer, Markus: *Von der Schwierigkeit, gegen Illusionen zu kämpfen. Der Publizist Leopold Schwarzschild – Leben und Werk vom Kaiserreich bis zur Flucht aus Europa*, Münster 1997.

Bemmann, Helga: *Kurt Tucholsky. Ein Lebensbild*, Berlin 1990.

Benz, Wolfgang (Hrsg.): *Pazifismus in Deutschland*, Frankfurt a. M. 1988.

Benz, Wolgang/Graml, Hermann (Hrsg.): *Biographisches Lexikon zur Weimarer Republik*, München 1988.

Bergmann, Joachim: *Die Schaubühne – Die Weltbühne 1905–1933*, München 1991.

Bering, Dietz: *Die Intellektuellen. Geschichte eines Schimpfwortes*, Stuttgart 1978.

Berkholz, Stefan (Hrsg.): *Carl von Ossietzky. 227 Tage im Gefängnis. Briefe, Dokumente, Texte*, Darmstadt 1988.

Bialas, Wolfgang/Iggers, Georg G. (Hrsg.): *Intellektuelle in der Weimarer Republik*, Frankfurt a. M. 1996.

Bockel, Rolf von: *Kurt Hiller und die Gruppe Revolutionärer Pazifisten (1926–1933). Ein Beitrag zur Geschichte der Friedensbewegung und der Szene linker Intellektueller in der Weimarer Republik*, Hamburg 1990.

Bockel, Rolf von/Lützenkirchen, Hard (Hrsg.): *Kurt Hiller. Erinnerungen und Materialien*, Hamburg 1992.

Boldt, B. u.a. (Hrsg.): *[C.v.Ossietzky]...aber von Dir wird gesprochen*, Oldenburg 1981.

Boldt, Bärbel/Boldt, Werner/Grathoff, Dirk/Kraiker, Gerhard/Nickel, Gunther/Peters, Manfred/Suhr, Elke/Wagner, Frank D. (Hrsg.): *Carl von Ossietzky Lesebuch. Der Zeit den Spiegel vorhalten*, Hamburg 1989.

Boldt, Werner: *Carl von Ossietzky, Vorkämpfer der Demokratie*, Hannover 2013.

Bracher, Karl Dietrich: *Die Auflösung der Weimarer Republik. Eine Studie zum Problem des Machtverfalls in der Demokratie*, Düsseldorf [5]1984.

Bracher, Karl Dietrich/Funke, Manfred/Jacobsen, Hans-Adolf (Hrsg.): *Die Weimarer Republik 1918–1933. Politik, Wirtschaft, Gesellschaft*, Düsseldorf 1987.

Brandt, Willy: *Die Nobelpreiskampagne für Carl von Ossietzky. Mit den Briefen an Konrad Reisner und Hilde Walter*, Oldenburg 1988.

Brauneck, Manfred (Hrsg.): *Die Rote Fahne. Kritik, Theorie, Feuilleton. 1918–1933*, München 1973.

Brenner, Arthur D.: *Emil J. Gumbel. Weimar German Pacifist and Professor*, Boston/Leiden 2001.

Brenner, Michael: *Jüdische Kultur in der Weimarer Republik*. Aus dem Englischen übersetzt von Holger Friessbach, München 2000.

Brink, Marianne: *Deutschlands Stellung zum Völkerbund in den Jahren 1918/19 bis 1922 unter besonderer Berücksichtigung der politischen Parteien und der Pazifisten–Vereinigungen*. Dissertation, Berlin 1968.

Brinson, Charmian/Malet, Marian (Hrsg.): *Rettet Ossietzky! Dokumente aus dem Nachlaß von Rudolf Olden*, Oldenburg 1990.

Burckhardt, Carl Jacob: *Meine Danziger Mission 1937–1939*, München 1960.

Buschmann, Martha: *Ossietzky ‚der zu keinem Unrecht schwieg'*, Düsseldorf 1964.

Chickering, Roger: *Imperial Germany and a World without War. The Peace Movement and German Society 1892–1914*, Princeton 1975.

Cooper, Sandi E.: *Patriotic Pacifism. Waging War on War in Europe 1815–1914*, New York/Oxford 1991.

Coudenhove-Kalergi, R. N. v.: *Ein Leben für Europa*, Köln 1966.

Craig, Gordon A.: *Deutsche Geschichte 1866–1945. Vom Norddeutschen Bund bis zum Ende des Dritten Reiches*, München ^{3}1980.

Daxner, Michael, u.a.: *Carl von Ossietzky. 50 Jahre Friedensnobelpreis*, Oldenburg 1987.

Déak, Istvan: *Weimar Germany's Left–Wing Intellectuals. A Political History of the Weltbühne and Its Circle*, Berkeley/Los Angeles 1968.

Déak, Istvan: *Weimar Germany's "Homeless Left". The World of Carl von Ossietzky*, Michigan 1964.

Dietzel, Thomas/Hügel, Hans-Otto: *Deutsche Literarische Zeitschriften 1880–1945*, München 1988.

DIZ Emslandlager: *Die Zerstörung von Recht und Menschlichkeit in den Konzentrations- und Strafgefangenenlagern des Emslands 1933–1945*, Papenburg 1995.

Donat, Helmut/Holl, Karl (Hrsg.): *Die Friedensbewegung. Organisierter Pazifismus in Deutschland, Österreich und in der Schweiz. Hermes Lexikon*, Düsseldorf 1983.

Donat, Helmut/Wild, Adolf (Hrsg.): *Carl von Ossietzky, Republikaner ohne Republik*, Bremen 1986.

Donat, Helmut/Röpcke, Andreas (Hrsg.): *Nieder die Waffen – die Hände gereicht! Friedensbewegung in Bremen 1898–1957. Katalog zur gleichnamigen Ausstellung*, Bremen 1989.

Donat, Helmut/Wieland, Lothar (Hrsg.): *Das Andere Deutschland. Unabhängige Zeitung für entschieden republikanische Politik. Eine Auswahl*, Königstein/Ts. 1980.

Donat, Helmut/Tammen, Johann P. (Hrsg.): *Friedenszeichen Lebenszeichen. Pazifismus zwischen Verächtlichmachung und Rehabilitierung. Ein Lesebuch zur Friedenserziehung*, Bremerhaven 1982.

Donat, Helmut/Knauer, W. (Hrsg.): *»Auf der Flucht« erschossen… Schriften und Beiträge von und über H. Paasche*, Bremen 1981.

Dowe, Dieter/Klotzbach, Kurt (Hrsg.): *Programmatische Dokumente der deutschen Sozialdemokratie*, Berlin/Bonn-Bad Godesberg 1973.

Drobisch, K.: *Wider den Krieg*, Berlin 1970.

Duchhardt, Heinz (Hrsg.): *Europäer des 20. Jahrhunderts. Wegbereiter und Gründer des »modernen« Europa*, Mainz 2002.

Dülffer, Jost/Krumeich, Gerd (Hrsg.): *Der verlorene Frieden. Politik und Kriegskultur nach 1918*, Essen 2002.

Eggebrecht, Axel/Pinkeneil, Dietrich: *Das Drama der Republik. Zum Neudruck der Weltbühne*, Königstein (Ts.) 1979.

Eggebrecht, Axel: *Der halbe Weg. Zwischenbilanz einer Epoche*, Hamburg 1975.

Enseling, Alf: *Die Weltbühne. Organ der Intellektuellen Linken. Studien zur Publizistik*, Münster 1962.

Erdmann, Karl Dietrich: *Die Zeit der Weltkriege*, Stuttgart ^{9}1973.

Erdmann, Karl Dietrich: *Die Weimarer Republik*, München ^{3}1982.

Eschenburg, Theodor: *Die Republik von Weimar. Beiträge zur Geschichte einer improvisierten Demokratie*, München 1984.

Fabian, Walter/Lenz, Kurt (Hrsg.): *Die Friedensbewegung. Ein Handbuch der Weltfriedensströmungen der Gegenwart. Reprint des 1922 in Berlin erschienenen Handbuchs mit einem aktuellen Vorwort von Walter Fabian*, Köln 1985.

Fetz, Bernhard/Schlösser, Hermann: *Wien – Berlin. Mit einem Dossier zu Stefan Großmann*. Profile Bd.7, Wien 2001.

Fiedor, Karol: *Carl von Ossietzky und die Friedensbewegung. Die deutschen Pazifisten im Kampf gegen Wiederaufrüstung und Kriegsgefahr*, Wrocław 1985.

Fiedor, Karol: *Carl von Ossietzky in polnischer Presse der Zwischenkriegszeit,* Wrocław 1991.

Fischer, Fritz: *Bündnis der Eliten. Zur Kontinuität der Machtstrukturen in Deutschland 1871–1945,* Düsseldorf 1979.

Fischer, Heinz-Dietrich (Hrsg.): *Deutsche Zeitschriften des 17. bis 20. Jahrhunderts,* Pullach bei München 1973.

Fischer, Heinz-Dietrich: *Handbuch der politischen Presse in Deutschland 1480–1980.* Synopse rechtlicher, struktureller und wirtschaftlicher Grundlagen der Tendenzpublizistik im Kommunikationsfeld, Düsseldorf 1981.

Franz-Willing, Georg: *Neueste Geschichte Chinas. 1840 bis zur Gegenwart*, Paderborn 1975.

Frei, Bruno: *Carl v. Ossietzky. Ritter ohne Furcht und Tadel*, Berlin (DDR)/Weimar 1966.

Frei, Bruno: *Carl von Ossietzky – Eine politische Biographie. Das Arsenal*, Berlin (DDR) 1978.

Fricke, Dieter (Hrsg.): *Lexikon zur Parteiengeschichte. Die bürgerlichen und kleinbürgerlichen Parteien und Verbände in Deutschland (1789–1945)*. 4.Bde., Leipzig 1983.

Fried, Alfred H.: *Handbuch der Friedensbewegung, Erster Teil. Grundlagen, Inhalt und Ziele der Friedensbewegung, zweite, gänzlich umgearbeitete und erweiterte Auflage*, Berlin/Leipzig 1911.

Fried, Alfred H.: *Die Grundlagen des revolutionären Pazifismus,* Tübingen 1908.

Fröhlich, Michael (Hrsg.): *Die Weimarer Republik. Portrait einer Epoche in Biographien*, Darmstadt 2002.

Gallus, Alexander: *Heimat »Weltbühne«. Eine Intellektuellengeschichte im 20. Jahrhunderts*, Göttingen 2012.

Gangl, Manfred/Raulet Gérard (Hrsg.): *Intellektuellendiskurse in der Weimarer Republik*, Frankfurt a. M./ New York 1994.

Gerlach, Hellmut von: *Von Rechts nach Links*. Hrsg. von Emil Ludwig, Zürich 1937.

Gerlach, Hellmut von: *Ein Demokrat kommentiert Weimar. Die Berichte Hellmut von Gerlachs an die Carnegie-Friedensstiftung in New York 1922–1930,* Bremen 1973.

Gerosa, Klaus (Hrsg.): *Große Schritte wagen. Über die Zukunft der Friedensbewegung*, München 1984.

Glatzer, Ruth (Hrsg.): *Berlin zur Weimarer Zeit. Panorama einer Metropole 1919–1933.* Mit einem Essay von Wolf Jobst Siedler, Berlin 2000.

Goebbels, Joseph: *Die Tagebücher von Joseph Goebbels. Sämtliche Fragmente.* Hrsg. von Elke Fröhlich im Auftrag der Institut für Zeitgeschichte in Verbindung mit dem Bundesarchiv, München/New York/ London/Paris 1987.

Goette, Jürgen W. (Hrsg.): *Allein mit dem Wort: Erich Mühsam, Carl von Ossietzky, Kurt Tucholsky. Schriftstellerprozesse in der Weimarer Republik*, Lübeck 1997.

Grab, Walter/Schoeps, Julius H. (Hrsg.): *Juden in der Weimarer Republik. Skizzen und Portraits*, Darmstadt ²1998.

Graml, Hermann: *Zwischen Stresemann und Hitler. Die Außenpolitik der Präsidialkabinette Brüning, Papen und Schleicher*, München 2001.

Grathoff, Dirk: *Carl von Ossietzky. Zion*, Oldenburg 1991.

Greis, Friedheim/King, Ian (Hrsg.) im Auftrag der Kurt Tucholsky-Gesellschaft: *Der Antimilitarist und*

Pazifist Tucholsky. Dokumentation der Tagung 2007 „Der Krieg ist aber unter allen Umständen tief unsittlich", St. Ingbert 2008.

Greis, Friedheim/Oswalt, Stefanie (Hrsg.): *Aus Teutschland Deutschland machen. Ein politisches Lesebuch zur »Weltbühne«*. Mit einem Vorwort von Heribert Prantl, Berlin 2008.

Greuner, Ruth: *Wandlungen eines Aufrechten. Lebensbild Hellmut von Gerlachs*, Berlin (DDR) 1965.

Greuner, Ruth: *Gegenspieler. Profile linksbürgerlicher Publizisten aus Kaiserreich und Weimarer Republik*, Berlin (DDR) 1969.

Greuner, Ruth u. Reinhart: *Ich stehe links... Carl von Ossietzky über Geist und Ungeist der Weimarer Republik*, Berlin (DDR) 1963.

Grijn Santen, W.B. van der: *Die Weltbühne und das Judentum. Eine Studie über das Verhältnis der Wochenschrift Die Weltbühne zum Judentum hauptsächlich die Jahre 1918–1926 betreffend*, Würzburg 1994.

Grossmann, Kurt R.: *Ossietzky. Ein deutscher Patriot,* Frankfurt a. M. 1973 (Erstdruck: München 1963).

Großmann, Stefan: *Ich war begeistert. Eine Lebensgeschichte*, Berlin 1930, erste bis fünfte Auflage 1931.

Grubitzsch, Siegfried, u.a.: *Ossietzky – Von der Weltbühne zum Denkmal*, Oldenburg 1978.

Grünewald, Guido: *Friedensanalysen für Theorie und Praxis 10*, Frankfurt/a. M. 1979.

Grünewald, Guido (Hrsg.): *Nieder die Waffen. Hundert Jahre Deutsche Friedensgesellschaft 1892–1992*, Bremen 1992.

Haacke, Wilmont/Pötter, Günter: *Die politische Zeitschrift 1665–1965*, Bd. II, 1900–1980, Stuttgart 1982.

Habedank, Heinz: *Der Feind steht rechts. Bürgerliche Linke im Kampf gegen den deutschen Militarismus 1925–1933*, Berlin (DDR) 1965.

Habermas, Jürgen: *Eine Art Schadensabwicklung*, Frankfurt a. M. 1987.

Hannover, Heinrich/Hannover-Drück, Elisabeth: *Politische Justiz 1918–1933*, Frankfurt a. M. 1966.

Harth, Dietrich/Schubert, Dietrich/Schmidt, Ronald Michael (Hrsg.): *Pazifismus zwischen den Weltkriegen. Deutsche Schriftsteller und Künstler gegen Krieg und Militarismus 1918–1933,* Heidelberg 1985.

Hecht, Heidemarie: *Von der „Schaubühne" zur „Weltbühne". Der Entstehungsprozeß einer politischen Zeitschrift (1913–1919)*. Dissertation, Jena 1997.

Heiber, Helmut: *Die Republik von Weima*r, München ^{21}1994.

Heinemann, Ulrich: *Die verdrängte Niederlage*, Göttingen 1983.

Hepp, Michael: *Kurt Tucholsky. Biographische Annährungen*, Reinbek bei Hamburg 1993.

Hepp, Michael (Hrsg.): *Kurt Tucholsky und das Judentum. Dokumentation der Tagung der Tucholsky-Gesellschaft vom 19.–22. Oktober 1995 in Berlin*, Oldenburg 1996.

Hepp, Michael (Hrsg.): *Kurt Tucholsky und die Justiz. Dokumentation der Tagung der Kurt Tucholsky-Gesellschaft vom 23.–26. Oktober 1997 in Berlin*, Oldenburg 1998.

Hepp, Michael/Otto, Viktor (Hrsg.): *„Soldaten sind Mörder." Dokumentation einer Debatte 1931–1996,* Berlin 1966.

Hermand, Jost/Trommler, Frank: *Die Kultur der Weimarer Republik*, München 1978.

Herrmann, Alfred (Hrsg.): *Festschrift für Ludwig Bergsträsser. Aus Geschichte und Politik*, Düsseldorf 1954.

Herzfeld, Hans: *Die Weimarer Republik*, Frankfurt a. M./Berlin/Wien ^{4}1975.

Hildebrand, Klaus: *Das vergangene Reich. Deutsche Außenpolitik von Bismarck bis Hitler 1871–1945.*

Durchgesehene Ausgabe, Berlin 1999.

Hiller, Kurt: *Köpfe und Tröpfe. Profile aus einem Vierteljahrhundert*, Hamburg/Stuttgart 1950.

Hiller, Kurt: *Leben gegen die Zeit [Logos]*, Reinbek bei Hamburg 1969.

Hiller, Kurt: *Leben gegen die Zeit [Eros]*, Reinbek bei Hamburg 1973.

Hiller, Kurt: *Pazifismus der Tat – Revolutionärer Pazifismus*, Berlin 1981.

Hiller, Kurt: *Politische Publizistik von 1918–1933*. Hrsg. von Stephan Reinhardt, Wunderhorn/München 1983.

Hoffmann, Hilmar/Klotz, Heinrich (Hrsg.): *Die Kultur unseres Jahrhunderts 1918–1933*, Düsseldorf/Wien/New York/Moskau 1993.

Holl, Karl/List, Gunther (Hrsg.): *Liberalismus und imperialistischer Staat. Der Imperialismus als Problem liberaler Parteien in Deutschland 1890–1914*, Göttingen 1975.

Holl, Karl: *Pazifismus in Deutschland*, Frankfurt a. M. 1988.

Holl, Karl/Wette, Wolfram (Hrsg.): *Pazifismus in der Weimar Republik. Beiträge zur historischen Friedensforschung*, Paderborn 1981.

Holly, Elmar E.: *Die Weltbühne 1918–1933. Ein Register sämtlicher Autoren und Beiträge*, Berlin 1989.

Hoppe, Matthias (Hrsg.): *München April '82. Ostermärsche. SPD-Parteitag. Demonstrationen*. Mit einem Vorwort von Dieter Lattmann, Olching bei München 1982.

Hübinger, Gangolf/Hertfelder, Thomas: *Kritik und Mandat. Intellektuelle in der deutschen Politik*, Stuttgart 2000.

Hutter, Franz-Josef/Tessmer, Carsten (Hrsg.): *Die Menschenrechte in Deutschland. Geschichte und Gegenwart*, München 1996.

Italiaander, Rolf: *Richard N. Coudenhove-Kalergi. Begründer der Paneuropa-Bewegung*, Freudenstadt 1969.

Italiaander, Rolf: *Friedensdenker und Friedensgedanken*, Hannover 1970.

Jacob, Berthold: *Weltbürger Ossietzky. Ein Abriß seines Werkes. Mit einer Biographie Ossietzkys versehen*, Paris 1937.

Jacobsohn, Siegfried: *Der Fall Jacobsohn*, Berlin [2]1913.

Jacobsohn, Siegfried: *Briefe an Kurt Tucholsky 1915–1926*. Hrsg. von Richard von Soldenhoff, München/Hamburg 1997.

Klein, Thomas: *»Frieden und Gerechtigkeit!« Die Politisierung der Unabhängigen Friedensbewegung in Ost-Berlin während der 80er Jahre*, Köln/Weimar/Wien 2007.

Knipping, Franz: *Deutschland, Frankreich und das Ende der Locarno-Ära 1928–1931*, München 1987.

Knorr, Lorenz: *Kleines Lexikon Rüstung Abrüstung Frieden*, Köln [2]1982.

Knütter, Hans-Hellmuth: *Die Juden und die deutsche Linke in der Weimarer Republik 1918–1933*, Düsseldorf 1971.

Koch, Christoph: *Vom Junker zum Bürger. Hellmut von Gerlach – Demokrat und Pazifist in Kaiserreich und Republik*, München 2009.

Koebner, Thomas (Hrsg.): *Weimars Ende. Prognosen und Diagnosen in der deutschen Literatur und politischen Publizistik 1930–1933*, Frankfurt a. M. 1982.

Koplin, Raimund: *Carl von Ossietzky als politischer Publizist*, Berlin/Frankfurt a. M. 1964.

Koszyk, Kurt: *Deutsche Presse 1914–1945. Geschichte der deutschen Presse*, Teil III, Berlin 1972.

Koszyk, Kurt/Eisfeld, Gerhard: *Die Presse der deutschen Sozialdemokratie*, Bonn [2]1980.

Koszyk, Kurt: *Gustav Stresemann. Der kaisertreue Demokrat*, Köln 1989.

Koszyk, Kurt/Hömberg, Walter/Kutsch, Arnulf/Pöttker, Horst (Hrsg.): *Publizistik und politisches Engagement. Lebensbilder publizistischer Persönlichkeiten*, Münster 1999.

Kraiker, Gerhard/Grathoff, Dirk (Hrsg.): *Carl von Ossietzky und die politische Kultur der Weimarer Republik. Symposion zum 100. Geburtstag*, Oldenburg 1991.

Kraiker, Gerhard/Suhr, Elke: *Carl von Ossietzky*, Reinbek bei Hamburg 1994.

Kramer, Helmut/Wette, Wolfram (Hrsg.): *Recht ist, was den Waffen nützt. Justiz und Pazifismus im 20. Jahrhundert*, Berlin 2004.

Krüger, Peter: *Die Außenpolitik der Republik von Weimar*, Darmstadt 1985.

Krüger, Peter: *Versailles. Deutsche Außenpolitik zwischen Revisionismus und Friedenssicherung*, München 1986.

Küster, Fritz: *Der Frieden muß erkämpft werden. Aufsätze eines deutschen Pazifisten*. Hrsg und mit einem Vorwort von Stefan Appelius, Oldenburg 1989.

Kuhn, Annete: *Theorie und Praxis historischer Friedensforschung*, Stuttgart/München 1971.

Lang, Dieter: *Staat, Recht und Justiz im Kommentar der Zeitschrift „Die Weltbühne"*, Frankfurt a. M. 1996.

Lange, Annemarie: *Berlin in der Weimarer Republik*. Bearbeitet und herausgegeben von Peter Schuppan unter Mitarbeit von Ulrike Köpp, Berlin (DDR) 1987.

Langguth, Gerd (Hrsg.): *Die Intellektuellen und die nationale Frage*, Frankfurt a. M./New York 1997.

Lehmann-Russbüldt, Otto: *Der Kampf der Deutschen Liga für Menschrechte vormals Bund Neues Vaterland für den Weltfrieden 1914–1927*, Berlin 1927.

Leiß, Ingo/Stadler, Hermann: *Deutsche Literaturgeschichte, Bd.9, Weimarer Republik 1918–1933*, München 2003.

Lipping, Alexander (Hrsg.): *Der Traum der Republik. Literarische Revue über die Zerstörung der Weimarer Republik*, Köln 1988.

Lütgemeier-Davin, Reinhold: *Pazifismus zwischen Kooperation und Konfrontation. Das Deutsche Friedenskartell in der Weimarer Republik*, Köln 1982.

Lunke, Erwin W.: *Die deutsche Presse im eigenen Urteil 1918 bis 1933*, München 1952.

Lutz, Dieter S. (Hrsg.): *Lexikon Rüstung, Frieden, Sicherheit*, München 1987.

Madrasch-Groschopp, Ursula: *Die Weltbühne. Porträt einer Zeitschrift*, Berlin (DDR) 1983, Frankfurt a. M./ Berlin/Wien 1985.

Madrasch-Groschopp, Ursula: *Ossietzky. Ein Lesebuch für unsere Zeit*, Berlin (DDR)/Weimar 1989.

Mann, Golo: *Deutsche Geschichte des 19. und 20. Jahrhunderts*, Frankfurt a. M. 1958.

Mann, Thomas: *Von Deutscher Republik. Politische Schriften und Reden in Deutschland*, Gesammelte Werke in Einzelbänden, Hrsg. von Peter de Mendelssohn, Frankfurt a. M. 1984.

Marcuse, Ludwig: *Mein 20. Jahrhundert. Auf dem Weg zu einer Autobiographie*, Zürich [3]1975.

Mayer, Hans: *Ein Deutscher als Widerruf. Erinnerungen*. Bd. I, Frankfurt a. M. 1982.

Mendelssohn, Peter de: *Zeitungsstadt Berlin. Menschen und Mächte in der Geschichte der deutschen Presse*, Berlin 1959, überarbeitete und erweiterte Auflage, Frankfurt a. M. 1982.

Michaelis, Herbert/Schraepler, Ernst (Hrsg.): *Ursachen und Folgen. Vom deutschen Zusammenbruch 1918 und 1945 bis zur staatlichen Neuordnung Deutschlands in der Gegenwart. Eine Urkunden- und Dokumentensammlung zur Zeitgeschichte*, Berlin o.J.

Michaelis, Rolf: *Von der Bühnenwelt zur Weltbühne. Siegfried Jacobsohn und die Schaubühne*, Königstein/Ts. 1980.

Michalka, Wolfgang/Niedhart, Gottfried (Hrsg.): *Deutsche Geschichte 1918–1933. Dokumente zur Innen- und Außenpolitik*, überarbeitete Ausgabe, Frankfurt a. M. 1992.

Mörchen, Helmut: *Schriftsteller in der Massengesellschaft. Zur politischen Essayistik und Publizistik Heinrich und Thomas Manns, Kurt Tucholskys und Ernst Jüngers während der Zwanziger Jahre*, Stuttgart 1973.

Mommsen, Hans: *Alternative zu Hitler. Studien zur Geschichte des deutschen Widerstandes*, München, 2000.

Mommsen, Hans: *Aufstieg und Untergang der Republik von Weimar 1918–1933*, München [2]2001.

Mommsen, Wolfgang: *Kultur und Krieg. Die Rolle der Intellektuellen*, München 1996.

Neumann, Sigmund: *Die Parteien der Weimarer Republik.* Mit einer Einführung von Karl Dietrich Bracher, Stuttgart/Berlin/Köln/Mainz [5]1986 (Die Originalausgabe erschien erstmals 1932 unter dem Titel *Die politischen Parteien in Deutschland* in Berlin).

Nickel, Gunther: *Die Schaubühne – Die Weltbühne. Siegfried Jacobsohns Wochenschrift und ihr ästhetisches Programm*, Opladen 1996.

Niedhart, Gottfried: *Die Außenpolitik der Weimarer Republik*, München 1999.

Ossietzky, Carl von: *Rechenschaft.* Hrsg. von Bruno Frei, Berlin (DDR)/Weimar 1970.

Ossietzky, Carl von: *The Stolen Republic. Selected Writings of Carl von Ossietzky.* Edited by Bruno Frei, Translated by John Peet, London 1971.

Ossietzky, Carl von: *Sämtliche Schriften.* Band I-VIII. Hrsg. von Gerhard Kraiker, Gunther Nickel, Renke Siems, Elke Suhr, Hamburg 1994.

Ossietzky, Maud von: *Maud von Ossietzky erzählt*, Berlin (DDR) 1966.

Oswalt, Stefanie: *Siegfried Jacobsohn. Ein Leben für die Weltbühne. Eine Berliner Biographie*, Gerlingen 2000.

Oswalt, Stefanie (Hrsg.): *Die Weltbühne. Zur Tradition und Kontinuität demokratischer Publizistik. Dokumentation der Tagung „Wieder gilt: Der Feind steht rechts!“*, St. Ingbert 2003.

Pegg, Carl H.: *Evolution of the European Idea 1914–1932*, Chapel Hill/London 1983.

Pforte, Dietger: *„Farbige, weithin sichtbare Signalzeichen“. Der Briefwechsel zwischen Carl von Ossietzky und Kurt Tucholsky aus dem Jahre 1932*, Berlin 1985.

Phelan, Anthony (ed.): *The Weimar Dilemma. Intellectuals in the Weimar Republic*, Manchester 1985.

Prescher, Hans: *Kurt Tucholsky*, Berlin [2]1982.

Pross, Harry: *Literatur und Politik. Geschichte und Programme der politisch-literarischen Zeitschriften im deutschen Sprachgebiet seit 1870*, Olten/Freiburg, 1963.

Pross, Harry: *Söhne der Kassandra. Versuch über deutsche Intellektuelle*, Stuttgart/Berlin/Köln/Mainz 1971.

Pross, Harry: *Zeitungsreport. Deutsche Presse im 20. Jahrhundert*, Weimar 2000.

Queckbörner, Peter: *„Zwischen Irrsinn und Verzweiflung“. Zum erweiterten Kulturbegriff der Zeitschrift Die Schaubühne/Die Weltbühne im Ersten Weltkrieg*, Frankfurt a. M./Berlin/Bern/Bruxelles/New York/Wien 2000.

Quidde, Ludwig: *Der deutsche Pazifismus während des Weltkrieges 1914–1918*. Aus dem Nachlaß Ludwig Quiddes, hrsg. von Karl Holl unter Mitwirkung von Helmut Donat, Boppard 1979.

Quidde, Torsten: *Friedensnobelpreisträger Ludwig Quidde. Ein Leben für Frieden und Freiheit*, Berlin 2003.

Raddatz, Fritz J.: *Erfolg oder Wirkung. Schicksale politischer Publizisten in Deutschland*, München 1972.

Raddatz, Fritz J.: *Das Tage-Buch. Portrait einer Zeitschrift*, Königstein (Ts.) 1981.

Raddatz, Fritz J.: *Tucholsky. Ein Pseudonym*, Reinbek bei Hamburg 1989.

Radkau, Joachim/Geiss, Immanuel (Hrsg.): *Imperialismus im 20. Jahrhundert*. Gedenkschrift für George F. W. Hallgarten, München 1976.

Rajewsky, Christiane/Riesenberger, Dieter (Hrsg.): *Wider den Krieg. Große Pazifisten von Immanuel Kant bis Heinrich Böll*, München 1987.

Raumer, Kurt v.: *Ewiger Friede. Friedensrufe und Friedenspläne seit der Renaissance*, Freiburg/München 1953.

Reich-Ranicki, Marcel: *Sieben Wegbereiter. Schriftsteller des zwanzigsten Jahrhunderts*, Stuttgart/München 2002.

Reinhardt, Helmut (Hrsg.): *Nachdenken über Ossietzky. Aufsätze und Graphik*, Berlin (DDR) 1989.

Riesenberger, Dieter: *Geschichte der Friedensbewegung in Deutschland. Von den Anfängen bis 1933*, Göttingen 1985.

Roch, Herbert: *Deutsche Schriftsteller als Richter ihrer Zeit*, Berlin 1947.

Rössler, Patrick (Hrsg.): *Moderne Illustrierte. Illustrierte Moderne. Zeitschriftenkonzepte im 20. Jahrhundert*, Stuttgart 1998.

Roth, Roland/Rucht, Dieter (Hrsg.): *Die sozialen Bewegungen in Deutschland seit 1945. Ein Handbuch*, Frankfurt a. M./New York 2008.

Rühle, Jürgen: *Die Schriftsteller und der Kommunismus in Deutschland*, Köln/Berlin 1960.

Scheer, Friedrich-Karl: *Die Deutsche Friedensgesellschaft (1892–1993). Organisation, Ideologie, politische Ziele. Ein Beitrag zur Geschichte des Pazifismus in Deutschland*, Frankfurt a. M. [2]1982.

Schlawe, Fritz: *Literarische Zeitschriften 1910–1933*, Stuttgart 1962.

Schlimper, Jürgen (Hrsg.): *Die deutsche Arbeiterbewegung und ihre Presse. Dokumente 1919–1932*, Leipzig 1986.

Schlüter, Rolf R.: *Probleme der deutschen Friedensbewegung in der Weimarer Republik*, Bonn 1974.

Schneider, Werner: *Die Deutsche Demokratische Partei in der Weimarer Republik 1924–1930*, München 1978.

Schober, Renate: *Das „Tage-Buch". Eine politische Zeitschrift der Weimarer Republik. Zur Krise der Kritik im Zeitalter der Massendemokratie*, München 1977.

Schöningh, Claudia: *»Kontrolliert die Justiz«. Die Vertrauenskrise der Weimar Justiz im Spiegel der Gerichtsreportagen von Weltbühne, Tagebuch und Vossischer Zeitung*, München 2000.

Schoeps, Julius H. (Hrsg.): *Juden als Träger der bürgerlichen Kultur in Deutschland*, Bonn/Stuttgart 1989.

Schottes, Christoph: *Die Friedensnobelpreiskampagne von Carl von Ossietzky in Schweden*, Oldenburg 1997.

Schrader, Bärbel/Schebera, Jürgen: *Die „goldenen" zwanziger Jahre. Kunst und Kultur der Weimarer Republik*, Berlin 1980.

Schulte, Franz Gerrit: *Der Publizist Hellmut von Gerlach 1866–1935*, München/New York/London/Paris 1988.

Schulz, Gerhard: *Ploetz. Weimarer Republik. Eine Nation im Umbruch*, Freiburg/Würzburg 1987.

Schulz, Hans Jürgen (Hrsg.): *Journalisten über Journalisten*, München 1980.

Schulz, Hans Jürgen (Hrsg.): *Liebhaber des Friedens*, Stuttgart/Berlin 1982.

Schulz, Klaus Peter: *Kurt Tucholsky*, Hamburg 1959.

Schulze, Hagen: *Weimar. Deutschland 1917–1933*, Berlin ^{4}1993.

Schustereit, Hartmut: *Linksliberalismus und Sozialdemokratie in der Weimarer Republik. Eine vergleichende Betrachtung der Politik von DDP und SPD 1919–1930*, Düsseldorf 1975.

Schwarzschild, Leopold: *Die letzten Jahre vor Hitler. Aus dem >Tagebuch< 1929–1933*, Hamburg 1966.

Segers, Volker: *Carl von Ossietzky 1889–1938. Katalog der gleichn. Ausstellung der Universität Oldenburg*, Oldenburg 1982.

Senghaas, Dieter (Hrsg.): *Kritische Friedensforschung*, Frankfurt a. M. ^{5}1979.

Seywald, Aiga: *Die Presse der sozialen Bewegungen 1918–1933*, Essen 1994.

Singer, Kurt/Burger, Felix: *Carl von Ossietzky*, Zürich 1937.

Sösemann, Bernd: *Das Ende der Weimarer Republik in der Kritik demokratischer Publizisten. Theodor Wolff, Ernst Feder, Julius Elbau, Leopold Schwarzschild*, Berlin 1976.

Sösemann, Bernd: *Theodor Wolff. Ein Leben mit der Zeitung*, München 2000.

Soldenhoff, Richard von (Hrsg.): *Carl von Ossietzky. Ein Lebensbild*, Weinheim/Berlin 1988.

Spiering, Menno/Wintle, Michael (edited): *Ideas of Europe since 1914. The Legacy of the First World War*, Hampshire 2002.

Stadt Oldenburg, Kulturdezernat (Hrsg.): *Carl von Ossietzky, Kurt Tucholsky, Georg Friedrich Nicolai. Eine Dokumentation zum Carl-von-Ossietzky-Preis der Stadt Oldenburg*, Oldenburg 1987.

Stephan, Werner: *Aufstieg und Verfall des Linksliberalismus 1918–1933*, Göttingen 1973.

Sternburg, Wilhelm von: *Lion Feuchtwanger: ein deutsches Schriftstellerleben*, Königstein (Ts.) 1984.

Sternburg, Wilhelm von: *»Es ist eine unheimliche Stimmung in Deutschland«. Carl von Ossietzky und seine Zeit*, Berlin 1996.

Stöber, Rudolf: *Deutsche Pressegeschichte. Einführung, Systematik, Glossar*, Konstanz 2000.

Suhr, Elke: *Zwei Wege – ein Ziel. Tucholsky, Ossietzky und die Weltbühne*, München 1986.

Suhr, Elke: *Carl von Ossietzky. Eine Biographie*, Köln 1988.

Suhr, Elke (Hrsg.): *Carl von Ossietzky. Eine biographische Ausstellung*, Oldenburg 1988.

Takemoto, Makiko: *Die Außenpolitik und der Pazifismus der Weimarer Intellektuellen im Umkreis der Zeitschriften der Weltbühne und des Tage-Buchs in der Zeit 1926–1933*, Dissertation der Carl von Ossietzky Universität Oldenburg, 2007.

Taube, Utz-Friedebert: *Ludwig Quidde. Ein Beitrag zur Geschichte des demokratischen Gedankens in Deutschland*, Kallmünz 1963.

Teppich, Fritz (Hrsg.): *Flugblätter und Dokumente der Westberliner Friedensbewegung 1980–1985*, Berlin 1985.

Thürauf, Ulrich (Hrsg.): *Schulthess' Europäischer Geschichtskalender*, Reprint, Neudeln/Liechtenstein 1976.

Thimme, Annelise: *Gustav Stresemann. Eine politische Biographie zur Geschichte der Weimarer Republik*, Hannover/Frankfurt a. M. 1957.

Trapp, Frithjof/Bergmann, Knut/Herre, Bettina: *Carl von Ossietzky und das politische Exil,* Hamburg 1988.

Treue, Wolfgang: *Deutsche Parteiprogramm 1861–1954*, Göttingen/Frankfurt a. M./Berlin 1954.

Tucholsky, Kurt: *Gesamtausgabe. Texte und Briefe.* Hrsg. von Antje Bonitz, Dirk Grathoff, Michael Hepp, Gerhard Kraiker, 22 Bde., Reinbek bei Hamburg 1996–2011.

Ulrich, Bernd/Ziemann, Benjamin (Hrsg.): *Krieg im Frieden. Die umkämpfte Erinnerung an den Ersten Weltkrieg. Quellen und Dokumente*, Frankfurt a. M. 1997.

Valentin, Veit: *Geschichte des Völkerbundgedankens in Deutschland*, Berlin 1920.

Vinke, Hermann: *Carl von Ossietzky*, Hamburg 1978.

Vinke, Hermann: *Carl von Ossietzky*, Bonn 1989.

Weber, Manfred: *Carl von Ossietzky und die Nationalsozialisten*, Berlin 1999.

Wehberg, Hans: *Die Führer der deutschen Friedensbewegung*, Leipzig 1923.

Wehler, Hans-Ulrich: *Preußen ist wieder chic..., Politik und Polemik in zwanzig Essays*, Frankfurt a. M. 1983.

Wesseling, Berndt W.: *Carl von Ossietzky. Märtyrer für den Frieden*, München 1989.

Wette, Wolfram: *Militarismus und Pazifismus. Auseinandersetzung mit den deutschen Kriegen*, Bremen 1991.

Weyrauch, Wolfgang (Hrsg.): *Ausnahmezustand. Eine Anthologie aus »Weltbühne« und »Tagebuch«*, München 1966.

Wickert, Christl: *Helene Stöcker 1869–1943. Frauenrechtlerin, Sexualreformerin und Pazifistin. Eine Biographie*, Bonn 1991.

Wilson, Kevin/Dussen, Jan van der (eds.): *The History of the Idea of Europe*, London/New York 1993, revised edition 1995.

Winkler, Heinrich August: *Weimar 1918–1933. Die Geschichte der ersten deutschen Demokratie*, München 1993.

Wolfrum, Edgar: *Krieg und Frieden in der Neuzeit. Vom Westfälischen Frieden bis zum Zweiten Weltkrieg*, Darmstadt 2003.

Wright, Jonathan: *Gustav Stresemann. Weimar's Greatest Statesman,* Oxford 2002.

Wurgaft, Lewis D.: *The Activists. Kurt Hiller and the Politics of Action on the German Left 1914–1933.* Transactions of the American Philosophical Society. Vol.67, Part 8, Philadelphia 1977.

Ziemann, Benjamin (Edited): *Peace Movements in Western Europe, Japan and the USA during the Cold War*, Essen 2008.

Zimmermann, Mosche: *Die deutsche Juden. 1914–1945*, München 1997.

Zwerenz, Gerhard: *Kurt Tucholsky. Biographie eines guten Deutschen*, München 1979.

3　主要欧文個別論文・雑誌記事

Abrams, Irwin: „Carl von Ossietzky“, in: ders., *The Nobel Peace Prize and the Laureates. An Illustrated Biographical History 1901–1987*, Boston 1988, S.125–129.

Augstein, Rudolf: „„Eine Republik und ihre Zeitschrift“. Rudolf Augstein zur Neuauflage der „Weltbühne““, in: *Spiegel*, 16.10.1978, S.239–249.

Bastian, Gert: „Neue Allianzen schaffen!“ in: Gerosa, Klaus (Hrsg.), *Große Schritte wagen. Über die Zukunft der Friedensbewegung*, München 1984, S.14–18.

Bennhold, Martin: „Locarno und die völkischen Traditionen in der deutschen Außenpolitik“, in: Frank Deppe/Rainer Rilling Fülberth (Hrsg.): *Antifaschismus,* Heilbronn 1996, S.70–82.

Benz, Wolfgang: „Der „Fall Muehlon“. Bürgerliche Opposition im Obrigkeitsstaat während des Ersten Weltkriegs“, in: *Vierteljahreshefte für Zeitgeschichte* 18, 1970, S.343–365.

Benz, Wolfgang: „Die Karriere eines deutschen Pazifisten“, in: Ulrich Walberer (Hrsg.): *10. Mai 1933. Bücherverbrennung in Deutschland und die Folgen*, Frankfurt a. M. 1983, S.160–198.

Bertram, Mathias: „Yatagans Spuren: Zu einem unbekannten Pseudonym Carl von Ossietzkys“, in: *Monatshefte für deutschen Unterricht, deutsche Sprache und Literatur*, Vol. 86, No.3, 1994, S.300–318.

Bockel, Rolf von: „Wer kann Pazifist bleiben, wenn Hitler an die Macht kommt? Zum Wandel der politischen Überzeugungen deutscher Pazifisten nach 1933“, in: *Das Argument*, 165, 1987, S.688–697.

Braker, Regina: „Helene Stöcker's Pacifism in the Weimar Republic: Between Ideal and Reality“, in: *Journal of Women's History*, Vol.13, No.3, autumn 2001, pp.70–97.

Brehm, Eugen M.: „Aus Briefen über Kurt Hiller und seine Gruppe Revolutionärer Pazifisten“, in: Rolf von Bockel/Hard Lützenkirchen (Hrsg.), *Kurt Hiller: Erinnerungen und Materialien*, Hamburg 1992, S.45f.

Buro, Andreas: „Friedensbewegung“, in: Roth, Roland/Rucht, Dieter (Hrsg.), *Die sozialen Bewegungen in Deutschland seit 1945. Ein Handbuch*, Frankfurt a. M./New York 2008, S.267–292.

Ebert, Theodor: „Friedensbewegung und Friedensforschung. Historische und aktuelle Wechselwirkungen“, in: *Jahrbuch für Friedens- und Konfliktforschung*, Bd.II, Düsseldorf 1972, S.156–172.

Eppler, Erhard: „Schach der Strategen“, in: *Spiegel Special Geschichte. Der Kalte Krieg. Wie die Welt das Wettrüsten überlebte,* Nr.3, 2008, S.122–125.

Filk, Christian: „Die Medienkritik Erich Kästners zur Zeit der Weimarer Republik. Eine fast vergessene Facette des literarischen Publizisten“, in: *Rundfunk und Geschichte* 25/1999, Nr.4, S.205–217.

Fraenkel, Ernst: „Idee und Realität des Völkerbundes im deutschen politischen Denken“, in: *Vierteljahreshefte für Zeitgeschichte* 16, 1968, S.1–14.

Gerosa, Klaus/Linkersdörfer, Michael: „Bürger den Frieden. Eine Zusammenstellung der wichtigsten Friedensinitiativen“, in: Gerosa, Klaus (Hrsg.), *Große Schritte wagen. Über die Zukunft der Friedensbewegung*, München 1984, S.103–192.

Giesen, Klaus-Gerd: „Die Genfer Friedensgesellschaft (1830–1839) und der Strukturwandel des europäischen Pazifismus“, in: *Die Friedens-Warte*, Band 66/Heft 1–2, Berlin 1986, S.23–42.

Grossmann, Kurt R.: „Carl von Ossietzky receives the Peace Nobel Prize“, in: Erich Fromm/Hans Herzfeld (Hrsg.): *Der Friede. Idee und Verwirklichung Festgabe für Adolf Leschnitzer*, Heidelberg 1961, 177–198.

Gutleben, Burkhard: „Das Dilemma der linksliberalen Pazifisten in der ausgehenden Weimarer Republik“, in: *Zeitschrift für Geschichtswissenschaft*, 44. Jg., H.10, Berlin 1996, S.897–911.

Guttenberg, Gerda: „Helene Stöcker: eine revolutionäre Pazifistin“, in: *Beiträge zur feministischen Theorie und Praxis*, 1983, H.8, S.121ff.

Haarmann, Hermann: „Kurt Tucholsky. „Eine Treppe: Sprechen – Schreiben - Schweigen““, in: *Medien & Zeit*, 6/1991, Nr.2, S.3–7.

Heumann, Lucas: „Kommunistische Bündnispolitik in Europa“, in: *Aus Politik und Zeitgeschichte*, 1982, Nr.48, S.19ff.

Holl, Karl: „Die "Vereinigung Gleichgesinnter". Ein Berliner Kreis pazifistischer Intellektueller im Ersten Weltkrieg", in: *Archiv für Kulturgeschichte*, Bd.54, Heft2, 1972, S.364–384.

Holl, Karl: „Europapolitik im Vorfeld der deutschen Regierungspolitik. Zur Tätigkeit proeuropäischer Organisationen in der Weimarer Republik", in: *Historische Zeitschrift*, Bd.219, 1974, S.33–94.

Holl, Karl: „Die deutsche Friedensbewegung in der Weimarer Republik", in: *Schriften der Wittheit zu Bremen. Jahrbuch der Wittheit zu Bremen*, Bd.20, Bremen 1976, S.7–24.

Holl, Karl: „Die deutsche Friedensbewegung im Wilhelminischen Reich. Wirkung und Wirkungslosigkeit", in: Wolfgang Huber/Johannes Schwerdtfeger (Hrsg.): *Kirche zwischen Krieg und Frieden. Studien zur Geschichte des Deutschen Protestantismus*, Stuttgart 1976, S.321–372.

Holl, Karl: „Historische Friedensforschung", in: *Neue Politische Literatur*, 12. Jg., 1977, S.202–212.

Holl, Karl: „Pazifismus", in: Otto Brunner, Werner Conze, Reinhart Koselleck (Hrsg.): *Geschichtliche Grundbegriffe. Historisches Lexikon zur politisch–sozialen Sprache in Deutschland*, Bd.4, Stuttgart 1978, S.767ff.

Huber, Wolfgang: „Friedensforschung und Geschichte", in: *Internationale Dialog Zeitschrift*. 4. Jg., 1971, S.291–301.

Jahn, Egbert: „Eine Kritik der sowjet-marxistischen Lehre vom „gerechten Krieg"", in: *Friedensanalysen* 12, Frankfurt a. M. 1980, S.163ff.

Jansen, Christian: „Die Militanz der Antimilitaristen. Neue Literatur zum Pazifismus in Deutschland vor 1933", in: *Neue Politische Literatur*, Jg. 37, Frankfurt a. M.1992, S.214–232.

Jochheim, Gernot: „Zur Geschichte und Theorie der europäischen antimilitaristischen Bewegung 1900–1940", in: *Friedensanalysen* 4, Frankfurt a. M. 1977, S.27–50.

Jung, Otmar: „Spaltung und Rekonstruktion des organisierten Pazifismus in der Weimarer Republik", in: *Vierteljahrshefte für Zeitgeschichte*, 34, 1986, S.207–243.

King, Ian: „Kurt Tucholsky as Prophet of European Unity", in: *German Life and Letters*, 54: 2, April 2002, pp.164–172.

Klein, Friedrich: „Die Bemühungen um eine Rüstungsbeschränkung zwischen den Beiden Weltkriegen", in: Wolfgang Huber (Hrsg.): *Historische Beiträge zur Friedensforschung*, Stuttgart/München 1970, S.216–238.

Köhler, Fritz: „Deutsche Friedensgesellschaft (DFG), seit 1892", in: *Die bürgerlichen Parteien in Deutschland*, Bd.1, Leipzig, 1968, S.364ff.

Kraiker, Gerhard: „Rufe nach Führern. Ideen politischer Führung bei Intellektuellen der Weimarer Republik und ihre Grundlagen im Kaiserreich", in: *Jahrbuch zur Literatur der Weimarer Republik*, Bd.4, 1998, S.225–273.

Lang, Regina: „Carl von Ossietzky und die deutsch-norwegischen Beziehungen in den Jahren 1933 bis 1937", in: *Wissenschaftliche Zeitschrift der Ernst–Moritz–Arndt–Universität Greifswald. Gesellschafts– und sprachwissenschaftliches Reihe*, 30. Jg., 1981, Heft 1/2, S.91–96.

Leinen, Jo: „Die Zukunft der Friedensbewegung", in: Gerosa, Klaus (Hrsg.), *Große Schritte wagen. Über die Zukunft der Friedensbewegung*, München 1984, S.63–73.

Lütgemeier-Davin, Reinhold: „Die Nie-wieder-Krieg-Bewegung in der Weimarer Republik", in: *Geschichte lernen*, Heft 49, 1996, S. 33–38.

Maas, Lieselotte: „Verstrickt in die Totentänze einer Welt. Die politische Biographie des Weimarer Journalisten Leopold Schwarzschild, dargestellt im Selbstzeugnis seiner Exilzeitschrift »Das Neue Tage-Buch«", in: *Exilforschung. Ein internationales Jahrbuch*, Bd.2, hrsg. im Auftrag der Gesellschaft für Exilforschung/Society for Exile Studies von Thomas Koebner, Wulf Köpke und Joachim Radkau, München 1984, S.56–85.

Lipp, Karlheinz/Lütgemeier-Davin, Reinhold/Nehring, Holger: „Frieden als Herausforderung für die deutsche Geschichte", in: Dies. (Hrsg.), *Frieden und Friedensbewegungen in Deutschland 1892–1992. Ein Lesebuch*, Essen 2010, S.9–41.

Mann, Golo: „Vorwort", in: Leopold Schwarzschild, *Die letzten Jahre vor Hitler. Aus dem ›Tagebuch‹ 1929–1933*, Hamburg 1966, S.21.

Mayer, Dieter: „Die Weltbühne, ein Forum linksbürgerlichen Denkens", in: *Literatur für Leser*. Bd.2, 1991, S.100–114.

Megerle, Klaus/Steinbach, Peter: „Politische Kultur in der Krise. Neuere Beiträge zur Bestimmung der politischen Kultur in der Weimarer Republik", Teil I u. II, in: *PVS–Literatur*, H.2/1981, S.123ff und H.1/1982, S.6ff.

Nehring, Holger: „Die Angst vor der Bombe. Entspannungspolitik und Friedensbewegung", in: *Der Kalte Krieg. Hrsg. in Zusammenarbeit mit DAMALS–Das Magazin für Geschichte und Kultur*, Darmstadt 2010, S.101–108.

Nehring, Holger/Ziemann, Benjamin: „Führen alle Wege nach Moskau? Die Friedensbewegungen der achtziger Jahre und der Kommunismus", in: *Vierteljahrshefte für Zeitgeschichte*, 59, 2011, S.80–100.

Pforte, Dietger: „Im Vorraum des Exils: Der Briefwechsel zwischen Ossietzky und Tucholsky im Jahr 1932", in: *Exil*, 1984/Nr.1, S.5–16.

Reich-Ranicki, Marcel: „Kurt Tucholsky. Deutscher, Preuße, Jude", in: Herbert A. Strauß und Christian Hoffmann (Hrsg.), *Juden und Judentum in der Literatur*, München 1985, S.254–272.

Sasse, Barbara: „Die Redaktion der Zeitschrift „Die Weltbühne" zwischen 1927 und 1933. Kantstr.152", in: *Geschichtslandschaft Berlin. Orte und Essays* Bd.1, Charlottenburg. Teil II. Hrsg. von Helmut Engel, Stefi Jersch-Wenzel, Wilhelm Treue, Berlin 1985, S.398–409.

Saunders, Thomas J.: „Weimar Germany: Crisis as Normaley – Trauma as Condition", in: *Neue Politische Literatur*, 45. Jg., Heft 2, 2000, S.208–226.

Scheer, Friedrich-Karl: „Die Anfänge der Friedensforschung in der historischen Friedensbewegung Deutschlands", in: *Jahrbuch für Friedens– und Konfliktforschung*, Bd.2, Düsseldorf 1972, S.173ff.

Scheuner, Ulrich: „Die internationale Organisation der Staaten und die Friedenssicherung, Zum Werk Walther Schückings (1875–1935)", in: *Die Friedens–Warte*, Bd.58/Heft 1–2, Berlin 1975, S.7–22.

Schumacher, Frank: „Leben mit der Bombe. Kernwaffen und Kalter Krieg, 1945–1962", in: *Der Kalte Krieg*. Hrsg. in Zusammenarbeit mit *DAMALS-Das Magazin für Geschichte und Kultur*, Darmstadt 2010, S.25–32.

Schmeichel-Falkenberg, Beate: „Erstes offenens Tucholsky-Symposium in Hamburg 10–18.Juni 1989", in *Exil* 9, 1989, S.92–94.

Schottes, Christoph: „Tucholsky und Ossietzky nach 1933“, in: *Exil*, 1995/Nr.1, S.7–16.

Schulte, Dieter: „Friedenspolitik aus gewerkschaftlicher Sicht. Rückblick und Perspektive“, in: *Wissenschaft & Frieden*, 2/95, 12. Jahrgang, Juli 1995, S.87–90.

Schumann, Rosemarie: „Kurt Hiller zwischen Pazifismus und Reaktion. Weltanschauliche Position und politische Rolle eines bürgerlichen Intellektuellen“, in: *Zeitschrift für Geschichtswissenschaft*, Heft 10, Berlin 1980, S.957ff.

Sösemann, Bernd/Holly, Elmar E.: „Die Weltbühne – Wochenschrift für Politik, Kunst und Wirtschaft“, in: Elmar E. Holly, *Die Weltbühne 1918–1933. Ein Register sämtlicher Autoren und Beiträge*, Berlin 1989, S.8–31.

Trapp, Frithjof: „Schriftsteller als Politiker. Leistung und Schwäche der Linksintelligenz während der ersten Phase des Exils (1933 bis 1940)“, in: *Exil*, 1984/Nr.1, S.17–31.

Takemoto, Makiko: „Peace, Pacifism and Peace Movements in Germany during the First Half of the 20th Century“, Carol Rinnert/Omar Farouk/Yasuhiro Inoue (eds.), *Hiroshima & Peace*, Hiroshima 2010, pp.192–201.

Takemoto, Makiko: „Nuclear Politics, Past and Present: Comparison of German and Japanese Anti-Nuclear Peace Movements“, in: *Asian Journal of Peacebuilding*. A Journal of the Institute for Peace and Unification Studies Seoul National University, Vol.3, No.1, May 2015, pp.87–101.

Takemoto, Makiko: „Hiroshima and Auschwitz: Analyzing from the Perspectives of Peace Movements and Pacifism“, in: Urs Heftrich/Robert Jacobs/Bettina Kaibach/Karoline Thaidigsmann (eds.), *Images of Rupture between East and West. The Perception of Auschwitz and Hiroshima in Eastern European Arts and Media*, Heidelberg 2016, pp.65–81.

Walter, Hans-Albert: „Leopold Schwarzschild und »Das Neue Tage-Buch«“, in: Walter Laqueur und George L. Mosse (Hrsg.), *Die europäischen Linksintellektuellen zwischen den beiden Weltkriegen,* München 1967, S.149–166.

Walter, Hilde: „Aus der Chronik des Nobelpreis für Carl von Ossietzky“, in: *Aus Politik und Zeitgeschichte. Beilage zur Wochenzeitung Das Parlament*, 4.10.1969, S.3–32.

Weber, Hermann: „Die Generallinie der KPD 1929–1933“, in: *Aus Politik und Zeitgeschichte*, Nr. 48, 1982, S.3ff.

Wegner, Konstanze: „Linksliberalismus im Wilhelminischen Deutschland und in der Weimarer Republik“, in: *Geschichte und Gesellschaft*, 4, 1978, S.120.

Wette, Wolfram: „Militaristische und pazifistische Ideologien in der Endphase der Weimarer Republik“, in: *Ursachen und Voraussetzungen der deutschen Kriegspolitik*, Stuttgart 1979, S.25–99.

Wette, Wolfram: „Sozialdemokratie und Pazifismus in der Weimarer Republik“, in: *Archiv für Sozialgeschichte*, Bd.25, 1986, S.281ff.

Wette, Wolfram: „Seiner Zeit voraus. Martin Niemöllers Friedensinitiativen (1945–1955)“, in: Detlef Bald/ Wolfram Wette (Hrsg.), *Friedensinitiativen in der Frühzeit des Kalten Krieges 1945–1955*, Essen 2010, S.227–241.

Wiedemer, Patricia: „The Idea Behind Coudenhove-Kalergi's Pan-European Union“, in: *History of European Ideas*, Vol.16, No.4–6, 1993, pp.827–233.

Witte-Rang, Greetje: „Die »holländische Krankheit« - eine ansteckende Gesundheit“, in: Aktion Sühnezeichen/Friedensdienste/Aktionsgemeinschaft Dienst für den Frieden, *Bonn 10.10.81. Friedensdemonstration für Abrüstung und Entspannung in Europa, Reden, Fotos...*, Bornheim 1981, S.91-93.

4　主要邦語文献・個別論文・雑誌記事

アイク、エーリッヒ、救仁郷繁（訳）『ワイマル共和国史』1～4、ぺりかん社、1983-1989年
青地伯水（編著）『エーリヒ・ケストナー　こわれた時代のゆがんだ鏡』松籟社、2012年
生島治郎（他編）『反核――私たちは読み訴える　核戦争の危機を訴える文学者の声明』岩波書店、1982年
石川捷治（著者代表）『時代のなかの社会主義』法律文化社、1992年
石田勇治『20世紀ドイツ史』白水社、2005年
石田勇治（編著）『図説ドイツの歴史』河出書房新社、2007年
井関正久「六〇年代の旧東西ドイツ――異なる体制下における抗議運動の展開」『国際政治』第126号、2001年２月、169-184頁
井関正久『ドイツを変えた68年運動』白水社、2005年
井関正久「冷戦の変容と東西ドイツ市民」若尾祐司・井上茂子（編著）『近代ドイツの歴史　18世紀から現代まで』ミネルヴァ書房、2005年、287-309頁
井関正久『戦後ドイツの抗議運動　「成熟した市民社会」への模索』岩波書店、2016年
市川ひろみ『兵役拒否の思想　市民的不服従の理念と展開』明石書店、2007年
岩間陽子『ドイツ再軍備』中央公論社、1993年
岩波書店編集部『核兵器と人間の鎖』岩波書店、1983年
遠藤マリヤ『ブロックを超える――西ドイツ緑の党』亜紀書房、1983年
大江健三郎『広島からオイロシマへ』岩波書店、1982年
カーショー、イアン、川喜田敦子（訳）『ヒトラー〈上〉1889-1936　傲慢』白水社、2016年
片木清「『永久平和論』よりみたわが国におけるカントの受容について」家永三郎・小牧治『哲学と日本社会』弘文堂、1978年
加藤雅彦（他編）『事典　現代のドイツ』大修館書店、1998年
加藤善夫『カール・フォン・オシエツキーの生涯』晃洋書房、1996年
加藤善夫『ヤーコブゾーンの生涯　劇評家からジャーナリストへ』晃洋書房、2014年
金丸輝男『ヨーロッパ統合の政治史　人物を通して見たあゆみ』有斐閣、1996年
カルドア、メアリ、高原孝生（訳）「反核運動――権力・政治・市民」坂本義和（編）『核と人間Ｉ　核と対決する20世紀』岩波書店、1999年、339-379頁
河上暁弘『日本国憲法第９条成立の思想的淵源の研究――「戦争非合法化」論と日本国憲法の平和主義』専修大学出版局、2006年
河島幸夫『ドイツ現代史とキリスト教　ナチズムから冷戦体制へ』新教出版社、2011年
北河賢三『戦争と知識人』山川出版社、2003年
木谷勤「欧州統合の理念と現実」『思想』489号、1965年３月、66-76頁
北村厚『ヴァイマル共和国のヨーロッパ統合構想』ミネルヴァ書房、2014年

木戸衛一「統一ドイツの平和意識」『阪大法学』54、2004年11月、977-1000頁
木戸衛一「『脱原発』を決断したドイツ」『季論21』、2011年夏号、61-72頁
木村靖二／千葉敏之／西山暁義（編）『ドイツ史研究入門』山川出版社、2014年
黒澤満『核軍縮入門』信山社、2011年
ゲイ、ピーター、亀嶋庸一（訳）『ワイマール文化』みすず書房、1999年
ケリー、ペトラ、高尾利数／菊地悦朗／田村光影（訳）『希望のために闘う』春秋社、1985年
ケスラー、ハリー、松本道介（訳）『ワイマル日記』（上）（下）、冨山房、1993年、1994年
コルヴィッツ、ケーテ、鈴木東民（訳）『ケーテ・コルヴィッツの日記　種子を粉にひくな』アートダイジェスト、2003年
コルプ、E.、柴田敬二（訳）『ワイマル共和国史　研究の現状』刀水書房、1987年
近藤和子／福田誠之郎（編）『ヨーロッパ反核79-82　生きるための選択』野草社、1982年
サイード、エドワード・W.、大橋洋一（訳）『知識人とは何か』平凡社、1998年
斉藤哲／八林秀一／鎗田英三（編）『20世紀ドイツの光と影　歴史から見た経済と社会』芦書房、2005年
佐藤昌一郎（編著）『世界の反核運動』新日本出版社、1984年
ジッド、A.／マルロー、A.／アラゴン、L.（他）、相磯佳正／五十嵐敏夫／石黒英男／高橋治男（編訳）『文化の擁護　1935年パリ国際作家大会』法政大学出版局、1997年
篠原初枝『国際連盟　世界平和への夢と挫折』中央公論新社、2010年
清水誠（編）『ファシズムへの道　ワイマール裁判物語』日本評論社、1978年
清水正義「ラパッロ条約成立の一断面——独ソ交渉の展開を中心に」『現代史研究』第31号、1984年、37-47頁
ショレゲン、グレゴーア、岡田浩平（訳）『ヴィリー・ブラントの生涯』三元社、2015年
ズットナー、ベルタ・フォン、ズットナー研究会（訳）『武器を捨てよ！』〈上〉〈下〉、新日本出版社、2011年
ゾントハイマー、K.、河島幸夫／脇圭平（訳）『ワイマール共和国の政治思想　ドイツ・ナショナリズムの反民主主義思想』ミネルヴァ書房、1976年
高田敏／初宿正典（編訳）『ドイツ憲法集』第５版、信山社、2007年（初版1994年）
高柳先男「市民運動と軍縮——欧州の反核・平和運動についての暫定的な報告」『平和研究』（日本平和学会）第７号、1982年11月、107-118頁
武田昌之「ヴァイマル期における平和主義」『歴史学研究』第550号、1986年１月、15-29・60頁
武田昌之「国際連盟とドイツの平和主義——軍事制裁の問題を中心に」『北海道東海大学紀要人文社会科学系』第４号、1991年、109-123頁
武田昌之「国際連盟成立期の国際組織構想」(1)～(5)『東海大学国際文化学部紀要』、2006年～2012年
竹本真希子「カール・フォン・オシエツキーの平和主義」『歴史学研究』第786号、2004年３月、18-33頁
竹本真希子「パンヨーロッパ運動と『ヴェルトビューネ』」『専修史学』第36号、2004年３月、15-34頁
竹本真希子「ヴァイマル共和国期平和主義的知識人とシュトレーゼマン——週刊誌『ヴェルト

ビューネ』と『ターゲ・ブーフ』の記事から」西川正雄／青木美智男（監修）『近代社会の諸相――個・地域・国家』ゆまに書房、2005年、51-81頁
竹本真希子「来るべき戦争への警告――ヴァイマル共和国時代の平和論から」『専修史学』第40号、2006年３月、30-48頁
竹本真希子「ドイツにおける平和主義と民主主義――ヴァイマル共和国の例から」『*Journal of Humanities and Social Sciences Studies*』（韓国・湖南大学人文社会研究所）第14号、2006年９月、207-224頁
竹本真希子「ヴァイマル共和国末期の平和運動の諸問題――オシエツキーと『ヴェルトビューネ』をめぐる裁判から」『専修史学』第45号、2008年11月、1-19頁
竹本真希子「一九八〇年代初頭の反核平和運動――『ユーロシマ』の危機に抗して」若尾祐司・本田宏（編）『反核から脱原発へ　ドイツとヨーロッパ諸国の選択』昭和堂、2012年、155-184頁
竹本真希子「ヴァイマル共和国期の急進的平和主義者にとっての軍縮と平和――『ヴェルトビューネ』の記事から」『専修史学』第56号、2014年３月、14-31頁
竹本真希子「第一次世界大戦後のドイツの平和運動」広島市立大学広島平和研究所企画委員会（編集）『ふたつの世界大戦と現代世界』広島平和研究所ブックレットVol.2、2015年12月、69-91頁
竹本真希子「ヴァイマル共和国初期における週刊誌『ターゲ・ブーフ』――1922年を中心に」『専修史学』第58号、2015年３月、62-76頁
竹本真希子「平和運動――東西対立を越えて」石田勇治・福永美和子（編）『現代ドイツへの視座――歴史学的アプローチ　第１巻　想起の文化とグローバル市民社会』勉誠出版、2016年、337-356頁
立花誠逸「核戦争の危機と民衆――西ヨーロッパ平和運動の再生要因」『平和研究』（日本平和学会）第９号、1984年11月、28-43頁
田中美緒「ラパッロ条約締結期のドイツ外交に関する一考察」『史論』（東京女子大学）59、2006年、52-71頁
田畑忍『近現代世界の平和思想――非戦・平和・人権思想の源流とその発展』ミネルヴァ書房、1996年
田村栄子／星乃治彦（編）『ヴァイマル共和国の光芒　ナチズムと近代の相克』昭和堂、2007年
中国新聞社（編）『年表ヒロシマ　核時代50年の記録』中国新聞社、1995年
對馬達雄『ヒトラーに抵抗した人々　反ナチ市民の勇気とは何か』中央公論新社、2015年
トゥホルスキー、クルト、野村彰（編訳）『ヴァイマル・デモクラシーと知識人　1919-1928年』ありえす書房、1977年
トゥホルスキー、クルト／ハートフィールド、ジョン、野村彰（訳）、平井正（解説）『ドイツ世界に冠たるドイツ』ありな書房、1982年
戸澤英典「パン・ヨーロッパ運動の憲法体制構想」『阪大法学』第53巻第3・4号、2003年11月、979-1013頁
中井晶夫『ヒトラー時代の抵抗運動　ナチズムとドイツ人』毎日新聞社、1982年
中井晶夫『ドイツ人とスイス人の戦争と平和――ミヒャエーリスとニッポルト』南窓社、1995

年
永井清彦「'81西ドイツ平和運動（その1）」『総合研究所報』（桃山学院大学）8（1）、1982年9月、31-49頁
永井清彦「資料　ドイツ平和運動の各種声明、アピール」『総合研究所報』（桃山学院大学）8（1）、1982年9月、49-61頁
永井清彦「'81西ドイツ平和運動（その2）」『総合研究所報』（桃山学院大学）8（2）、1982年12月、15-23頁
仲井斌「剣を鋤に――東西ドイツの平和運動」『世界』456号、1983年11月、209-222頁
仲井斌『緑の党――その実験と展望』岩波書店、1986年
長崎正幸『核問題入門――歴史から本質を探る』勁草書房、1998年
長橋芙美子『言葉のちからで――ドイツ反ファシズムの作家たち』新日本出版社、1982年
長橋芙美子『アルノルト・ツヴァイク　戦争と作家』近代文藝社、1995年
中西治「戦後の独ソ接近　ラパッロ条約（一九二二年四月）」歴史学研究会（編）『世界史史料　二〇世紀の世界I　ふたつの世界大戦』岩波書店、2006年、124-125頁
中村貞二「『国際協調会』（ドイツ・1911-1914年について）――ヴィルヘルム時代の平和主義および平和運動（1）」『東京経大学会誌』第146号、1986年6月、215-247頁
中村貞二「A.H.フリート（1864-1921）とその平和論――ヴィルヘルム時代の平和主義および平和運動（2）」『東京経大学会誌』第153号、1987年11月、15-37頁
成瀬治／黒川康／伊東孝之『世界現代史20　ドイツ現代史』山川出版社、1987年、1994年
西川正雄『初期社会主義運動と万国社会党』未來社、1985年
西川正雄『第一次世界大戦と社会主義者たち』岩波書店、1989年
西川正雄『社会主義インターナショナルの群像　1914-1923』岩波書店、2007年
西田慎『ドイツ・エコロジー政党の誕生　「六八年運動」から緑の党へ』昭和堂、2009年
野村彰「クルト・トゥホルスキーとワイマール時代」クルト・トゥホルスキー／ジョン・ハートフィールド、野村彰（訳）、平井正（解説）『ドイツ　世界に冠たるドイツ――《黄金》の二〇年代・ワイマール時代の鏡像』ありな書房、1982年、267-296頁
八田泰昌『ヴァイマルの反逆者たち』世界思想社、1981年
服部学（監修）、国際教育フォーラム（編）『反核・軍縮宣言集　一九八二年の証言』新時代社、1983年
ヒーター、デレック、田中俊郎（監訳）『統一ヨーロッパへの道　シャルルマーニュからEC統合へ』岩波書店、1994年
平島健司『ワイマール共和国の崩壊』東京大学出版会、1991年
広島市立大学広島平和研究所（編）『平和と安全保障を考える事典』法律文化社、2016年
広島平和文化センター（編）『平和事典』勁草書房、1985年
フライ、ブルース・B.、関口宏道（訳）『ヴァイマール共和国における自由民主主義者の群像――ドイツ民主党／ドイツ国家党の歴史』太陽出版、1987年
フリードリク、オットー、千葉雄一（訳）『洪水の前　ベルリンの1920年代』新書館、1985年
フリードリッヒ、エルンスト（編）、坪井主税／ダンジェン、ピーター・バン・デン（訳編）『戦争に反対する戦争』龍渓書舎、1988年

フレヒトハイム、O.K.、高田爾郎（訳）『追補新版　ワイマル共和国期のドイツ共産党』ぺりかん社、1980年
ポイカート、デートレフ、小野清美／田村栄子／原田一美（訳）『ワイマル共和国　古典的近代の危機』名古屋大学出版会、1993年
牧野雅彦『ロカルノ条約――シュトレーゼマンとヨーロッパの再建』中央公論新社、2012年
マゾワー、マーク、依田卓巳（訳）『国際協調の先駆者たち　理想と現実の200年』NTT出版、2015年
松本彰『記念碑に刻まれたドイツ　戦争・革命・統一』東京大学出版会、2012年
水島朝穂『ベルリン・ヒロシマ通り（シュトラーセ）　平和憲法を考える旅』中国新聞社、1994年
三牧聖子「戦争違法化思想とアメリカ外交」『アメリカ太平洋研究』第13号、2013年３月、21-31頁
三宅正樹（編）『ベルリン・ウィーン・東京』論創社、1999年
三宅正樹／石津朋之／新谷卓／中島浩貴（編）『ドイツ史と戦争　「軍事史」と「戦争史」』彩流社、2011年
三宅立「ドイツ帝国海軍士官ハンス・パーシェのアフリカ体験」『駿台史学』第99号、1996年12月、45-70頁
村瀬興雄「欧州統合の前史――ドイツを中心として」日本国際政治学会『欧州統合の研究』有斐閣、1964年、1-15頁
室潔「グスタフ・シュトレーゼマン――ヨーロッパ統合の先駆け？」『早稲田大学教育学部学術研究　地理学・歴史学・社会科学編』第52号、2004年２月、21-31頁
最上敏樹『国際機構論』東京大学出版会、1996年
望田幸男「第一次世界大戦から第二次世界大戦――二つの総力戦とドイツ」三宅正樹／石津朋之／新谷卓／中島浩貴（編）『ドイツ史と戦争――「軍事史」と「戦争史」』彩流社、2011年、55-84頁
モッセ、ジョージ・L.、宮武実知子（訳）『英霊　創られた世界大戦の記憶』柏書房、2002年
モッセ、ジョージ・L.、三宅昭良（訳）『ユダヤ人の〈ドイツ〉　宗教と民族を越えて』講談社、1996年
モムゼン、ハンス、関口宏道（訳）『ヴァイマール共和国史　民主主義の崩壊とナチスの台頭』水声社、2001年
森利一／山田浩（編）『平和学講義』勁草書房、1980年
森井裕一『現代ドイツの外交と政治』信山社、2008年
森瀧市郎「核戦争の危機と世界民衆の連帯」近藤和子／福田誠之郎（編）『ヨーロッパ反核79-82　生きるための選択』野草社、1982年、3-7頁
安世舟『ドイツ社会民主党史序説　創立からワイマール共和国成立期まで』御茶の水書房、1973年
安野正明『戦後ドイツ社会民主党史研究序説――組織改革とゴーデスベルク綱領への道』ミネルヴァ書房、2004年
柳原正治「戦争の違法化と日本」国際法学会（編）『日本と国際法の100年　第10巻　安全保障』三省堂、2001年、274-279頁

山口知三『ドイツを追われた人びと　反ナチス亡命者の系譜』人文書院、1991年
山口知三『廃墟をさまよう人びと　戦後ドイツの知的原風景』人文書院、1996年
山口知三／平田達治／鎌田道生／長橋芙美子『ナチス通りの出版社　ドイツの出版人と作家たち1886-1950』人文書院、1989年
山下肇『ドイツ文学とその時代　夢の顔たちの森』増補版、有信堂、1983年
山田義顕「ヴァイマル共和国と海軍――装甲艦〈A〉への道」『歴史研究』（大阪府立大学）37号、1999年６月、43-61頁
山田義顕「ヴァイマル共和国初期の政治的暗殺（Ⅰ）――秘密結社〈コンズル団〉」『大阪府立大学紀要（人文・社会科学）』50、2002年、57-69頁
山田義顕「ヴァイマル共和国初期の政治的暗殺（Ⅱ）――〈コンズル団〉と政府・司法」『大阪府立大学紀要（人文・社会科学）』51、2003年、1-14頁
横田洋三（編著）『新国際機構論』国際書院、2005年
吉岡吉典／新原昭治（編）『資料集　20世紀の戦争と平和』新日本出版社、2000年
ライダー、A. J.、高橋通敏（訳）『ドイツ政治・外交史　ビスマルクからブラントまで　Ⅱ』新有堂、1981年
ラカー、ウォルター、脇圭平／八田泰昌／初宿正典（訳）『ワイマル文化を生きた人びと』ミネルヴァ書房、1980年
リュールップ、ラインハルト「ルートヴィッヒ・クヴィッデ」H-U・ヴェーラー（編）、ドイツ現代史研究会（訳）『ドイツの歴史家』第３巻、未來社、1983年、113-114頁
歴史学研究会（編）『世界史史料　二〇世紀の世界Ⅰ　ふたつの世界大戦』岩波書店、2006年
ローゼンベルク、アルトゥール、足利末男（訳）『ヴァイマル共和国成立史　1871-1918』みすず書房、1969年
ローゼンベルク、アルトゥール、吉田輝夫（訳）『ヴァイマル共和国史』東邦出版、1970年
若尾祐司／井上茂子（編）『近代ドイツの歴史――18世紀から現代まで』ミネルヴァ書房、2005年
若尾祐司／和田光弘（編）『歴史の場――史跡・記念碑・記憶』ミネルヴァ書房、2010年
若尾祐司「世界に広がる『広島』――一九五〇年代のドイツ語圏から」若尾祐司／和田光弘（編）『歴史の場――史跡・記念碑・記憶』ミネルヴァ書房、2010年、325-345頁
若尾祐司／本田宏（編）『反核から脱原発へ　ドイツとヨーロッパ諸国の選択』昭和堂、2012年

5　ウェブサイト

http://www.friedenskooperative.de/netzwerk/history.htm（最終閲覧日：2016年７月30日）
http://historische-friedensforschung.org/geschichte/（最終閲覧日：2016年８月２日）

事項索引

あ 行

か 行

さ 行

た 行

な 行

は 行

ま　行

や　行

ら・わ行

＊『ヴェルトビューネ』『ターゲ・ブーフ』および「平和主義」「平和運動」「ヴァイマル共和国」は頻出するため省略した。

人名索引

ア　行

カ　行

サ 行

タ 行

ナ 行

ハ 行

マ　行

ヤ　行

ラ・ワ行

【著者紹介】

竹本真希子（たけもと まきこ）　広島市立大学広島平和研究所講師

専修大学大学院文学研究科歴史学専攻博士課程単位取得退学、カール・フォン・オシエツキー大学政治学博士。
専門はドイツ近現代史、平和運動・平和思想史。
主な研究業績に、「カール・フォン・オシエツキーの平和主義」(『歴史学研究』第786号、2004年3月)、「一九八〇年代初頭の反核平和運動――『ユーロシマ』の危機に抗して」(若尾祐司／本田宏(編)『反核から脱原発へ　ドイツとヨーロッパ諸国の選択』昭和堂、2012年)、“Nuclear Politics, Past and Present: Comparison of German and Japanese Anti-Nuclear Peace Movements” (*Asian Journal of Peacebuilding*, Vol.3, No.1, May 2015) など。

Horitsu Bunka Sha

ドイツの平和主義と平和運動
――ヴァイマル共和国期から1980年代まで

2017年1月25日　初版第1刷発行

著　者　竹本真希子
発行者　田靡純子
発行所　株式会社法律文化社

〒603-8053
京都市北区上賀茂岩ヶ垣内町71
電話 075(791)7131　FAX 075(721)8400
http://www.hou-bun.com/

＊乱丁など不良本がありましたら、ご連絡ください。
お取り替えいたします。

印刷：中村印刷㈱／製本：㈱藤沢製本
装幀：白沢　正

ISBN978-4-589-03802-9